《中国脱贫攻坚典型案例丛书》
编 委 会

践行伟大 见证历史

——宁德、赣州、定西、湘西四市州
脱贫攻坚案例研究报告

中国扶贫发展中心 组织编写
李晓峰 苏保忠 刘治钦 等 著

JIANXING WEIDA JIANZHENG LISHI

人民出版社

编写说明

　　2021 年 2 月 25 日，习近平总书记在全国脱贫攻坚总结表彰大会上庄严宣告，经过全党全国各族人民共同努力，在迎来中国共产党成立一百周年的重要时刻，我国脱贫攻坚战取得了全面胜利，现行标准下 9899 万农村贫困人口全部脱贫，832 个贫困县全部摘帽，12.8 万个贫困村全部出列，区域性整体贫困得到解决，完成了消除绝对贫困的艰巨任务，创造了又一个彪炳史册的人间奇迹！

　　党的十八大以来，以习近平同志为核心的党中央把脱贫攻坚摆在治国理政的突出位置，把脱贫攻坚作为全面建成小康社会的底线任务，组织开展了声势浩大的脱贫攻坚人民战争。党和人民披荆斩棘、栉风沐雨，发扬钉钉子精神，敢于啃硬骨头，攻克了一个又一个贫中之贫、坚中之坚，脱贫攻坚取得了重大历史性成就。新时代脱贫攻坚深刻改变了贫困地区落后面貌，有力推动了中国农村的经济社会发展进程，为实现全面建成小康社会目标任务作出了关键性贡献，为全面建设社会主义现代化国家、实现第二个百年奋斗目标奠定了坚实基础。脱贫攻坚，取得了物质上的累累硕果，也取得了精神上的累累硕果，脱贫群众精神风貌焕然一新，增添了自立自强的信心勇气。党在农村的执政基础更加牢固，党群关系、干群关系得到极大巩固和发展。脱贫攻坚伟大斗争，锻造形成了"上下同心、尽锐出战、精准务实、开拓创新、攻坚克难、不负人民"的脱贫攻坚精神。创造了减贫治理的中国样本，为全球减贫事业作出了重大贡献，走出了一条中国特色减贫道路，形成了中国特色反贫困理论，丰富了人类文明新形态的探索。

为贯彻落实习近平总书记"脱贫攻坚不仅要做得好，而且要讲得好"的重要指示精神，各地区各部门全面总结脱贫攻坚经验。为记录好脱贫攻坚这场伟大的人民战争，原国务院扶贫办党组就脱贫攻坚成就和经验总结工作作出专项安排。中国扶贫发展中心在原国务院扶贫办党组的领导指导及各司各单位的配合支持下，具体牵头承办25个典型案例总结工作。发展中心精心组织工作推进，分区域、专题、层次召开了30多次讨论会，编印脱贫攻坚案例总结项目指南和驻扎式调研实施方案及有关规范要求，公开遴选25个机构组成由国内知名专家担纲的团队，深入210多个县，开展进村入户、深入县乡村访谈座谈，累计在基层一线驻扎938天。历时半年，形成了一批符合规范、较高质量的典型案例并通过了党组组织的评审，报告成果累计400多万字、视频成果16个。

西藏、四省涉藏州县、新疆南疆四地州、四川省凉山州、云南省怒江州、甘肃省临夏州、陕西省延安市、贵州省毕节市、宁德赣州湘西定西四市州、河南省兰考县、江西省井冈山市、宁夏回族自治区永宁县闽宁镇、云南省贡山县独龙江乡、河北省阜平县骆驼湾村和顾家台村、湖南省花垣县十八洞村等15个区域案例研究成果，全面呈现了这些典型贫困地区打赢脱贫攻坚战的艰苦历程，结合各地方特色，系统分析了不同地方脱贫攻坚取得的历史性成就、主要做法、遇到的困难问题、产生的经验启示，基于实地观察提出了相关建议，提炼了一批鲜活生动的脱贫故事。这些典型区域脱贫攻坚案例成果，对于巩固拓展脱贫攻坚成果，接续推动脱贫地区发展，进一步推动发展不平衡不充分问题的解决，具有重要理论价值和实践意义。

驻村帮扶、东西部扶贫协作、易地扶贫搬迁、建档立卡、扶贫小额信贷、光伏扶贫、扶贫车间、学前学会普通话、生态扶贫、电商扶贫等10个专题案例研究成果，以不同地方具体个案作为支撑，生动反映国家减贫治理中有特色、有成效的探索创新，在分析专项政策举措带来发展变化的基础上，归纳提炼其特色做法、突出成效、实践经验，分析存在的问题和挑战，提出相关建议。这些专题案例研究成果，为全面展示精准扶贫的顶层设计和生动实践，讲好中国脱贫故事提供了鲜活素材。

脱贫摘帽不是终点，而是新生活新奋斗的起点。脱贫攻坚取得全面胜利后，全面推进乡村振兴，这是"三农"工作重心的历史性转移，其深度、广度、难度不亚于脱贫攻坚。我们相信，本丛书汇集的这批脱贫攻坚典型案例所揭示的方法论意义，对于巩固拓展脱贫攻坚成果、全面推进乡村振兴、加快农业农村现代化、建设农业强国具有重要借鉴价值，对于促进实现人的全面发展和全体人民共同富裕具有重要启示。

在各书稿编写过程中，中国扶贫发展中心邀请文军、田毅鹏、刘学敏、孙久文、杜志雄、李重、吴大华、吴建平、汪向东、张莉琴、陆航、林万龙、荣利颖、胡宜、钟涨宝、贺东航、聂凤英、徐勇、康沛竹、鲁可荣、蒲正学、雷明、潘颖豪、戴焰军（以姓氏笔画排序）等专家给予了精心指导，为丛书出版提供了专业支持。

编委会

2022 年 6 月

目　录

附　录　**典型案例**

总

报

告

一、研究背景与研究意义

党的十八大以来，以习近平同志为核心的党中央把脱贫攻坚摆在治国理政的突出位置，作为实现第一个百年奋斗目标的重点任务，全面打响脱贫攻坚战。2020年，我国现行标准下农村贫困人口全部脱贫，贫困县全部摘帽，贫困村全部出列，区域性整体贫困得到解决，完成了消除绝对贫困的艰巨任务，创造了又一个彪炳史册的人间奇迹。完成脱贫攻坚这一伟大事业，不仅在中华民族发展史上具有重要里程碑意义，更是中国人民对人类文明和全球反贫困事业的重大贡献。这是中国历史上一场没有硝烟的决胜之战，也是世界历史上独一无二的伟大工程，唯有在中国共产党领导下的社会主义中国才有可能完成。

2021年初，在国家"十四五"开局之年，站在"两个一百年"奋斗目标的历史交汇点上，原国务院扶贫办前瞻性布局脱贫攻坚典型案例总结工作，启动了"三区三州"和部分典型市、县、乡、村案例研究和总结项目，以为国家层面全面总结脱贫攻坚伟大成就提供素材支撑，并为丰富共和国脱贫攻坚档案作出贡献。

作为原国务院扶贫办"三区三州"和部分典型市、县、乡、村案例研究和总结项目系列成果之一，本书紧紧围绕福建宁德、江西赣州、甘肃定西、湖南湘西（以下简称"四市州"）四个地级市（自治州）的特色脱贫攻坚实践，从巩固拓展脱贫攻坚成果和接续全面推进乡村振兴的高度，系统梳理四市州打赢脱贫攻坚战走过的历程，深入挖掘四市州脱贫攻坚涌现的特色做法，全面呈现四市州脱贫攻坚取得的突出成效，认真总结四市州脱贫攻坚获得的宝贵经验，以期为国家开展脱贫攻坚宣传和讲述中国扶贫故事提供生动范例和鲜活素材。

二、四市州案例定位与特色

总结脱贫攻坚宝贵经验、讲好中国扶贫故事，既要有适当的素材，又要有鲜明的特色。因此，选择什么样的案例素材、如何体现特色，是我们要回答的基本问题。就本书来说，其定位是从地级市层面对脱贫攻坚典型案例进行研究和总结。

根据我们对扶贫问题的长期理论研究和实践观察，瞄准地级市开展脱贫攻坚典型案例总结的原因有两点：一是我国的贫困具有明显的区域性特征，相对于省域扶贫和县域扶贫来说，市域扶贫在这方面的匹配度更高；二是解决区域性整体贫困，是党的十八届五中全会提出 2020 年打赢脱贫攻坚战的一项重要目标和任务，因此总结脱贫攻坚典型案例，地级市层面的脱贫攻坚实践是无法回避的。同时，围绕四市州开展脱贫攻坚典型案例研究和总结，更有其深层含义。四市州的选择不仅与习近平总书记关于扶贫工作的重要论述的发展脉络相一致，还体现了重要论述与各地脱贫攻坚实践的有机结合和成功运用。

需要强调的是，在四市州工作或考察期间，习近平总书记就如何引领贫困群众脱贫致富，分别有过深入调查、系统思考和因地制宜的重要论述。因此，我们认为：宁德是习近平总书记关于扶贫工作重要论述的策源地，赣州是革命老区减贫的典型地，定西是国家开发式扶贫的首启地，湘西是精准扶贫重要思想的首倡地。在四市州开展脱贫攻坚典型案例研究和总结，具有特别的代表性意义，具体体现在：

（1）宁德是习近平总书记关于扶贫工作重要论述形成和初步实践的地方。1988—1990 年，习近平同志任宁德地委书记。"把心贴近人民"，"弱鸟可望先飞，至贫可能先富"，他的《摆脱贫困》一书就是这一时期探索和实践扶贫思想的总结。

（2）赣州是全国著名的革命老区、原中央苏区的主体和核心区。习近平总书记先后两次到赣州视察，亲自推动《国务院关于支持赣南等原中央苏区振兴发展的若干意见》出台实施。他还多次对赣南中央苏区发展作出重要指示批示，对赣州经济社会发展取得的重大进展给予肯定。

（3）定西是国家扶贫开发的典型，它与甘肃河西、宁夏西海固合称为"三西"地区，是中国最干旱、生存环境最恶劣的区域，有"苦瘠甲于天下"之称。"三西"地区的扶贫开发开创了我国区域性扶贫开发的先河，具有重大的经济意义和深远的政治影响。

（4）湘西是精准扶贫重要思想首次提出的地方。2013 年 11 月 3 日，习近平总书记到湖南省湘西州花垣县十八洞村考察，在这里他作出了"实事求是、因地制宜、分类指导、精准扶贫"的重要指示。

为此，基于之前的研究基础和对四市州基本情况的掌握，我们分别从不同侧面来挖掘和呈现四市州脱贫攻坚典型案例的特色。

（1）着力总结宁德在践行习近平总书记关于扶贫工作重要论述方面的探索。尤其需要总结宁德在落实"弱鸟先飞""滴水穿石"等重要扶贫理念与精神，以及发展"大农业"、念好"山海田经"方面的突出经验、典型做法和深刻启示。

（2）需要总结赣州在传承红色基因引领脱贫攻坚方面的实践。尤其需要总结赣州发扬"自强不息、干群鱼水、敢于创新"等红色基因内核，在产业扶贫、健康扶贫、红色旅游扶贫等方面的典型做法与创新。

（3）着力总结定西始终坚持扶贫开发总方针，既有坚持又有创新方面的实践。尤其需要总结定西发扬"部门苦帮、干部苦抓、群众苦干"的"三苦"精神，通过"治山水、强基础、兴科技、调结构"，从救济式扶贫到基础开发式扶贫、参与式整村推进，再到精准扶贫方面的典型经验做法。

（4）需要总结湘西在坚决贯彻落实习近平总书记精准扶贫重要思想方面的经验做法。尤其需要总结湘西在坚持"实事求是、因地制宜、分类指导、精准扶贫"方面可复制、可推广的脱贫经验。

三、四市州现状审视与反思

中国是一个经济社会快速发展的具有中国特色的社会主义国家，消除贫困并最终走向共同富裕是其本质要求。那么，如何消除贫困，尤其是如何彻底消除区域性整体贫困，这是我们需要回答的问题。四市州的脱贫攻坚实践给了我们很好的回答，为我们提供了一组组鲜活而生动的案例。

根据我们的深入研究和实地调查，改革开放以来四市州的扶贫行动大致都经历了两次重大转变。第一次转变，是从以解决灾害危机或温饱为目的的政府救济式扶贫向由贫困地区或群众参与的开发式扶贫转变。第二次转变，是在第一次转变基础上，从以"漫灌"为特征的综合式扶贫向以"滴灌"为特征的建档立卡精准扶贫转变。从实现打赢脱贫攻坚战目标和要求的角度看，四市州脱贫攻坚行动的历史任务已经完成了。

但是，与此同时我们也清楚地注意到，四市州在巩固拓展脱贫攻坚成果方面仍面临一些挑战。例如，尽管所有的贫困村已经脱贫，但一些出列的贫困村的村级转移性收入占其村集体总收入比例过大，而村集体自身的经营性收入水平较低。这表明一些贫困村的脱贫更多是依靠外力支持，而非内生动力。缺乏内生动力的脱贫，生活水平是难以提升的。再如，农村生产性和生活性基础设施的建设和维护需要有持续的经费投入，这对一些经济社会基础较为薄弱的农村来说是不小的压力。如果四市州的扶贫历程在经历前述的两次转变后就此止步的话，四市州脱贫攻坚所取得的大好形势将有可能发生逆转。

不过，根据我们的基本判断，作为曾经的区域性整体贫困地区，四市州未来的乡村振兴之路值得期待。因为它们都拥有自己独特的优势——特色资源优势和后发优势，这直接有助于四市州实现其成功脱贫后的进一步转变和提升。我们期待四市州能够乘势而上，在接续乡村振兴之路上再创新的发展奇迹。

很显然，我们的信心来自对改革开放以来，特别是党的十八大提出打响全国脱贫攻坚战以来，四市州积蓄的农村治理能力和经验的基本判断。正是基于这样的基本判断，我们不仅认为四市州未来接续乡村振兴一定可以成功，还认为国内外其他类似于四市州的贫困地区的农村发展也是可以成功找到突破口的。因此，对四市州脱贫攻坚典型案例进行细致研究和深度剖析，具有一定的普遍意义和价值。

本书给大家讲述的是关于四市州脱贫攻坚成功实践的真实故事。之所以强调这些故事是真实的，是因为四市州改革开放以来所发生的脱贫攻坚叙事，不仅是在四市州扶贫战线长期工作的领导干部的亲身经历和见证下发生的，还与四市州的官方文本、统计数据、史料和图片等在时间线上高度吻合、一致，这一点在我们的实地调研过程中得到了验证和确认。因此，本书关于四市州脱贫攻坚的典型案例故事可以说是由多个见证人共同提供的真实记录，具有较强的说服力和较高的可信度。

需要强调的是，四市州在 2020 年底能够成功脱贫是有一个基本前提条件的，那就是改革开放以来中国特色社会主义各项事业一直有科学的思想和理论作为指导。正是在习近平总书记关于扶贫工作重要论述精神的指引下，四市州的脱贫攻坚才有了如此不俗的表现。

（1）宁德自 20 世纪 80 年代中后期开始解放思想，秉承"弱鸟可望先飞，至贫可能先富"等理念，以"滴水穿石"的精神向区域性贫困宣战，因地制宜，大念"山海田经"，解决了温饱问题；实施易地搬迁，解决了"一方水土养不活一方人"的问题，并坚持"发展现代大农业脱贫致富"，引领人民群众奔小康。党的十八大以后，在习近平总书记的持续关怀下，宁德坚持贯彻并深化实施国家精准扶贫方略，经济发展实现了历史性跨越，脱贫攻坚任务高质量完成，贫困治理能力得到强劲提升，乡村生活面貌发生重大改变，城乡融合趋势进一步加强，取得了脱贫攻坚战的决定性胜利，创造了我国沿海山区成功摆脱区域性整体贫困的中国减贫奇迹。

（2）赣州在习近平总书记对老区人民的深情牵挂下，积极利用党中央、国务院为原中央苏区、革命老区量身打造的"政策高地"，加快推进振兴发展步伐，经济得到了长足发展，贫困村和贫困户面貌巨大改善，干部队伍建设明显加强，乡村治理体系得到完善和提升，打造城乡融合发展新格局步伐进一步加快，如期且高效打赢了脱贫攻坚战，确保了"老区与全国同步全面进入小康社会"，实现了"让老区人民过上富裕幸福生活"的目标，成为江西和革命老区发展变化的一个生动缩影，彰显了赣州区域性整体成功脱贫的政治意义。

（3）定西牢记习近平总书记"咱们一块努力把日子越过越红火"的嘱托，构建了以产业扶贫促进区域经济整体发展、贫困人口普遍增收为主攻方向，以就业扶贫、健康扶贫、教育扶贫、生态扶贫、兜底保障等各项扶贫政策落实到位为充分保障的脱贫攻坚大格局，探索出了一条自然条件严酷地区脱贫致富的成功之路，推进了经济社会发展水平的大幅提升。贫困村的面貌换了新颜，贫困户的生存状况显著改善，政府与乡村治理能力得到明显提升，实现了从"不适宜人类生存"到"整体基本解决温饱"再到"全面建成小康社会"的华丽蜕变，在中国扶贫历史上增添了一抹厚重且特别的色彩。

（4）湘西秉承"实事求是、因地制宜、分类指导、精准扶贫"重要精神，坚持"不栽盆景，不搭风景"，通过改善交通等基础设施为当地群众脱贫致富创造条件，通过依靠科技加快当地脱贫致富的步伐，社会综合实力大幅提升，产业发展水平显著增强，贫困人口和贫困村的面貌得到有效改善，乡村治理能力得到提升，执政基础得到夯实，不仅最终摆脱了千年贫困，还为乡村振兴打下了良好基础，取得了脱贫攻坚战的胜利，为实现偏远民族地区精准脱贫提供了"可复制、可推广"的"湘西经验"。

因此，在讲述完四市州脱贫攻坚典型案例之后，我们还将它们的扶贫故事放到新时代的扶贫思想框架下进行解读和理解，并试图说明之间存在的关系或内在联系。这样，新时代区域性贫困治理模式的图景就比较清晰了，我们对四市州脱贫攻坚典型案例研究的目的也将基本实现。

四、四市州基本经验与启示

客观上讲，四市州之间不仅有区位差异，还存在不同的致贫成因。然而，通过对四市州脱贫攻坚典型案例的分析和研究，我们发现四市州在提升地区和贫困人口脱贫内生动力、促进地区经济发展和贫困人口增收等方面积累形成了大量的共性经验。这些经验对于国内外其他类似贫困地区来说，在考虑其自身所在国情、区情的实际后，通过学习借鉴四市州脱贫攻坚的经验，不仅会有助于改善他们本地区的经济和贫困人口的生存面貌，还会缩短其摆脱贫困的进程，进而尽早走出贫困陷阱。归纳四市州脱贫攻坚的共性经验，主要包括以下六点。

一是发挥党建在贫困治理中的核心作用。透过四市州案例中的点滴叙事可以发现，四市州党委、政府均是以高度的政治自觉和责任担当来对待自身的区域性贫困问题。这是因为党建在各地贫困治理中发挥了关键作用。自20世纪80年代以来，宁德历届党委、政府坚持以经济建设为中心，将带领群众脱贫致富作为根本任务，不断强化党员干部队伍建设，坚持"不论职务高低，都是人民的公仆，都要把群众的冷暖安危放在心上"的要求，坚持"四下基层"工作作风，推动问题在一线解决、责任在一线落实。赣州坚持把脱贫攻坚与基层组织建设有机结合起来，抓好以村党组织为核心的村级组织配套建设，着力把基层党组织建设成为带领群众脱贫致富的坚强领导核心；坚持强化人、财、物等基础保障，切实把基层党组织聚焦到抓党建促脱贫攻坚上来。定西坚决贯彻习近平总书记关于扶贫工作的重要论述，始终遵循习近平总书记在甘肃调研期间作出的"八个着力"重要指示，把组织领导和党建工作摆在脱贫攻坚的首要位置，以组织领导建设统领脱贫攻坚工作，以党建落实脱贫政策措施。湘西坚持党建引领是脱贫攻坚的方向引导，严格实行州、县市（湘西州经济开发区）、乡镇（街道）、村（社区）书记负总责、党政共同抓的负责制，充分发挥村支部的战斗堡垒作用和农村党员的先锋模范作用，为本地区成功脱贫提供了坚实的政治保障。

二是重视产业扶贫中的利益联结机制建设。四市州脱贫攻坚的成功实践表明，产业发展是解决区域性贫困的根本之策。而要发挥好产业扶贫的作用，建立科学合理的利益联结机制是关键。宁德在发挥党委政府主导作用的同时，还充分利用市场机制推动产业扶贫。一方面，通过构建利益联结机制，让生产经营者享有稳定增收；另一方面，通过发展龙头企业，使企业与农户联结成利益共同体，实行规模化生产、专业化经营，从而辐射农户，推动实现整村脱贫致富。赣州坚持把产业就业扶贫作为脱贫攻坚的战略重点和主攻方向，通过推行"选准一个产业、打造一个龙头、创新一套利益联结机制、扶持一笔资金、培育一套服务体系"的"五个一"产业扶贫机制，引导和支持有劳动能力的贫困群众积极发展生产，不断提升"造血"能力。湘西全面落实产业扶贫和就业扶贫政策，通过大力推行多种利益联结模式，推动了多元联动的产品销售格局，夯实了稳定脱贫根基，保障了稳定脱贫质量。

三是注重强化区域性扶贫中的内外合作。四市州的成功脱贫还表明，内外合作不仅可以激发贫困地区和贫困人口的脱贫活力，还可以通过"先富带动后富"实现人才、资金、产业等方面的合作，进而有效促进贫困地区的经济发展。宁德通过主动融入闽东北协同发展区建设、深化与经济发达地区"山海协作"、开展沿海县（市、区）一对一帮带共建，有力推动了六个省级扶贫开发工作重点县提前"摘帽"进程。湘西通过落实高层对接机制，联席会议机制，区县党政齐抓、各界结对机制，强化了多层次扶贫协作机制建设，提升了湖南与山东，尤其是湘西与济南之间的协作扶贫效果。定西通过东西协作和定点帮扶，不仅拓展了帮扶资金、帮扶项目，还引进了先进思想、先进理念和优质资源，加快了他们的脱贫步伐。

四是突出脱贫攻坚中规划的引领作用。四市州的脱贫攻坚实践还表明，用顶层规划设计引领贫困治理行动至关重要。这是由于区域性整体贫困的成因复杂，其治理也是一个系统工程和长期工程。因此，通过战略性规划和科学的顶层设计为引领，有助于彻底摆脱区域性整体贫困。宁德按照习近平总书记当年提出的大念"山海田经"的战略性产业扶贫思路，组织特困群众发展"五个一"扶贫项目，兼顾了当下的温饱需要和长远的脱贫致富需要，起到了"固温饱之本，培脱贫之元"的作用，为之后的农业综合开发提供了原始积累，这是宁德最终打赢脱贫攻坚战的重要经验。赣州坚持谋划先行，通过启动专项研究，围绕脱贫攻坚政策延续性、稳定性和打造可持续脱贫支撑，以及致贫返贫预警机制建立等方面深入研讨，提前就脱贫攻坚与乡村振兴有效衔接进行政策设计，为"后脱贫时代"的工作提供了明确方向。

五是不断推进脱贫攻坚中的体制机制创新。四市州典型案例分析还表明，宁德、赣州、定西和湘西都在推进脱贫攻坚的体制机制创新方面做了大量探索，激发了活力，取得了明显成效。宁德在扶贫开发中通过机制创新，有效地化解了"融资难"问题，把外力的帮扶转化为贫困群众、贫困乡村脱贫致富的内生动力；通过构建和完善长效机制，有效推动了经济发展和接续民生改善。赣州通过创新林业投融资机制、创新林业经营办法，以及引入市场化资金和专业运营商等做法，全面深化集体林权制度改革，赋予贫困户承包经营山林的更多权益，使他们依托林地林木增加了财产性、经营性收入。湘西根据当地的实际发展情况，通过党建引领，对当地的基层治理模式进行创新，创立了"互助五兴"的基层治理模式，有力地推动了湘西脱贫攻坚工作的展开。

六是坚持拓宽脱贫致富路径选择。在四市州的脱贫攻坚实践中，各地还都注重拓宽贫困群众的增收渠道，这成为四市州彻底摆脱区域性整体贫困的另一个重要法宝。宁德通过采用"拔穷根"和"挪穷窝"相结合，因地制宜，分类实施，积极拓宽脱贫致富路径。对于那些交通便利、立地条件好、资源较丰富的地区，实施综合性的扶贫政策，加快经济社会发展，让贫困群众在家门口就实现增收脱贫；而对于那些资源承载力弱，群众增收门路少的地方，则鼓励转移就业或实施搬迁安置，改变群众生存发展环境。湘西通过园区带动、龙头企业带动、合作社带动，因地制宜发展特色产业，搞好产业扶贫，通过引导发展"四小经济"，多途径增加贫困户收入，通过深化劳务协作搞好劳务输出，加强州内"扶贫车间"建设，促进了贫困劳动力就地就近就业，进一步拓展了贫困群众增收的途径。

五、调研组织过程与实施

典型案例研究离不开适当的素材和完整的事件信息做支撑。考虑四市州的脱贫攻坚典型案例既有地级市脱贫攻坚共性，又各具不同特色，且相互独立，因此在调研组织和实施中，我们采取专家团队和各地方相结合的工作方式，即专家团队在地方自主总结和提供原始素材的基础上开展工作。基本工作思路是：项目团队根据分工，在地方提供的常规总结、案例报告、专项数据等材料基础上，对所负责的市州曾经开展过的专题研究、历年来的宣传报道等素材进行系统研究，通过深入实地开展调研，并结合多方素材研究，对脱贫攻坚成效、经验等进行提炼提升，形成可复制可借鉴的经验模式、可传播可推广的案例故事。

为了确保四市州脱贫攻坚典型案例研究项目的顺利实施，我们还制定了具体的工作方案，主要包括项目实施方案的制定、资料收集、初稿大纲的形成、实地调研与讨论、案例研究报告的撰写与提升五项内容。与以往多数案例完全由项目组执笔、地方协助配合调研工作的工作方式有所不同，本案例总结工作是在与四市州扶贫办共同讨论确定案例报告提纲、四市州充分提供素材、项目组补充调研的基础上完成的。

（1）实施方案的制定。主要包括两个层面：一是由项目负责人牵头制定项目总体实施方案，核心专家充分参与，同时报送委托方批准；二是各市州调研（案例）分队准备项目区域的详细材料，细化和制定各分队的实施方案，提出研究框架，基本原则是按时、高质量完成项目工作，各分队的实施方案在经项目负责人同意后执行。此外，为了全面落实四市州脱贫攻坚典型案例研究项目实施方案，项目团队还开展了系统的培训，取得了良好效果。一方面，团队核心成员通过全过程参与原国务院扶贫办召开的一系列相关工作会议，就四市州脱贫攻坚典型案例基本框架达成了共识；另一方面，通过开展多次内部培训，使团队全体成员对项目工作内容、技术方案有了充分理解和掌握。

（2）资料收集。为了确保案例资料的适当性以及各市州典型脱贫攻坚事例的完整性，我们从以下五个方面进行资料收集：一是收集查阅习近平总书记等党和国家领导人对四市州脱贫攻坚工作的重要指示、批示和文献。二是收集梳理四市州扶贫领域的重要政策、项目和资金投入、脱贫攻坚相关会议和新闻报道等。三是收集整理四市州2020年脱贫攻坚总结报告。四是收集整理四市州的精准扶贫理论创新、机制创新、实践创新的案例素材。五是收集整理四市州脱贫攻坚项目和资金投入、效果（含地、市、县、乡、村、户）数据资料。

（3）初稿大纲的形成。四市州脱贫攻坚典型案例初稿的形成过程可以概括为"一上一下双反馈"。"一上"是项目组根据典型案例研究报告要求，结合各市州提供的丰富的基础文稿，以反贫困历史沿革，脱贫攻坚期主要做法、成效、经验、特色亮点，下一步巩固提升的思路为基本框架，拟定详细的研究报告大纲，并报送委托方审定。随后，项目组根据委托方反馈的意见进行修改完善。"一下"是项目组将修改完善后的大纲分别发送给四市州，四市州再根据本地实际情况对大纲进行修改并向项目组进行反馈。

（4）实地调研与讨论。在四市州脱贫攻坚典型案例研究中，实地调研和交流的目的是根据拟定的研究报告大纲，对典型案例初稿中涉及有关各市州脱贫攻坚的重要素材、数据、史料以及相关典型事件信息进行确认、验证和补充。项目组在四市州分别进行了实地调研。调研期间，项目组各分队首先与各市州扶贫办进行内部交流和研讨，就报告初稿及项目组关心的问题进行交流和研讨，在达成基本共识后开展实地调研，方式主要包括：联系单位部门座谈及访谈、联系省市（州）县乡村等各级有关行业部门座谈及访谈、联系农户访谈、项目点调研等。实地调研结束后，项目组再次与四市州扶贫部门座谈，研讨报告撰写要点，进而形成共识。项目组实地考察的区县有：宁德市屏南县、寿宁县；赣州市瑞金市、兴国县、于都县、市经济技术开发区；定西市安定区、临洮县、渭源县、陇西县；湘西州泸溪县、花垣县、凤凰县。报告完成之后，四市州扶贫部门同志对报告都提出了很好的修改完善意见和建议。

（5）案例研究报告的撰写与提升。在完成资料收集和实地调研后，我们开始了四市州脱贫攻坚典型案例研究报告的撰写和提升工作。这一工作主要包括案头研究和完善提升两个阶段。案头研究的任务是在四市州提供的基础文稿材料基础上，运用材料分析和数据分析方法，分别整体研判四市州各自贫困的突出特点，系统梳理四市州为本地脱贫攻坚采取的典型措施，量化分析四市州脱贫攻坚取得的突出成效，深度评析四市州脱贫攻坚典型案例的经验与启示，并提炼其中蕴含的新理念、新观点和新策略。在报告润色提升环节，项目组按照进度要求将报告初稿上报委托方，随后根据委托方的评议意见，着重在突出地方特点、强化成效对比和量化分析、规范文字表述等方面做进一步完善。修改完成后，项目组将报告发四市州征求意见，最终形成定稿。

六、研究内容安排与设计

项目组是在认真准备和精心安排与设计的基础上开展研究的。在开始阶段，为了准确领会原国务院扶贫办领导关于脱贫攻坚典型案例总结的工作意图、全面理解四市州脱贫攻坚典型案例总结项目的要求，项目组核心成员全程参加了原国务院扶贫办以及中国扶贫发展中心召集的各项会议，加深了对案例总结任务、具体要求、注意事项以及未来发展方向的理解和认识，凝聚了共识。在此基础上，我们理清了四市州脱贫攻坚典型案例研究报告的思路，并对内容从三个层次进行了安排和设计。

第一个层次是四市州脱贫攻坚典型案例研究的背景。包括：四市州分别在中国扶贫历史上的地位和特殊意义，各自的经济社会发展情况、贫困情况，以及脱贫面临的主要困难等。

第二个层次是四市州各自解决区域性整体贫困的做法与效果。做法包括：以脱贫攻坚统揽经济社会发展全局、解决区域贫困问题的总体思想和基本思路，解决区域贫困问题在各领域工作中的体现，四市州各自的脱贫攻坚主要政策举措和脱贫攻坚行动的关键环节、难点问题的破解与创新做法。效果包括：四市州各自的脱贫攻坚对其经济社会发展面貌、贫困村和贫困户面貌、干部队伍的锻炼和提升，以及包括政府治理体系、乡村治理体系、夯实党的执政基础在内的社会治理等多个领域带来的根本性变化、标志性变化以及趋势性变化。不仅如此，四市州各自为巩固脱贫成果而建立稳定脱贫长效机制的做法也将在该层次进行详细总结和探讨。

第三个层次是结合理论依据对四市州各自的脱贫攻坚典型案例进行深入评析。通过提炼出典型案例中具有普遍意义的新理念、新观点、新策略，以期为解决国内外同类型地区的区域性整体贫困问题提供参考和借鉴。

15

七、几点体会

正因使命光荣，故而责任在肩。原国务院扶贫办主任刘永富同志在项目启动会上强调："做好典型案例总结，是一项光荣任务，更是一份重大责任。""做好总结，相当于直接参与了脱贫攻坚战。"在此意义上说，我们不是四市州脱贫攻坚实践的旁观者，而是参与者，是见证人。因此，我们深感使命光荣，也深知责任重大。

于平凡中见伟大，于细微处见真情。我们深知，参与四市州脱贫攻坚典型案例总结不是去执行一项普通的工作，而是要呈现一场党和政府以人民为中心创造的千秋伟业。因此，如何呈现、从哪里切入，是我们要解决的基本问题。在我们反复审读大量有关四市州脱贫攻坚资料时，在我们与四市州扶贫办领导干部及相关人士的现场交谈中，我们发现，脱贫攻坚战的胜利是由一个个普通平凡的"小事"积累而成的丰功伟绩，是用绣花功夫绣出的千秋伟业。所以，那些能反映四市州脱贫攻坚实践的点滴叙事就是我们的答案。

以严谨的学术考证为基础，用可信的纪实记录作证据。在这次典型案例总结过程中令我们印象深刻的是，按照要求，我们呈现的四市州脱贫攻坚典型案例研究无须是传统意义上的学术研究，而是要用专业的手法向关心我国扶贫事业发展的读者讲述一组不一样的故事。这对于我们这些专门从事学术研究的学者来说是一个不小的挑战。基于对案例基本特点的理解和把握，我们在典型案例撰写过程中，以严谨学术的态度处理案例的每一个细节，用可信的纪实记录丰富叙事的真实和完整。

一人脱贫似一份精彩的答卷，一村脱贫为一地变化的缩影。通过审读四市州的脱贫攻坚历程可以知道，数十年的奋斗历程背后有无数人的艰苦付出，社会各行各业的广泛参与背后充满无数的动人故事。然而，尽管我们想将全部所见所闻的感人叙事尽收囊中，仍限于篇幅长度而只能进行取舍。这也就意味着，我们所呈现给读者的典型事件并非四市州脱贫攻坚成功实践的全部，而只是一个缩影。

第一篇

宁德市脱贫攻坚案例研究报告

宁德，是"全国扶贫第一村"所在地，是改革开放初期全国18个集中连片贫困地区之一，也是习近平总书记曾经工作过的地方。30多年来，宁德坚持秉承习近平总书记倡导的一系列脱贫理念，坚持以人民群众为中心，自觉担负起彻底摆脱贫困的重任，先后顺利摘掉了"连片特困地区"和6个"国定贫困县"、52个"省定贫困乡镇"的"帽子"，累计脱贫77万多人、造福搬迁40.4万人。特别是党的十八大后，宁德紧紧围绕脱贫攻坚总体目标，立足新时代市情实际，在推动经济社会高质量发展的大扶贫格局下，坚持精准扶贫、精准脱贫基本方略，高标准完成了各项脱贫攻坚任务，贫困发生率已降至万分之一以下。在脱贫攻坚的伟大实践中，"宁德模式"已经成为全国典范。

　　本报告旨在系统梳理和总结宁德自20世纪80年代中后期，特别是党的十八大以来在脱贫攻坚工作中所取得的突出成绩、特色做法、典型措施，以及具有普遍性和全局性的重要经验，并就宁德如何进一步巩固拓展脱贫攻坚成果和接续乡村振兴做了详细探讨，以期能够为国家开展脱贫攻坚全面总结提供素材，为进一步丰富和深化贫困治理理论提供支持，也为中国其他地区乃至世界其他国家和地区的减贫治理实践提供借鉴和启示。

一、宁德市在中国扶贫历史上的特殊意义

宁德又称闽东，地处福建省东北部。在改革开放初期，这里曾是全国18个集中连片贫困地区之一，辖区内9个县中有6个是国家级贫困县，120个乡镇中有52个被列为省级贫困乡镇；农民年人均纯收入不足160元，徘徊在温饱线上下的农村贫困户超过77万人，占当地农村总人口的三分之一。1988年，习近平同志到宁德担任地委书记后，以攻坚的姿态带领宁德人民掀开了脱贫工作的历史新篇章，取得了重要的阶段性成果，并为宁德最终赢得新时代全国脱贫攻坚战的胜利奠定了重要基础。

（一）习近平总书记关于扶贫工作重要论述的策源地

习近平总书记关于扶贫工作的重要论述，是全国赢得扶贫工作决定性胜利和如期全面建成小康社会的思想基础与行动指南，也是新时代脱贫攻坚取得决定性胜利中的最伟大理论成果。就其理论渊源来看，习近平总书记关于扶贫工作的深入、系统思考可以追溯到他所著的《摆脱贫困》一书。该书记录的习近平同志在宁德工作期间提出的"弱鸟先飞""扶贫先扶志""滴水穿石""因地制宜""四下基层""久久为功"等一系列重要扶贫理念，不仅完全符合当时宁德的实际情况，为闽东地区摆脱贫困指明了方向，还成为习近平总书记关于扶贫工作的重要论述孕育形成的源头。这两个阶段的扶贫开发战略思想是"源"与"流"的关系，二者具有不可分割的内在逻辑联系。

一是都体现以人民为中心的根本宗旨。在宁德工作期间，习近平同志把扶贫工作作为"为官一场，造福一方"的中心任务来抓，把密切联系群众作为贫困地区干部的基本功。党的十八大以来，习近平总书记多次强调："消除贫困、改善民生、逐步实现共同富裕，是社会主义的本质要求，是我们党

的重要使命。"①

二是都注重精准发力。在宁德开展摆脱贫困实践中，习近平同志始终坚持"因地制宜""分类指导"。例如，对病灾户、民族地区专门提出措施；对生产发展强调要"一村一品"，要立足于"土"、立足于"特"、立足于"山海资源"、立足于本地农副产品资源的加工利用；等等。党的十八大以来，习近平总书记对扶贫工作提出了"六个精准"要求，这是对当时"因地制宜""分类指导"思想的进一步深化。

三是都注重内生动力。在宁德工作期间，习近平同志十分关注贫困地区群众的积极性和自我发展能力，十分重视贫困地区的产业发展培育，强调要"提高劳动者素质""扶持经济实体""大力发展乡镇企业""增强造血功能"。党的十八大以来，习近平总书记将这些概括为"内生动力"，并指出："贫困地区发展要靠内生动力"②，"坚持群众主体，激发内生动力"③。

四是都注重农村基层党组织建设。在宁德工作期间，习近平同志提出"要想脱贫致富，必须有个好支部"④，并对脱贫一线的核心力量建设作出重要部署。党的十八大以来，习近平总书记对农村基层党组织建设专门作出指示："要把夯实农村基层党组织同脱贫攻坚有机结合起来，选好一把手、配强领导班子。"⑤

五是都注重体制机制的建立。在宁德工作期间，习近平同志创立了"四下基层"等一系列行之有效的扶贫开发工作机制，地、县领导一线扶贫氛围浓厚。党的十八大以来，习近平总书记指出："关键是要找准路子、构建好的体制机制"⑥，要"实行中央统筹、省（自治区、直辖市）负总责、市（地）

---

① 《习近平谈治国理政》第二卷，外文出版社2017年版，第83页。
② 习近平：《做焦裕禄式的县委书记》，中央文献出版社2015年版，第17页。
③ 《习近平谈治国理政》第三卷，外文出版社2020年版，第152页。
④ 习近平：《摆脱贫困》，福建人民出版社1992年版，第120页。
⑤ 《习近平谈治国理政》第二卷，外文出版社2017年版，第86页。
⑥ 《习近平谈治国理政》第二卷，外文出版社2017年版，第84页。

县抓落实的工作机制，坚持片区为重点、精准到村到户"①。

（二）新时期国家实施脱贫攻坚战略的实践场

1988 年 5 月，习近平同志到宁德担任地委书记。当时宁德农民人均纯收入大幅低于全国平均水平，老百姓连温饱都成问题。干部群众中不同程度存在着自卑、盲目攀比、急于求成等心理。本着对人民负责的使命担当、尊重客观规律的远见卓识和谋划长远的政治智慧，他在短短的两年内，团结带领闽东干部群众，紧紧围绕经济建设这个中心，抓住"摆脱贫困"这个最主要的任务，提出采用集点式连片开发、梯度推进的策略，以攻坚的姿态，将宁德脱贫工作推上了巩固温饱、开发致富的新阶段。习近平同志在闽东工作的这两年，是"一手抓经济发展，一手抓脱贫工作"，充满艰辛、不断探索的两年，也是取得了丰硕成果的两年。在他的不懈努力和亲自推动下，宁德的扶贫工作取得了显著的成效，闽东面貌发生了可喜的变化，实现了宁德摆脱贫困的阶段性目标，为后来宁德的建设发展奠定了坚实的基础。

由于早年的工作经历，习近平总书记一直把自己当成闽东人，他曾说宁德是他魂牵梦绕的地方。可见，宁德早期脱贫工作的成功实践不仅为宁德后来的强劲发展提供了坚实保障，也为新时代全国脱贫攻坚战略的实施提供了重要的实践基础。

（三）中国贫困地区区域性整体脱贫的典范

宁德是在习近平总书记关于扶贫工作的重要论述的系统指引下，经过长期的坚持努力，成功创造集中连片贫困地区脱贫奇迹的地方。这里不仅有习近平同志带领广大人民摆脱贫困的成功实践，还有他离开宁德后仍始终不忘这里贫困群众的浓浓牵挂。宁德上下在新时期大力秉承习近平同志在宁德工

---

① 《十八大以来重要文献选编》下，中央文献出版社 2018 年版，第 68 页。

作时的科学理念、重要部署、宝贵经验和优良作风，积极全部落实精准扶贫、精准脱贫基本方略，不断强化政治责任，经过聚焦精准施策并深化扶贫协作，久久为功，在全国率先取得脱贫攻坚决定性胜利的巨大成就。这一巨大成就是宁德充分利用沿海和山区资源优势所取得的重大成果，也是宁德通过因地制宜，破解条件约束，最终彻底摆脱绝对贫困并开始迈向致富之路所创造的伟大奇迹。因此，宁德为我国其他同类贫困地区尤其是中西部地区，以及世界其他同类国家和地区的扶贫工作树立了一个可资借鉴的范本。截至2020年11月底，国内其他地区来宁德参观、学习的考察团已超5000人次。与此同时，老挝国家主席本扬、世界其他13个国家驻华使节和外国的记者团等也先后到宁德实地考察脱贫攻坚工作，总人数超过500人。

二、宁德市情概述与贫困情况

（一）市情概述

1.自然地理

宁德位于北纬26°17′至27°41′、东经118°32′至120°52′之间，因在福建省东北部而有"闽东"别称。宁德地处我国黄金海岸线中段，北接温州、南连福州、西傍南平、东望台湾，是福建省离"长三角"最近的城市。

宁德境内陆地面积1.35万平方公里，海域面积4.46万平方公里，海岸线长1046公里。由于海岸线曲折，港湾众多，拥有三都、沙埕、三沙、赛岐等天然良港。宁德东西横距235公里，南北纵距153公里。

宁德地形以丘陵山地兼沿海小平原相结合为特点，属于亚热带海洋性季风气候。年平均气温15.2℃—19.8℃，年平均降雨量在1250—2350毫米，无霜期235—300天。

2. 社会经济与文化

宁德 2019 年地区生产总值 2451.70 亿元，比上年增长 9.2%。其中，第一产业增加值 313.33 亿元，增长 3.8%；第二产业增加值 1256.01 亿元，增长 12.2%；第三产业增加值 882.36 亿元，增长 7.1%。产业增加值占地区生产总值的比重，第一产业为 12.8%，第二产业为 51.2%，第三产业为 36.0%。全年人均地区生产总值 84251 元，比上年增长 9.1%。一般公共预算总收入（不含基金收入）为 221.58 亿元，城镇居民人均可支配收入 35887 元，农民人均可支配收入 17804 元。

宁德行政区划历史悠久。新中国成立初期，宁德由闽东第三行政督察专员公署改称福安专区专员公署。1978 年 4 月，宁德地区行政公署成立，次年隶属于福建省人民政府。1999 年 11 月，宁德撤地设市，成立宁德市人民政府。2019 年，宁德市共辖蕉城区、福安市、福鼎市、霞浦县、古田县、寿宁县、屏南县、周宁县、柘荣县等 9 个县（市、区），下辖 43 个乡（含 9 个民族乡）、69 个镇、13 个街道办事处、2136 个（建制）村、197 个居委会。户籍总人口为 355.63 万人，常住人口 291 万人。宁德是畲族聚居地，畲族人口达 20 万人，占全国的 1/4、福建省的 1/2。

宁德文化积淀丰厚，红色文化、宗教文化、畲族文化、廊桥文化、历史文化、海洋文化等交相辉映，区域文化特色鲜明。宁德是中央红军长征前与中央革命根据地并存的全国八大老革命根据地之一，老一辈无产阶级革命家陶铸、邓子恢、叶飞、曾志等都在这片红色土地上领导过革命斗争，全市有 1.1 万名烈士、4 万多名群众为革命事业献出了生命。

（二）贫困特征与致贫主要成因

1. 贫困特征

（1）贫困分布具有典型的区域性。早在 1985 年，宁德的寿宁、屏南、柘荣等 11 个全省经济落后县被确定为福建省重点扶持的贫困县。1986 年 9

月，国务院贫困地区经济开发领导小组又将寿宁、屏南、柘荣、周宁、福安、福鼎等宁德地区6个县和福建省其他8个县列为享受国家专项贴息贷款的贫困县，占全区9个县的66.7%；同时，还确定了省定贫困乡52个，占全区120个乡镇的43.3%；全区贫困人口77.5万人（按人均收入低于160元统计），占全区农村总人口233.9万人的33.1%；贫困户人均收入160元，为全区农民人均纯收入330元的48.5%。

（2）公共基础设施薄弱。20世纪80年代，宁德几无铁路，公路路线极少且等级低，基本为沙土路，弯多路窄难行，仅有的一条104国道，沿途多丘陵，易发泥石流和山体滑坡，路况差、运力薄弱。80%的建制村不通公路（如寿宁县下党乡）。1985年，宁德公路和通车里程3300千米，只占全省的8.7%，公路网平均每百千米为25.9千米，比全省平均低21.6%。因军事原因，沿海港口长期得不到充分开发。与此同时，生产生活用电短缺，县乡两级的电话通信极少。

（3）生产生活和社会事业基础差。20世纪80年代，宁德的农业生产仍靠畜力和人力，使用人力打谷机等落后的传统劳动工具。大多数农村地区不通电，条件稍好的地区才能使用煤油灯照明。农村基本没有自来水，群众饮用水多为没有经过过滤消毒的溪河山涧水或井水。与此同时，人畜混居的状况在农村依然存在，周边环境脏乱差。一些地区还存在粮食短缺情况，温饱问题尚未解决。教育水平落后，师资力量薄弱，学校基础条件差，农村儿童和青壮年劳动力受教育水平低，生产技能弱。乡村医疗卫生条件简陋，边远乡村缺医少药问题较为严重，因病丧失劳动力或因病致贫返贫状况时有发生。

（4）经济发展整体滞后。20世纪80年代，宁德是全国18个集中连片贫困区之一。1985年，宁德地区生产总值为116761.58万元，农业总产值为80378.03万元，工业总产值为62563万元，固定资产投资为13007.69万元，社会消费品零售总额为76007万元，财政总收入为8636万元。同一时期，

宁德农民人均纯收入仅 330 元，为全国水平的 83%，其中人均纯收入在 160
元以下、徘徊在温饱线的农村贫困户人口多达 77.5 万人，约占当时农村人
口的 1/3。所辖 9 个县中有 6 个被认定为国家级贫困县，120 个乡镇中有 52
个被列为省级贫困乡镇。由于同相邻沿海地区整体经济发展水平差距鲜明，
因此宁德被称为东部沿海的"黄金断裂带"。

2.致贫主要成因

（1）自然环境条件恶劣。宁德农村贫困人口主要分布在地形复杂的山
区。相对于平原地区，山区耕地土壤肥力贫瘠，土地利用率低，农产品品
质低下；地理位置偏僻，远离中心城镇，农资农产品运输不便，市场信息不
畅，无法及时对市场供需关系调节做出判断。以传统小农经济为经济基础的
宁德，在自然环境恶劣、信息闭塞滞后，以及不确定性的自然灾害和突发性
的牲畜疾病频繁发生的情况下，经济效益无法保持稳定，因灾返贫的状况时
有发生。

（2）产业结构较为单一。由于受自然、历史以及国防等综合因素限制，
宁德在 20 世纪 80 年代的产业结构严重不合理，突出表现在第一产业在当地
国民经济中所占比重过高，而第二产业和第三产业比重过低。1985 年，宁
德第一产业生产总值在其整个国民经济中占比高达 50.1%，第二产业和第三
产业分别占比为 24.5% 和 25.4%。单一的产业结构导致产业缺乏竞争力，地
区整体经济发展的后劲不足。不仅如此，主要靠农业吃饭的宁德，由于耕地
面积少、条件差，特别是在生产经营上以小农经济为主（在 20 世纪 80 年代
末 90 年代初也是以种粮为主），生产经营分散，基础设施差，生产服务跟不
上。因此，单靠农民通过传统意义上的"精耕细作"来提高产量已经较难
实现。

（3）人民思想封闭保守。宁德群众在思想观念方面比较落后，主要表
现在：一是安贫乐道，容易满足。由于地理环境因素限制以及经济文化的落
后，满足现状、害怕变革、不思进取成为贫困代际传递的思想诱因，很多农

村群众的生活目标可以概括为"吃饱饭、盖新房、娶媳妇、建坟墓"。二是重农轻商。很多群众宁可在家里过穷日子，也不愿意外出打工、经商；遇到困难、灾害，更多的是甘于贫困，等政府救济，而不是靠发展生产自救。三是不重视知识。长期贫困也带来文化知识水平的低下，不少当地群众只相信祖祖辈辈口口相传的经验，而不相信甚至害怕新知识、新技术，这也成为宁德难以摆脱贫困的重要原因。

（4）农村集体经济弱化。农村实行家庭联产承包责任制以后，对集体经济的冲击是客观存在的。但是在宁德这种经济不发达、财力不雄厚的贫困地区，集体经济的弱化直接影响乡村公共事业和公益事业，乃至无力对分散经营的农民提供基本保障。1989年，全区120个乡镇年均财政收入仅为10万元左右，2083个行政村年均村财收入仅1万元左右，而且主要依靠财政分成。有的村委要买张办公桌都要向县里乡里借钱；有的村民因灾因病返贫，村里也拿不出一分钱来接济。

（5）公共财政投入不足。自新中国成立以来，闽东地区一直受到"战略前线"定位的制约影响，国家对宁德发展工作投资不足，造成当地基础设施建设严重滞后，资源开发不足，大型的工业项目建设几乎没有。与此同时，由于技术落后、人才短缺、地势复杂、交通落后、公共服务短缺等因素限制，宁德在吸引社会投资方面又较为被动。可见，缺乏有力的财力支撑已经成为宁德摆脱贫困、扶贫开发的关键障碍因素。

（6）资源得不到有效利用。"养牛为耕田，养猪为过年，砍柴换油盐"这句现在看来是调侃农民的话，正是当年许多闽东贫困地区群众生活状态的真实写照。宁德放着千回百折的海岸线、郁郁葱葱的青山、得天独厚的气候地理资源"睡大觉"，却在区区两百多万亩耕地上"画地为牢"。农民长期在温饱线上徘徊不前，一遇天灾便返贫，加上农产品单一，在市场经济的浪潮中，群众的腰包始终鼓不起来。此外，由于一些农村过于封闭，信息不灵、交流不畅，导致即使有"好的政策摆在跟前，需求旺盛的市场就在身边"也无济于事，其结果还是贫困。

（三）扶贫历程

1. 启动时期：旨在解决温饱问题

20 世纪 80 年代中叶到 90 年代初是宁德脱贫的启动时期，其基本任务主要是解决温饱问题。曾是"老、少、边、山、穷"地区的宁德，在 1984 年 6 月 24 日，因《人民日报》刊发的一封反映宁德赤溪村贫困状况的来信《穷山村希望实行特殊政策治穷致富》而受到中央的高度关注。当年 9 月，中共中央、国务院发布《关于帮助贫困地区尽快改变面貌的通知》，一场波澜壮阔、旷日持久的反贫困事业由此在全国推开。

习近平同志到宁德工作后，经过深入、仔细的农村和基层实际调查，高瞻远瞩，带领宁德广大干部群众在"坚持以经济建设为中心，坚持以开放促发展"的同时，坚持把摆脱贫困摆上重要位置。当时的宁德地委、行署提出了"扶持特困、巩固温饱、开发致富、增强后劲"的扶贫工作方针。同时，1989 年初，宁德制定了"八五"扶贫工作的目标任务，提出"县富、乡（镇）富、村富、民富一起上"的原则，一手抓县、乡（镇）、村的经济实力，一手抓千家万户脱贫致富。1990 年，宁德进一步提出了加快区域性开发，瞄准"省均目标"，树立"人均观念"，力争到 20 世纪末缩小与全省经济差距的发展目标。

更加重要的是，习近平同志在这一时期还提出了很多重要的扶贫理念和思路，主要体现在以下几个方面：一是在思想观念上，强调扶贫先扶志，"地方贫困，观念不能'贫困'"，要求闽东干部群众解放思想、更新观念，发扬"滴水穿石"精神，树立"弱鸟先飞"意识，摆脱"头脑中的贫困"，增强脱贫致富的信心和韧劲。二是在发展思路上，提出"因地制宜、分类指导、量力而行、尽力而为、注重效益"的指导思想，主张发挥山海优势，提倡"经济大合唱"、念好"山海田经"，推动农业、工业"两个轮子"一起转，为摆脱贫困创造条件。三是在工作作风上，带头践行党的群众路线，倡导推行"四下基层"制度，即宣传党的路线方针政策下基层、调查研究下基层、信访接待下基层、现场办公下基层。四是在组织保障上，坚持把基层组织建设作为扶贫工作的固本之策，推动建立健全基层支部的一套制度，大力整顿软弱涣散基层党支部，着力建强脱贫第一线的核心力量，切实增强基层党组织的凝聚力和战斗力。这些理念思想集中呈现在其《摆脱贫困》一书当中，不仅在当时对启迪宁德干部群众智慧发挥了重要作用，也是30多年来宁德推进扶贫工作的根本遵循。

这一时期时间跨度虽然不长，但是由于有了正确的指导思想，宁德的扶贫开发取得了丰硕的成果。按1980年不变价，1990年宁德国民生产总值15亿元，农业总产值9.65亿元，与1985年相比平均每年递增9.4%和5.9%；粮食总产量84.19万吨；造林面积75万亩；茶叶、食用菌、对虾已发展为三大拳头特色产品；乡村两级集体经济收入达8.5亿元，比1985年增长1.3倍；农民人均纯收入达604元，人均口粮572斤，分别比1985年增加274元和32斤，其中6个贫困县（市）农民人均纯收入已达585元，人均口粮552斤，宁德原有16.6万户贫困户，累计解决温饱16.1万户，闽东贫困地区第一次越过了温饱线。宁德行政村通车数达1179个，占全区总行政村数的55.88%，初步形成公路交通运输网；港口建设初具规模，码头泊位增加到80个，赛岐港初步成为闽东的港口中心，总吞吐量达47.7万吨，居福建全省第4位；三都澳港成为闽东重点物资中转过驳的疏运点；至1990年8月，宁德各县实现长途电话全自动拨号。

2. 提升时期：着力推动农村综合开发

20世纪90年代初到2000年之前，是宁德的农村综合开发扶贫阶段。这一阶段的工作主线是在巩固温饱基础上争创小康。

这一时期，在通过一系列措施实现绝大多数群众解决温饱的基础上，宁德地委、行署不失时机地提出"一二三四五"战略目标，即把扶贫开发推向巩固温饱、开发致富的新台阶，争取在"八五"期间实现财政收支、粮食产销两个平衡；林茶果、水产、乡镇企业三个方面取得突破；教育科技、交通邮电、能源、工业原料与支农物资生产供应四个改善；做好进一步发展农业、提高工业效率、改善基础设施、搞好融通流通、扩大外引内联五个方面工作。在对乡村经济进行广泛深入调查的基础上，针对贫困地区集体经济脆弱的实际，宁德地委、行署又适时提出了把扶贫工作的重点转移到发展乡村两级经济上，并且提出要进一步提高对扶贫开发重要性、艰巨性的认识，做到扶贫特困与鼓励先富、集点式开发相结合，温饱攻坚同实施"粮食工程"相结合，发展外向型经济同建立商品基地相结合等。

这一时期，宁德还以国务院批准闽东为"开放促开发扶贫综合改革试验区"为契机，坚持"以开放促开发"，精心组织"八七扶贫攻坚"，在福建省率先开展"造福工程"扶贫，采取"抓两头带中间"超常规发展措施。到1993年，宁德农民人均纯收入达到936元，历史上第一次超过当年的全国平均水平。随后，宁德又顺利摘掉"连片特困地区"和6个"国家级贫困县"的帽子。

如福安市针对1993年全市还有4500多户2.4万贫困人口（1990年不变价，人均收入低于450元）的实际情况，提出三大目标：一是全市贫困户1999年人均收入达到1000元以上，二是人均都有一项产业帮扶措施，三是贫困村实现基础设施和社会公益事业基本配备。

这一时期，宁德还实施了一项具有开创意义的易地搬迁行动。针对地处鹫峰山脉余脉的闽东及其山海交错、生存空间逼仄的实际，也为了解决"一方水土养不活一方人"的贫困面貌，宁德各级政府对一次次"输血式"帮扶并未能改变返贫的现实开始思考：与其投入几百万、几千万乃至上亿元资金来帮扶一个村的几户人家，还不如"釜底抽薪"，让这些贫困山民离开不适宜生存的环境。于是，一场"挪穷窝""拔穷根"的扶贫行动在1994年的闽东大地上正式启动，对居住在"老、少、边"等生存发展环境恶劣地区的贫困群众实施有组织、大规模搬迁。这一时期宁德的易地搬迁主要经历了"农村茅草房改造""连家船民上岸定居"和"整村搬迁集中安置"三个主题阶段，这就是后来被称为"造福工程"的整村搬迁、易地扶贫。易地搬迁使得闽东地区"老、少、边"群众、连家船民和自然灾害险情村群众改善了生存发展环境，拓宽了就业增收门路，更新了思想观念，加快了工业化、城镇化进程，并从根本上消除了自然灾害可能给人民群众带来的生命财产安全隐患。

到 2000 年，宁德的农民人均纯收入已达 2850 元，是全国农民人均水平的 79%。同年，宁德的贫困发生率也由 1990 年的 20.12% 降至 9.2%。

3. 深化时期：致力于全面建设小康社会

在 2000 年到党的十八大之前，宁德推动了以全面建设小康社会为目标的综合扶贫工作。这一时期，宁德按照国家扶贫开发的要求，以"三农"工作为统揽，坚持开发式扶贫方针，以经济社会发展薄弱乡村为主战场，以贫困和低收入人口为主要帮扶对象，除继续推进前期的造福工程以外（11 年间累计完成搬迁 186667 人），还认真组织开发了整村推进扶贫，创新推动了小额信贷扶贫、技能培训扶贫等工作，形成开发式综合扶贫的工作态势，10 年间有近 25 万人脱贫。

到 2012 年，宁德的农民人均纯收入为 8829 元，为同期全国水平的 1.12 倍。与此同时，宁德的小城镇改革发展试点建设扎实推进，产业、人口等要素加快集聚，城镇化率达 50.5%。第二批新农村示范村和第三批整村推进扶贫开发也有序开展，城乡面貌日益改善。

4. 攻坚时期：实施精准脱贫并巩固拓展成果

党的十八大成功召开后，宁德的脱贫攻坚，进入精准脱贫和乡村振兴相衔接的阶段。

这一时期，宁德遵循习近平总书记对扶贫开发的重要论述和对宁德的系列批示指示精神，把脱贫攻坚作为第一政治任务和民生工程。在组织领导上，坚持"四级书记抓扶贫"，全面建立"领导包村、干部包户"的挂钩帮扶责任制，形成脱贫攻坚合力。在工作机制上，推行"664"工作模式，即：干部帮扶、龙头带动、造福搬迁、信贷扶持、能力培养、社会保障"六到户"；领导挂钩、项目资金、扶持村集体经济、龙头企业结对帮扶、基础设施和公共服务配套、党建扶持"六到村"；资金扶持、山海协作、交通改善、城镇化推进"四到县"，并鼓励引导社会力量参与脱贫攻坚，形成各层面联动、全方位发力的工作格局。在具体措施上，全面制定了"扶贫开发规划""脱贫攻坚三年行动计划"等重要文件，围绕"五个一批""六个精准"等要求，加快制定出台挂钩帮扶、产业增收、社会扶贫、搬迁安置等重要文件，全面推动精准扶贫"十大工程"（产业扶贫工程、金融扶贫工程、能力扶贫工程、助学助医工程、文化扶贫工程、生态绿色工程、行业扶贫工程、社会扶贫工程、保障兜底工程和党建扶贫工程）。在工作保障上，2016—2020 年每年投入扶贫资金 6 亿元以上，至 2020 年底扶贫小额信贷累计贷款额突破 10 亿元，资金投入稳中有升，精准滴灌；同时，率先建立了精准扶贫定期例会、常规督导制度；在脱贫攻坚总体任务完成后，又加快建立防止返贫的工作机制，通过补齐"两不愁三保障短板"，加快建立防止返贫的底线，确保脱贫成果经得起历史检验。

这一时期成就显著，一是造福工程和整村推进工程等有效促进了宁德人口向小城镇、中心村聚集，推动了城乡协调发展；二是宁德经济发展水平有了明显提升。2019 年，宁德人均 GDP 增至 84251 元，是同期全国人均 GDP 的 1.19 倍，是宁德 2012 年人均 GDP 的 2.22 倍。2019 年宁德农村居民人均纯收入达到 17804 元，为同期全国农民人均纯收入水平的 2.25 倍，比 2012 年农村居民人均纯收入增长 103%。至 2020 年，宁德现行标准下的 6 个省级扶贫开发工作重点县、453 个建档立卡贫困村和 7.2 万建档立卡贫困人口，全部实现脱贫。

三、宁德市脱贫攻坚面临的困难和挑战

（一）区域性脱贫脱困压力较大

虽然经历了 20 多年的扶贫开发历程，宁德贫困人口已从 1985 年的 77.5 万人下降到 2012 年的 18.9 万人，但是县域经济发展不平衡仍然是制约宁德发展的重要因素。2012 年，福建省委、省政府贯彻落实《中国农村扶贫开发纲要（2011—2020 年）》，将宁德的柘荣、寿宁、周宁、屏南、霞浦、古田列入了 23 个省级扶贫开发工作重点县名单之中。宁德的这 6 个省级扶贫重点县都曾是国家级扶贫重点县，数量与福建省其他地市相比是最多的，并且由于在空间上分布比较广泛，因此区域性整体脱贫压力较大。

（二）深度贫困精准施策难度高

宁德的区域性贫困在时间跨度上延续较长，加上贫困人口主要分布于自然条件较差的山区农村，居住较为偏远，交通也不便利，生活条件较差，习俗相对落后，因此经济收入提升困难。同时，由于受城乡分离的二元制度影响，贫困人口的子辈孙辈被赋予的背景条件相似，接受的是落后思想观念的"熏陶"，大部分子辈们由于缺乏内生动力进而重复着与他们父辈几近相同的生活轨迹，最终也难逃贫困命运。这种代际传递导致的深度贫困需要科学、精准、系统施策才能加以解决，因此难度也较大。

（三）返贫仍是有待化解的难题

自 20 世纪 80 年代以来，宁德广大贫困群众在各级党委政府带领下，秉承"弱鸟先飞"理念，发扬"滴水穿石"精神，奋力拼搏，治穷扶贫，战胜了穷困，实现了温饱，一大部分人甚至跨进了梦寐以求的小康生活，取得了历史性的成就。然而，由于疾病、灾害、劳动力丧失、经营不善、子女入学、传统礼数等原因，导致不少已经脱贫或致富的农村居民生活又重新跌入贫困。因此，如何有效解决返贫问题是宁德脱贫攻坚面临的一个必须破解的重大问题。

（四）相对贫困问题凸显

宁德是集沿海与山区特点于一体的贫困地区，因此相对贫困首先体现在其区域内山区与沿海地区经济发展的不平衡上。2012 年，在宁德地区生产总值构成中，沿海三区 / 市占 60%，而山区六县仅占 40%。不仅如此，我国城乡二元结构下生存权利和机会的不平等还导致宁德农村居民的能力贫苦，作为弱势群体，农村居民往往处于社会边缘，生存状况恶劣，收入缺乏保障。统计数据显示，2012 年的宁德城镇居民家庭人均可支配收入是 21825 元，而同期的农村居民家庭人均可支配收入则是 8829 元。由于两者的收入之间存在明显差距，农村居民的相对贫困状态也跃然纸上。因此，如何在立足推动山区县经济发展，进而在化解宁德经济发展不平衡问题的同时，着力从制度层面保障农村居民的生存权和发展权进而缩小城乡之间的差距，是宁德脱贫攻坚面临的又一重大挑战。

（五）经济发展基础依然较弱

经济发展水平不仅是治理贫困的重要基础，还关系到宁德现代社会文明的发展。"十二五"结束后，宁德的经济社会发展水平较以前有了明显提升，经济发展实力排名也从福建省的最后一名升至前八。尽管这一步也是一种实质性跨越，但相对于本市的总体贫困治理需求来说，经济实力依然较弱，整体经济社会发展实力在全省各地级市中仍然相对较弱，宁德属于地处发达省份的欠发达地区的身份仍未发生实质性改变。因此，在城市支持农村、工业反哺农业方面，宁德的实力还有待进一步加强，特别是由于城乡居民收入差距有持续拉大的趋势，在推进贫困群体的收入增速方面还需要进一步加大力度。上述这些问题对于宁德来说，都构成脱贫攻坚的挑战。

四、宁德市解决区域性整体贫困的做法

（一）总体思想和基本思路

1.总体思想

紧紧围绕实现全面建成小康社会这一奋斗目标，遵循习近平同志的精准脱贫思想和对宁德脱贫工作的关怀和嘱托开展精准扶贫，确保到 2020 年 6 个省级扶贫开发工作重点县、14.5 万农村低收入人口基本稳定脱贫、453 个建档立卡贫困村整体改变面貌和 1200 个左右边远偏僻自然村基本完成搬迁，从而保证经济进一步发展，人民的幸福感快速提升。

2.基本思路

（1）紧抓"两个关键"问题。一是要着力增强政策扶贫的实效性。在扶贫实践中，有不少政策要么兑现不足、束之高阁，要么习惯面上平衡、搞"大水漫灌""撒胡椒面"式的扶贫，对发展生产条件极差的贫困户来讲，实效性不强。新时期的扶贫开发，要更加注重科学性、实效性，精准研究贫困对象的生产生活现状、致贫原因和脱贫需求，把地域发展实际和群众自主意愿作为党委政府研究出台扶持政策的出发点和切入点，使政策更加聚焦到县、到村、到户，起到"滴灌"帮扶的效果。二是要着力增强瓶颈破解的针对性。基于辖区内的县情、乡情、村情存在很大差异，因此，必须要深入基层开展调查研究，有针对性地把制约各地发展的诸如生存环境恶劣、产业结构失衡、资金缺口较大、技术技能缺乏等瓶颈性问题逐一解决。

（2）统筹"三个层面"。一要精准扶贫到户。着重解决"生产缺依靠""就业缺技能""发展缺资金""返贫缺保障"等问题。二要科学扶贫到村。坚持因村施策，注重产业扶贫，激活集体经济扶贫，加强基础设施扶贫，注重党建扶贫。三要协作扶贫到县。强化协作，特别是扶贫开发工作重点县要以建设山海协作共建园区为承载，承接发达地区产业梯度转移。增强内力，加快县域产业升级、项目带动、招商选资、城镇拓展，深挖潜力、培育动源、积蓄后劲。

（3）完善"四项机制"。一要完善组织领导机制。进一步健全扶贫开发的领导体制机制，不断调整充实市、县两级特别是基层的扶贫工作领导力量，突出党政主要领导带头挂帅，强化部门协调配合，落实领导挂钩、山海协作、对口援助、龙头结对等机制，构建起"市统筹、县抓总、乡落实、工作到村、帮扶到户"的长效机制。二要完善资金统筹机制。建立健全扶贫开发投入与财政收入增长相挂钩机制，持续加大财政支持力度。三要完善试点推进机制。着力抓好"整村搬迁、集镇安置"示范点、"科学扶贫精准扶贫示范社""旅游业扶贫"等方面典型的创建，尤其注意选准树好一批不等不靠、顽强拼搏、脱贫致富的先进典型，培育一批产业兴村、创业脱贫的标杆示范，让群众"看得见、学得来、做得到"，典型引路、以点带面、整体推进。四要完善社会协同机制。充分发挥工青妇、科协、残联、工商联等群团组织作用，引导龙头企业、企业家、慈善家等采取"认领式"做法联系贫困户，开展扶贫济困、资医助学活动，发动慈善总会、老促会、扶贫开发协会等社团组织，通过结对帮扶、捐资捐物支持贫困户发展生产，营造"政府发动、部门统筹、社会支持"的良好氛围，着力把扶贫发展成为全社会的共同事业。

（4）提高"五个精准度"。一要在扶贫目标上提高精准度。在确保实现"总目标"的框架下，围绕提高贫困群众生产生活水平，坚持不懈，定向施策，努力实现贫困地区和贫困群众生产发展、生活质量、乡风文明、宜居环境、基层建设"五个提升"。二要在建档立卡上提高精准度。对现有贫困地区和贫困群体进行更深入的排查造册、滚动建档立卡，摸清家底状况，探明致贫原因，掌握脱贫需求，健全扶贫台账，实行动态管理，做到建档到点、规划到点、工作到点，心中有数、挂图作业、精准帮扶。三要在载体抓手上提高精准度。县域扶贫，突出龙头产业培育发展和重大基础设施建设，在做强县域综合实力、改善城乡发展面貌上下功夫；村级扶贫，注重壮大村级集体经济，改变村容村貌，建设宜居宜业的生产生活环境；家庭扶贫，围绕促就业、稳增收、惠民生，实施贫困群众科学文化素质提升工程，促进社会保障体系提标扩面，防止因病因灾致贫返贫。四要在措施方法上提高精准度。坚持"滴灌"，对贫困对象强化"一对一"的指导帮扶，不搞政策"一刀切"，像适合整村推进的地方就没必要搞造福搬迁。注重"借力"，善于"借梯登高""借船出海"，引进外部资源，来发展生产、改善环境。倡导"创新"，比如，农产品营销模式上，可以运用"互联网＋"，发展电子商务，像古田食用菌、寿宁硒锌产品等，都在运用电商营销方面闯出了新路子。五要在脱贫验收上提高精准度。健全科学的考评体系和验收标准，建立扶贫重点村验收"销号"制度，突出群众脱贫率、返贫率和政策落实率、群众满意率等指标的量化考评，做到成熟一个、验收一个、销号一个。

（二）聚力产业扶贫，提升综合实力

习近平总书记在宁德工作期间强调，闽东主要靠农业吃饭，我们穷在"农"上，也只能富在"农"上，发展大农业、瞄准开发式扶贫是闽东坚定不渝的方向，是农民脱贫致富的根本所在。党的十八大以来，习近平总书记多次强调，产业扶贫是最直接、最有效的办法，产业扶贫是稳定脱贫的根本之策。这些重要论述，为闽东人民摆脱贫困指明了根本方向。多年来，宁德牢牢把握开发式扶贫的导向，把山海资源开发、农业综合发展、发展特色农业、帮助群众增收有机结合，走出一新宁德特色的产业振兴之路，打造宁德的产业扶贫模式，从而增强贫困地区自我发展能力、贫困群众"造血功能"。

1.打造现代农业园区，以科技引领产业扶贫

自 2013 年以来，宁德先后通过实施现代农业示范工程，推进省级、市级农业标准化示范基地、农民创业园、千亩以上高优农业示范园区、现代农业智慧园、山地农业开发示范基地、设施渔业产业园区建设和拓展各类设施农业示范面积，推广现代农业技术，促进农业发展方式转变；培养新型农民，提高农民增收致富能力；拓展农业功能，促进农业提质增效，进而引领宁德现代农业产业发展。

2.大力发展特色产业，借优势助推产业扶贫

闽东上下着力在农业上大念"山海经"，组织开发性生产，促进规模经营，形成"一地一策""一村一品"，大力发展特色产业，走资源转化路子，依照当地的区位条件、资源特色和市场需求，实施产业扶贫。具体措施包括以下五个方面。

一是通过规划引领，优化产业布局。建设需要规划，产业扶贫同样需要规划布局，使之符合区情，形成规模。根据宁德自然环境和区域优势，全市立足茶叶、食用菌、水产、林竹、水果、蔬菜、中药材等特色产业，确定建立"茶乡、菌都、果竹和水产大市"的农业发展目标，制定"一村一品"产业发展中长期规划，明确发展目标和工作措施，大力发展适销对路的高产、优质、高效、生态、安全的农产品。通过深入实施优势农产品区域布局规划，引导"一村一品"向优势产业带聚集，改变以往"小而全"的生产格局，坚持用工业化理念发展山地农业，推进农业的规模化和区域化，形成区域特色产业带。目前，全市在形成"两带一区"（沿海蓝色农业产业带、山区绿色农业产业带、城郊平原高优农业示范区）产业布局的基础上，"十三五"以来进一步发展了"8＋1"特色产业（水产、茶叶、食用菌、水果、蔬菜、中药材、畜牧、林竹花卉和乡村旅游）。

二是因地制宜，强化分类指导。农民随意的粗放式的开发性生产，是返贫的重要根源。宁德十分重视综合考虑当地资源禀赋、产业特色、历史文化、人文背景、劳动力状况以及市场情况因素，实施一村一策、一户一法，指导贫困村贫困户宜茶则茶、宜林则林、宜果则果、宜牧则牧、宜渔则渔、宜旅游则旅游，实施多品种多形式农业综合开发，做大茶叶、水产、食用菌、果蔬、林竹、中药材等特色产业基地，发展茶旅结合、农旅结合等新业态，深化"一村一品"建设。比如，福鼎赤溪村借势九里溪瀑景区，大力发展旅游扶贫产业促增收；福安市城阳镇扶持国道沿线产业开发，形成茶叶1000亩、绿竹5000亩、糖蔗1000亩和巨峰葡萄2000亩的特色产业扶贫基地建设。

三是注重科技力量，推进科技兴农。宁德始终十分重视科技支撑产业发展，围绕茶叶、水产、食用菌等特色产业构建科技平台，先后成立茶产业研发中心、食用菌研发中心、水产研发中心，针对产业发展中关键性及共性技术问题开展攻关。例如，着力解决茶叶生产农药残留，组织实施"有机生态茶园建设及基地配套技术研究""优质茶树新品种区试与无公害茶叶生产技术示范"；根据食用菌产业发展，组织实施"银耳产业化关键配套技术研究""计算机控制菇房生产技术应用"；水产方面实施"大黄鱼保活保鲜技术攻关""精深加工开发以及染色体组操作培育全雌良种研究"；等等。

四是注重食品安全，提高农产品品质。通过强化农业执法监督，切实加强生产投入的监管，杜绝高毒高残留农药流入农业生产领域。开展农产品质量安全县创建，推进农产品质量安全可追溯体系试点，全市128家市级以上农业产业化龙头企业和农民合作社列入试点建设。古田县出口食用菌质量安全示范区和宁德出口茶叶质量安全示范区通过国家考核验收，国家级水产健康养殖示范场达28家，水产品可追溯企业已达28家，追溯企业数量在全省地市位列首位。

五是注重互助合作，提高组织化程度。为减少缺乏经营实力和发展后劲的实体，难以承担贫困户的经营风险，进而使预期的扶贫效应便会落空，宁德在产业扶贫中坚持因地制宜、典型带动、多元兴办，加快培育一批农民合作社、农民经纪人和专业大户等经营，鼓励和支持符合条件的各类农民合作社参与申报和实施测土配方施肥、"一村一品"示范基地建设、农业科技入户工程、畜牧养殖小区、农业标准化建设等财政补助项目，调动了他们参与发展"一村一品"的积极性。

3. 积极推进县企合作，以龙头带动产业扶贫

龙头带动是加快贫困农户脱贫致富步伐的有效手段，通过龙头企业辐射带动，加快推进贫困地区农业产业化经营发展进程，调整优化产业结构，引导贫困农户有序进入市场。龙头企业发展，有利于提高区域内农业组织化程度，有利于破解贫困农户与市场脱节的问题，有利于提高农业资源利用效率，有利于促进区域内贫困农户就业创业，带动贫困农户增收致富。为此，宁德积极分层施策，扶持龙头农业企业发展。

首先，通过完善产业政策，提升公共服务水平。特别是在基础设施、技术研发、人才引进、品牌培育等方面给予必要的政策支持，搭建服务平台，推进农产品与市场有效对接，推动龙头企业发展壮大，充分发挥龙头企业"接二连三"的功能，促进贫困地区特色产业提质增效、贫困农户增产增收。宁德还先后出台了促进乡村产业振兴的一系列政策，以及扶持茶产业发展、现代渔业发展、林下经济、花卉苗木产业、千亩高优农业园区建设、山地农业综合开发示范基地建设等一系列连贯的产业扶持政策，从组织领导、政府服务、财政扶持、税收优惠、信贷融资等方面扶持农业产业化经营、扶持龙头企业，同时，各县(市、区)也相应制定出台扶持政策，实行"分级扶持"。由于市县两级每年为现代农业发展积极投入大额财政支持资金，有力地推动了农业产业化发展，增强了农业龙头企业的发展后劲和带动贫困户的增收能力。

其次，通过增强品牌意识，塑造特色形象。宁德十分重视发挥农业产业资源优势，大力实施品牌战略，以市场为导向，以产业育品牌，以品牌拓市场，形成品牌与龙头企业相互效应。市里设立了扶持商标品牌发展专项资金，市财政每年预算内安排 20 万元专项经费，用于商标品牌的培育、推荐、宣传、认定以及商标品牌管理、维权工作。建立商标品牌分级奖励机制，对被认定为中国驰名商标的农业类企业（协会）一次性奖励 60 万元，其中市本级财政奖励 30 万元，所在县（市、区）财政奖励 30 万元；对注册地理标志证明商标的注册人，按地域划分，属市本级的，由市本级财政一次性奖励 20 万元，属县（市、区）级的，由县（市、区）财政一次性奖励 20 万元；对被认定为福建省著名商标、宁德知名商标的企业，由所在县（市、区）财政一次性分别奖励 5 万元、2 万元。

再次，通过构建利益联结，实现多方共赢。通过发展龙头企业，使企业与农户联结成利益共同体，实行规模化生产，专业化经营，从而辐射农户，推动实现整村脱贫致富。宁德注重引导龙头企业与贫困村在以下五个方面开展结对共建，实现互利共赢。一是合作开发现代农业项目。由龙头企业提供资金、技术、人才和先进管理经验，贫困村提供土地、林地、海域、滩涂、劳动力及其他资产资源，共同开发高优农业、旅游农业、休闲农业、生态农业、设施农业等现代农业项目。二是协作共建特色产业基地。龙头企业通过土地流转、返租等形式，在贫困村建立规模化、标准化农产品基地；贫困村通过成立农工商公司、合作社等形式，组织农户发展粮食、茶叶、食用菌、水产、林竹、果蔬、药材、畜禽等特色产业，为龙头企业提供农产品原料保障。三是推动贫困家庭就业创业。鼓励龙头企业参与贫困村的农民培训，提高贫困家庭就近就地创业就业能力。通过"订单式""定向式"等多种形式的职业技能培训，吸纳更多的贫困户就近就业。四是加快农村公益事业发展。鼓励龙头企业捐资捐物，帮助农村实施村庄美化绿化工程，支持文体公益设施完善，深入开展扶贫济困、捐资助学公益活动等。五是齐心协力培育村企文化。鼓励龙头企业在推进企业文化建设时与乡风文明建设相结合，通过文化设施共享、文体队伍联建、文艺活动联办等形式，实现先进龙头企业文化与优秀乡村文化的相互融合、同步提升。如福鼎的福建天湖茶业有限公司坚持"强企富民、村企共赢"，2012年以来，累计投资3200万元在贫困村方家山村建设有机茶基地，通过基地带动、技能培训、订单收购、土地流转等形式，每年为周边群众创收达4500多万元，并安排103户建档立卡贫困户就地就业。

最后，通过搭建助农平台，纾解丰产之困。通过全面推动社会各界共同消费贫困地区农产品，在每年国家扶贫日举办消费扶贫活动。仅2019年，我们就依托大型企业"食堂"、挂钩单位"定制"等平台，帮助42个贫困村、875户建档立卡贫困户解决农产品销路问题，通过电商平台、微信"朋友圈"等开展"义卖"582次。在市委主要领导的引导下，屏南县、蕉城区贫困村的蔬菜基地与"宁德时代新能源公司"建立长期的蔬菜供销关系；寿宁县通过电商平台"众创廊乡"，对贫困户农副产品进行集中收购与代理销售，着力解决贫困户富余农副产品销售问题。同时，宁德在近年发展的农村联动服务平台、电子商务服务等网络建设的基础上，通过网络平台有效地促进了偏远地区与外界的联系沟通，助推扶贫产业发展，多年来认定了一批成效良好的消费扶贫网络平台。

4. 大力创新金融服务，以杠杆撬动产业扶贫

贫困地区脱贫增收离不开产业发展，而产业发展离不开金融支持。因此，金融扶贫瞄准了贫困户发展生产的薄弱环节，通过将金融活水引入贫困地区，可以提高贫困户创业增收的积极性，增强其市场意识、风险防范意识和信用意识，从而激发贫困户内生发展动力，增加农村金融的有效供给。自2013年11月12日党的十八届三中全会正式提出"发展普惠金融，鼓励金融创新，丰富金融市场层次和产品"以来，宁德积极整合各方资源，大力创新金融扶贫模式，探索设立"农户自立工程""小额信贷促进会""民富中心"等市场化、可持续的金融扶贫新模式，把有限的扶贫资金予以放大，利用"杠杆"撬动金融资源，实实在在惠及贫困人口，为扶贫开发"宁德模式"的探索注入新活力。在具体策略上，首先是通过政府主导，拓宽金融"活

水"来源。针对农村信用社在发放支农贷款，特别是小额贷款上的顾虑重重和利息过重，特别是金融部门与贫困群众之间的"信任"还无法真正建立而扶贫部门又常常面临着贴息资金"发不出去"的尴尬，宁德鼓励基层因地制宜，大胆探索，逐步摸索出一条依托金融的杠杆化运作，把有限的扶贫资金予以放大，瞄准投向贫困地区重点领域和薄弱环节的金融扶贫路子。一种方式是，扶持并鼓励非政府、非营利性的小额信贷公益性组织发展，政府出资或帮助其融资，当"幕后老板"，监督其运作。另一种方式是牵头成立金融服务平台，主动承担信用社经营农村市场的部分风险，降低其运作成本。其次是创新金融产品，化解贷款担保难题。2007 年，宁德在屏南县全省率先探索，将省级扶贫小额信贷资金和县级配套资金等存入合作的农信社等金融机构，作为风险保证金，为贫困户提供无抵押贷款担保服务。除了无担保贷款，宁德各地还通过产品创新，积极探索自然人信用担保、林权抵押担保、土地经营租赁质押担保等反担保形式，化解了贫困户贷款的抵押担保难题。

（三）强化山海合作，促进协同发展

沿海山区是宁德的典型区域特征，因此如何破解域内区域经济不平衡问题一直是宁德上下长期思考极力破解的难题。遵循习近平总书记 2014 年 11 月考察福建时的重要指示，宁德积极建立了"大手牵小手、一起往前走"的山海协作机制，由蕉城、福安、福鼎、东侨分别对口帮扶屏南、周宁、寿宁、柘荣，2014—2017 年沿海县（市、区）每年安排地方公共财政收入新增部分的 1%—2%，2018—2020 年每年安排地方公共财政收入新增部分的 2%—3%，支持联系的山区县民生工程、基础设施和生态环境建设。2019 年 4 月，宁德又专门发布了《宁德市深入实施山海协作、促进区域协同发展的实施方案》，旨在进一步调动全市县域间山海协作的积极性、主动性，优化沿海和山区资源配置，促进区域优势互补、共谋发展，形成沿海和山区联动、融合、协同发展格局。该协作的重点为统筹整合县域山海空间资源，并着力推动蕉城—屏南、东侨—古田、福安—周宁、福鼎—柘荣、霞浦—寿宁（福安—寿宁）县域之间开展山海协作、对口联系工作。

1. 建立健全帮扶机制，加强发展交流

为落实党政主要领导交流互访机制，6个省级扶贫开发工作重点县党政主要领导每年均与对口帮扶方通过实地召开对口帮扶联席会议、视频会议等形式开展对口帮扶工作交流，制定年度帮扶计划。按照"政府引导、市场运作、优势互补、互利共赢"的原则，对口帮扶双方结合实际在产业对接、招商引资、资金支持与人才交流等方面制定年度帮扶计划并加以落实，促进沿海和山区资源共享、共同繁荣。

2. 落实资金专款使用，提高使用效益

宁德6个省级扶贫开发工作重点县每年落实山海协作帮扶资金1200万元以上，制定帮扶资金使用项目清单，确保每个县每年1200万帮扶资金中至少80%资金用于促进贫困户脱贫项目，包括用于贫困户产业、教育、医疗、就业、培训、电商、旅游、搬迁等方面。

推进产业对接协作，加快园区建设。对口帮扶双方深化特色优势产业合作机制，通过产业协作、市场对接、项目带动等举措扶持重点县经济发展，实现合作共赢。一方面是双方围绕产业优势和发展需求，对口帮扶方鼓励引导辖区内符合条件且有意向的制造业、农产品加工业、现代服务业、创意产业等企业向重点县转移。另一方面是重点县不断改善营商环境，完善共建产业园区道路建设、污水管网等基础配套设施建设，提供便捷、优质营商环境，积极开展共建产业园区的项目招商、企业融资、市场开拓、人才引进、物流对接等方面工作，吸引企业落地并带动贫困人口就业。

（四）坚持精准帮扶，提高脱贫质量

构建精准帮扶的工作机制。习近平总书记在宁德工作期间，不仅强调"因地制宜"对发展当地经济进而摆脱贫困的重要性，还强调领导干部要发扬"四下基层"的务实工作作风。多年来，宁德上下在这些重要理念和优良作风指引下，求真务实，积极探索，形成了一套科学有效的精准扶贫工作机制。一是在精准识别基础上建档立卡。通过对扶贫对象进行深入调研，在了解真实贫困情况后做到逐户"建档"、逐村"监测"、逐县"挂图"，精准帮扶。二是在精准诊断基础上弄清致贫原因。在确定扶贫对象基础上对贫困户的致贫成因进行诊断，进而确定是因病、因残、因学、因灾、因偏远，或是由于缺技术、缺资金、缺劳力、缺动力、缺市场。三是在瞄准方向基础上精准发力。针对所处环境和条件不同，宁德因村施策、因户开方，做到"六到户、六到村、四到县"，精准发力、实施"精准滴灌"。四是在精准验收基础上进行退出。坚持把稳定脱贫、持续发展作为脱贫验收、销号"退出"的考核原则，结合县、村、户等经济指标，突出群众脱贫率、控制返贫率、政策落实率量化指标，进行全面考评验收。五是在精准监测基础上防止返贫。对"脱贫不稳定""易返贫"两类对象实施动态监测和谋划重点帮扶措施，确保贫困群众得到帮扶。

（五）注重内外结合，助力脱贫攻坚

1.扶贫与扶志扶智相结合，激发内生动力

（1）在扶志方面，20多年来宁德坚持把摆脱"思想贫困"作为脱贫的首要任务，大力传承弘扬"弱鸟先飞"的紧迫意识、"滴水穿石"的坚韧精神和"四下基层"的扎实作风，引导干部群众解放思想、更新观念，树立脱贫致富的坚定信心，为扶贫开发工作提供强大精神动力。树立"弱鸟先飞"的紧迫意识。"弱鸟可望先飞，至贫可能先富"，宁德着眼于充分调动干部群众的主观能动性，从思想认识层面切实解决谁来扶、扶什么、怎么扶的问题，进一步提高推进精准扶贫的积极性和主动性。先后在基层党组织中广泛开展"弱鸟如何先飞？""我们如何摆脱贫困？""当村干部为什么？在任干什么？"等系列主题大讨论，引导广大干部群体和人民群众转变"安贫乐道""穷

自在""等靠要"的落后思想，坚定脱贫致富奔小康的信念，观念先"飞"，思想先行。与此同时，党员干部们大力挖掘和推广群众身边的脱贫致富实例，引导贫困乡村向"先富"看齐，形成人人思富、你追我赶、共同致富的良好局面，营造致富光荣的社会氛围。通过广电广播、网络展板、宣讲进村等方式，大力宣传中央扶贫引导的一系列战略部署，让群众看到中央打赢扶贫攻坚战的信心与决心，引导贫困群众树立以干得助思想理念，主动脱贫，自力脱贫。弘扬"滴水穿石"的坚韧精神，让群众明白摆脱贫困并非朝夕之功，不可能毕其功于一役，从而提振他们战胜贫困的信心。

"立志"是拔掉穷根的关键，也是整个脱贫攻坚的动力之源。动员和启发贫困户转观念、换脑筋是一个不断深化的漫长过程，在习近平总书记扶贫思想的策源地——福建宁德下党乡，这里的脱贫攻坚就经历了这样一个过程。下党之变，变在思想观念。长期以来，下党困守大山，乡亲们思想观念也封闭落后。正如王光朝老人所言："以前，我们就和井底蛙、笼中鸟一样，看不到天，飞不起来。"扶贫先扶志，群众的思想不断解放、观念不断更新，摆脱贫困、加快发展成为下党共识。坚持"绿水青山就是金山银山"的发展理念，靠山吃山唱好山歌，以干得助、久久为功，脱贫路上的下党故事，坚韧而精彩！下党乡党委书记叶忠强说："树信心、找路子、聚合力，这就是下党发生巨变的秘密。"信心竖起了，路子选对了，力量汇集了，下党的贫困问题就解决了。30年间，下党乡人均年收入从不到200元增长到去年的1.3万多元，翻了近70倍。2018年，下党乡建档立卡的118户贫困户504人已全部脱贫。正是有许多个"下党乡"的矢志不渝和乘风破浪，宁德广大人民群众的生活水平和精神面貌才实现了翻天覆地的变化，才能取得脱贫攻坚战的最后胜利。截至2019年底，宁德的建档立卡贫困户已全部实现脱贫退出，贫困人口平均年收入达13130元。

（2）在扶智方面，宁德始终坚持临渊羡鱼不如退而结网，授人以鱼不如授人以渔。在实施教育扶贫攻坚工程过程中，牢牢把握住这句话的精髓所在，瞄准扶贫对象，聚焦重点人群，开展"造血式"扶贫，使扶贫工作重点由过去单纯重物质资本开发建设转向更加注重人力资本投资开发。为此，一是通过大力发展职业教育，开展灵活多样的技能培训，可以在农村贫困家庭子女及就业弱势群体中培养更多脱贫致富的知识型劳动人才，千方百计阻断贫困的"代际传递"。习近平总书记在宁德工作期间就高度重视职业教育和脱贫致富的关系，提出要建立健全基础教育、职业技术教育、成人教育"三位一体"的教育体系。他指出，职业技术教育理所当然地要同闽东地区的经济和社会发展需要以及同农民脱贫致富的需要紧密结合。特别是开展职业技术教育要重视实践，不能只在"黑板上种田"，一定要教给学生实际本领，使他们回家后有可能成为生产能手。二是针对难以进入正规职业教育体制的劳动者，宁德通过实施"阳光工程"和"雨露计划"，每年培训农民工 2 万人以上，向工业企业输送家庭贫困的劳动力 1.5 万人以上，做到每个贫困家庭至少培训 1 名劳动力、掌握 1 门实用技能、得到 1 个就业岗位。同时，宁德鼓励农业合作社和农村产业大户吸纳贫困劳动者就业，在积极帮助相对贫困户依托种植、养殖及手工艺等家庭经济项目实现稳定增收的基础上，扶持兴办能带动相对贫困户生产的农业产业、农民合作社等组织，使有劳动能力的相对贫困户有 1 家农业企业或 1 个专业合作社帮扶带动，或扶持有条件的相对贫困户参与乡村旅游业、服务业发展，拓展增收途径。此外，宁德还全面推行淡旺季用工调剂，通过人社部门积极牵线搭桥，加强企业与农村富余劳动力、农闲劳动力的直接对接。据统计，2016 年以来，宁德每年新增城镇就业 3 万人左右、城镇失业人员就业 1.14 万人、农村劳动力转移就业 4.24万人。每年举办创业培训 176 期以上，免费培训 5219 人，成功创业 4175 人，带动 1.6 万多人就业。三是通过"借智扶贫"，与清华、北大、人大、厦大等著名高校签订战略合作协议，争取高校在宁德建立了 12 个实验基地、研发基地、技术成果推广站，合作开展大黄鱼、食用菌、太子参等农产品精深加工，推动贫困地区资源优势转化为产业优势，帮助 5000 余名困难群众年人均增收 1.2 万元。全市共组织过 1000 多名技术人员到农村一线扶贫，为老区发展产业"把脉问诊"，推动贫困群众创业致富。目前，宁德共有 737 名个人科技特派员、7 家法人科技特派员、7 组团队科技特派员活跃在脱贫攻坚一线。此外，政府还制定了一系列的优惠政策，大力引导大学生返乡创业，如《关于进一步做好扶持高校毕业生自主创业的若干意见》，为高校毕业生创业量身定制了一系列涵盖工商注册、税收减免、资金扶持、场所提供、土地流转、指导服务等政策措施，培育了一批在基层带领群众脱贫的人才队伍。目前，全市共有创业大学生 2351 人，创业项目 1945 个，涉及农业技术、乡村旅游、电子商务等 20 多个行业，直接带动就业 15942 人，其中贫困人口 5300 多人。创业大学生林恩辉采用"公司＋基地＋合作社＋农户"模式发展种植高山晚熟葡萄，带动周边 200 余户贫困群众年人均增收 1 万元以上。通过选拔、培养和使用乡土人才，最大限度地盘活乡土人才资源，实现扶持一名乡土人才、壮大一个特色产业、带富一方百姓。同时，还在村民中推选出农村"六大员"，如：农民技术员、综治管理员、文化协管员等村级事务主要管理人员，让熟悉乡土、热心村务的群众帮助乡村两级管理乡村事务，并带动形成一批新型农民。分类组建"土专家"顾问团、"田秀才"讲师团，开展"授农技、做示范、共致富"活动，指导贫困户种植食用菌、高山蔬菜、油茶、晚熟龙眼等特色经济作物。食用菌专家阮毅先后到 100 多个村开展技术培训，赠送技术资料 1 万份，为 300 多户贫困户提供菌种 10 万袋以上，价值 10 万多元。利用党校、职业中专等资源，邀请乡土人才举办油画、剪纸、造船等多个工种（职业）培训，帮助 3000 多名困难群众实现就业。通过项目支持、补贴支持、信贷支持等政策措施，鼓励支持乡土人才创办农民专业合作社，与贫困户结对带帮，结成"利益共同体"，帮助贫困户实现从"三无"（无门路、无技术、无信心）向"三有"（有产业、有收益、有保障）转变。比如：寿宁县采取了"乡土人才＋合作社＋扶贫开发对象"模式，发动乡土人才组建农民专业合作社 276 家，发展生态茶园、果蔬、中药材、林竹 6.5 万亩，辐射带动贫困户 1300 户。与此同时，为培育、扶持乡土人才，宁德于 2017 年专门出台乡土人才评价认定办法。规定每两年认定不超过 100 名包括生产经营型、能工巧匠型、非遗传承型三大类乡土人才，给予每人 2 万元奖励。

2.强化基层组织，发挥核心力量

一是组织干部下基层历练。多年来，宁德上下摸索、多方求证，建立起了一支强有力的驻村扶贫的领导队伍——"扶贫工作队"。这支队伍是由无数名爱党爱民的党员干部们组成的，他们舍己为人，不畏艰险，毅然奔赴扶贫一线，积极探索多渠道、多元化的精准扶贫新路子。他们带动着人才、资金、项目、服务等资源要素汇聚到贫困地区、用到扶贫一线，为打赢脱贫攻坚战提供强有力的保障。2016 年以来，市里组建了 10 支市委常委带队的精准帮扶工作队，共计安排 157 个市直单位、1755 名干部包户扶贫，不脱贫不脱钩。建立基层党建工作联系点，广泛开展"解难题、抓示范"活动，带动各县（市、区）党员领导干部做到"资源下沉、眼向下看、人往下走、劲往下使"。从 2004 年起，宁德先后分 4 批共选派 1975 名党员干部到扶贫开发重点村以及其他经济发展薄弱和组织建设薄弱的"双薄弱"村担任党组织第一书记，充实基层党组织力量。2015 年全市共选派 1150 名驻村蹲点干部(其中省派 119 名、市派 91 名、县派 940 名)，以抓实驻村蹲点六项任务。在对驻村干部的监管方面，政府配套制定了"目标责任、工作日志、工作例会、党内生活和考勤请假"五项工作制度，给每个省、市、县蹲点干部印发《驻村蹲点工作日志》，加强日常管理督查，确保驻村蹲点工作取得实效。这些干部们在基层积累了大量真实可靠的扶贫经验，使得宁德在扶贫攻坚中政策制定更加合理完善、政策执行更加切实有力。比如：屏南县岭下乡开源村党支部第一书记洪山结合多年的驻村经历，总结出一套行之有效的"5＋6"精准扶贫模式，即省检察院、市（县）直单位、村党支部、村合作社、村企业牵头对接精准扶贫户，通过各级单位挂钩联系，采取一户一策办法，解决贫困户在"劳动就业、土地流转、项目资金、子女上学、社会保障、致富信心"六个方面的问题，确保帮扶计划到户、走访摸底到户、造福工程到户、小额信贷到户、就学帮扶到户、医疗援助到户、低保兜底到户、培训就业到户、龙头带动到户、资金资助到户"十个到户"，实现扶真贫、真扶贫。柘荣县富溪镇富溪村党支部书记吴雄英同样是一名长期奋战在农村基层一线的党员干部，他带头组织50多名村民，成立富园春茶叶专业合作社，修建红茶加工厂、建立网络销售的渠道，使全村的茶叶在产、销上都有了保障，仅茶叶一项，就带动全村群众人均增收500多元；组织102位村民成立柘荣天仙岩农业专业合作社，建立百亩水果采摘园，百亩林下中草药种植，引导13户本村精准扶贫户入社，让精准扶贫户在合作社里劳动致富，早日脱贫，走上共同富裕之路。

二是创新基层党组织设置方式。通过采取党支部建在产业链上、党员示范岗建在致富项目上、强村带弱村联建党组织、"支部＋合作社"创办经济组织等党建新模式，宁德重点建设了430多个产业支部，深入开展"扶持党员创业、带动群众就业"活动，促进党组织在产业发展、扶贫攻坚中更好地发挥引领带动和服务保障作用。福鼎市磻溪镇赤溪村探索"村企联建""村社联建"的形式，与万博华、鼎煜等旅游公司、专业合作社联合建立"产业型"党组织，实行组织目标管理和骨干设岗定责，将小流域治理、环境整治等27个发展项目分解落实到8个村级各类组织，由24名村企党员自愿认领旅游发展服务、科技服务指导等8个岗位，更好地服务企业、推动发展。周宁县纯池镇探索联合地缘相邻、产业相连、人缘相亲的三个行政村党支部建立联合党总支，强化核心力量建设，整合资源力量、统一决策谋划发展，切实推进扶贫开发工作。霞浦县三沙镇东山村与二坑、三坪两个村联建中心村党总支，福安市社口镇坦洋村实行"支部＋龙头企业＋合作社＋农户"的发展模式，切实做到扶贫开发有平台、有示范、能引领、能带动。屏南县积极探索"支部引领、党员带头、群众参与"的党建扶贫工作模式，实施"党建富民强村"工程，创新扶贫开发新途径，已被列为全国66个金融扶贫示范县之一和第二批全国农村改革试验区。

三是通过挂钩联系整顿后进支部。建立软弱涣散基层党组织常态化整顿机制，每个软弱涣散村（社区）安排一名处级以上党员领导干部挂钩联系，通过下派任职、加强场所建设、严格干部管理、规范村务运行等方式，强化整顿工作，补齐基层党建工作的"短板"。近年来，霞浦县通过排查，确定了59个软弱涣散党组织，实行挂钩帮扶"1＋2"模式，每个软弱涣散村（社区）均安排1名县处级领导和1个县直单位挂钩帮扶。坚持分类指导，针对"班子软"的问题，通过下派任职、本村选任、书记约谈等方式，抓好整顿，并选派了31名党员干部担任第一书记，调整配备13名村（社区）干部，有力增强了基层党组织的战斗力和带领致富的本领。福安市探索试行村干部专职化制度，按照"岗位公开化、报酬工薪化、管理规范化"的要求，整合农村服务队伍资源，建立常驻村、专职化的村干部队伍、一些基层组织"无人管事、无钱办事、无章理事"等问题得到有效破解；周宁县健全完善处级领导挂村、县直部门挂钩、科级干部挂户、干部驻村帮扶、山海协作帮扶、精准扶贫"八到户"等工作机制，确保每个贫困村都有驻村工作队，每个贫困户都有帮扶责任人；寿宁县坚持"书记抓、抓书记"，严格落实基层党建工作主体责任和履职意识，成立县乡两级"科学扶贫精准扶贫工作领导小组"，组建14支精准扶贫工作队，分两轮对全县49个贫困村进行挂钩帮扶，并明确各基层党委书记为党建工作第一责任人，签订基层党建工作责任书，强化党建工作责任意识。

四是以点带面，发挥典范带头作用。要达到加快发展、脱贫致富的预期目标，发挥好先进示范、典型引路的作用至关重要。宁德市委以深入贯彻习近平同志2010年9月到宁德视察时，充分肯定福鼎市柏洋党委坚持"五心"、创建"五好"的做法为切入点，把培育典型、示范带动作为加强基层组织建设的重要举措，全面学习推广农村"168"党建工作机制和赤溪村基层党建"四强四引领"经验，按照"一领域一特色、一支部一亮点、一示范一品牌"的思路，深入实施"百个基层党建示范点培育工程"和"市级党建联系点工程"。全市每年确定100多个党建扶贫示范点、产业发展示范村进行重点培育，每个培育点安排1个市委常委或县委常委挂钩联系，3—5个部门单位指导帮扶。同时，将培育点作为基层党建教学点，定期组织学员观摩学习，以"点"上经验带动"面"上工作提升。

五是确保基层组织血液新鲜。多年来，宁德始终坚持把村级组织换届作为不断强化基层党组织的契机，把事业心强、懂经营、会管理、群众公认的人选进村"两委"班子，让优秀党员在支部中"唱主角"，带动群众脱贫致富。把政治素养好、表现优秀的创业大学生，列为村干部的后备人选，吸收进党的组织。2014年换届后有241名返乡创业大学生进入村（社区）"两委"，其中57人当选为村党组织书记、村委会主任，进一步增强了村"两委"班子的影响力和战斗力。扎实推进"三向培养"工程，把致富能手培养成党员、把党员培养成致富能手、把党员致富能手培养成村干部。宁德现任村"两委"班子中，经济能人占63%。实施"基层党组织书记素质提升工程"，采取集中培训、送课下乡、异地挂职、互访互学等方式，帮助他们转变观念，开阔视野，提升素质。组织省级扶贫重点县村党组织书记分期到省委党校（行政学院）参加"农村产业发展""美丽乡村建设""农村电子商务"等专题培训。福鼎市将经济能人、种养大户、科技致富带头人选入村"两委"班子，先后选派200名机关干部、94名大学生"村官"到相对贫困、软弱涣散村驻村任职，村"两委"中各类致富能人占到57.4%。蕉城区动员七都镇漈头村长期在外经营茶叶生意的青年农民兰高全回村竞选村委会主任，当选后带领群众发展高优茶园1200亩，并兴办了茶叶加工厂，带动农民人均增收1000元。古田县深入实施"人才兴村富农三年双倍增"工程，分期分批引进17名博士、优秀企业家和专业技术人才到村担任党支部第一书记、名誉村主任、产业发展顾问，帮助村集体发展产业项目。前垅村产业发展顾问邱栋梁教授到村任职后，帮助邻村韦端村对接引进果树专家马翠兰博士，马博士又促成农林大学园艺支部与韦端村水蜜桃合作社达成共建帮扶协议，实现了该村新增水蜜桃种植面积 300 多亩，改造面积 500 多亩，增产 1300 多吨，提高果农收入达 6000 元。

（六）筑牢基础设施，强化致富基石

习近平同志当年"披荆斩棘"3 次深入寿宁下党调研的过程中，切身体会到交通闭塞给贫困山区经济社会发展带来的严重影响，他一针见血地指出，闽东发展的根本性问题是要把交通解决好。包括他所概括的闽东人民开发三都澳、修建温福铁路、建设中心城市这"三大梦想"，都与交通基础设施的建设息息相关。交通基础设施的完善，对于发展宁德的特色产业、带动区域经济发展，帮助群众增收致富有着重大的现实意义。为此，"十二五"以来，宁德紧紧围绕"环三"战略实施、"六新大宁德"建设大局，积极谋划编制《宁德市交通运输"十二五"发展规划》《宁德市公路运输枢纽总体规划》等 7 项交通规划，力求在原有基础设施建设基础上破除交通壁垒，打通脱贫攻坚"生命线"。

1. 推进公路干线建设

在高速公路建设方面，宁德在国家的帮助和扶持之下，取得了不菲的成绩。2012 年 6 月 30 日，宁武高速宁德段建成通车，与沈海高速公路宁德段构成宁德"T"型交通网络，从根本上改善宁德山区交通状况，打开宁德连接内陆中西部地区的大通道。对到 2013 年底尚未通高速公路的古田、寿宁、柘荣 3 个县，市里给予重点扶持，近三年共安排并完成高速公路建设投资 131 亿元，占全市高速公路建设投资总额 80.6%，投资之多、力度之大前所未有，到 2015 年底建成京台高速公路宁德段、福寿高速公路和沈海复线柘荣至福安段 3 个高速公路项目，实现了三县通高速目标。其中，京台高速公路宁德段的建设，对加速闽东融入海西建设，促进闽东北经济社会发展意

义重大；宁连高速宁德段的建设，进一步完善国家和海西高速公路网，推进环三都澳区域开发，拓展了宁德城市发展空间；沈海复线柘荣至福安段和福安至寿宁（闽浙界）高速公路的建设，有效提升山区交通和投资环境，促进了闽浙赣区域交流合作，拓展了环三发展腹地。在普通公路建设方面，宁德优先将 6 个省级扶贫开发工作重点县符合规划的普通公路尤其是国、省干线（"含镇镇有干线"规划公路）项目纳入省、市年度建设计划重点，并在资金补助政策上按现行全省、全市最高补助标准（提高 15%—30%）予以支持，近三年该 6 个县共完成普通公路建设投资 52.8 亿元，占全市普通公路投资 60.8%，通车里程占全市普通公路总里程 60%。

2. 打造农村康庄大道

农村道路网络的建设，宁德更是费尽心血。由于大多数村庄坐落于连绵横亘的大山里，交通条件恶劣是制约宁德农村经济发展，束缚农村居民脚步的罪魁祸首。因此，在扶贫攻坚战中，宁德高度重视村庄道路建设，力图为久居大山里的百姓们开出通往新世界的康庄大道。早在 20 世纪 90 年代初，宁德就加大了对农村基础设施的大规模投入，先动地实现了农村道路网络的大面积改善；2003 年开始，宁德实施"年万里农村路网硬化工程"，截至 2008 年底，累计完成投资 25.46 亿元，铺设水泥公路 5200 多千米，实现全域 2138 个行政村全部通水泥公路；2008 年后，全市农村公路里程由 1988 年的 1702 千米，增加到 2020 年的 10201 千米，其中 124 个乡镇、2135 个行政村全面实现通乡村公路。在各级政府和人民群众的不懈努力之下，宁德的农村道路实现了"村村通"，2100 多个建制村实现"村村通客车"。

3. 开启铁路建设

对宁德铁路交通发展最具里程碑意义的当属修建温福铁路。从"八五"计划研究开始，温福铁路历经 4 个五年计划，在党中央、国务院、国家有关部委和福建省委、省政府的关心支持下，于 2009 年建成，并在福建首开动车组列车，圆了闽东人的"铁路梦"。温福铁路结束了闽东境内没有铁路的历史，改变了宁德交通格局，提升了交通品质，降低了出行成本，促进了人流、物流、资金流、信息流的快速联通。不仅实现了宁德"山区擦边普通铁路"向"沿海过境干线铁路"的历史性跃升，而且为进一步构建以三都澳港口为取向的宁德枢纽铁路创造了基础条件。据相关数据显示，自2009年温福铁路开通以来，宁德境内5个车站累计发送、到达旅客分别为2850.72万人次和2854.62万人次，有效带动了沿线蕉城、福安、霞浦、福鼎城乡经济和社会发展。衢宁铁路是习近平同志亲自关心闽东老区发展的国家铁路项目和中央支持福建省进一步加快社会经济发展的重大项目。在省委、省政府和中国铁路总公司推动下，衢宁铁路现已全线开工建设。衢宁铁路建设将对环三都澳区域港口开发、临港产业建设起到撬动作用。更可喜的是，2015年合福高铁通车，宁德正式进入高铁时代。

4.加快港口建设

宁德港口资源丰富，"以路带港、以港兴市、项目带动、港城联动"一直是宁德实现区域经济持续发展的战略性思路。2004年，三都澳城澳港万吨级码头的建成投产，标志着宁德打破了万吨级码头从无到有的"瓶颈"，结束宁德港无深水泊位的历史。港口作业区和码头建设投入持续加大，现有沿海港口泊位60个，其中万吨级以上码头11个。货物周转能力大幅增强。2019年港口货物吞吐量4217万吨，是2000年的19.1倍，20年间增加3996万吨，平均每年新增210万吨。按新修编的《福州港总体规划》，宁德三都澳水域划分为三都澳港区、白马港区，共7个港口作业区，重点发展漳湾和湾坞作业区。三都澳规划期内可新形成码头岸线总长34.6公里，可建设泊位142个，其中万吨级以上深水泊位117个，预计泊位年货物通过能力约为2.64亿吨。其中，三都澳港区主要服务环三都澳区域临港工业和闽北、赣东、浙南等地区发展，以铁矿石、石油化工等大宗散货运输为主，兼顾城市物资运输和船舶修造服务；白马港区主要服务后方临港工业发展，适当承担闽北、赣南货物集散，以电厂煤炭和散杂货运输为主，兼顾集装箱运输，并为地方经济和船舶工业发展服务。

经过宁德全体劳动人民多年来的努力，宁德的铁、公、港立体交通体系正日趋完善，一步步地瓦解制约闽东脱贫致富的主要瓶颈，为闽东经济社会科学发展、加快发展发挥了重要的支撑保障作用。畅通便捷的城乡交通网络也在逐步形成，正在一步步地缩短城乡距离，为闽东的扶贫开发工作铺设了宽敞的"致富路"。

（七）缩小收入差距，推动共同富裕

1.优化创业服务环境，让农村创业者能致富增收

针对有一定创业能力和创业基础，愿意参加由政府部门组织的创业培训、实用技术和职业技能培训，有意愿带动一定数量的建档立卡贫困户发展产业增收脱贫、推动村集体经济发展的经济能人、经济组织等市场主体，宁德积极开展以"优化经营理念、提升创业致富能力"为主要内容的创业致富带头人培训工作。与此同时，还积极推动各区县开展创业农户培训，提供创业资金支持，以促进他们进一步转变思想观念，提升信心和能力，进而激发创业致富的内生动力。此外，宁德还通过强化财政支持、金融支持以及保险支持等措施，激励创业带头人积极为减贫带贫作出贡献。

2.构建利益联结机制，让生产经营者享稳定增收

以"一村一品"优势特色产业为依托，以提供产业扶贫资金、小额信贷、"雨露计划"技能培训为手段，大力帮助贫困群众发展生产经营。据不完全统计，通过扶持生产经营，有96%的贫困户都落实了一个以上的农业生产经营项目。如福安市穆云乡大力发展水蜜桃种植和采摘体验，向当地141户贫困户免费发放水蜜桃苗木11040株；柘荣县楮坪乡大力发展"朝天椒"种植，带动茶湾村、湾里村、马蹄岩村、彭家山村13户建档立卡贫困户脱贫。与此同时，宁德还加大组织引导力度，提高贫困户发展增收产业的"组织化"程度。据不完全统计，全市共有1000多家龙头企业、合作社等经营主体参与精准扶贫，约有70%的贫困户在发展生产经营方面得到农业龙头企业或专业合作社的带动。全市加入各类农民合作社或落实能人带动的贫困户达7488户，占总户数的35%左右。例如，市本级培育评选67家扶贫龙头组织、50个切实带动贫困增收脱贫的"精准扶贫示范社"，并给予资金扶持；霞浦县以村为单位，依托当地资源，"量身打造"吸纳当地贫困群众就业的合作社，比较典型的是霞浦县崇儒乡"蜜源农业专业合作社"，带动5个建制村的75户贫困农户发展养蜂制蜜产业；古田大甲镇前桃村"致富水稻种植农民专业合作社"，带动6户贫困户发展高优水稻，并与企业签订购销合同。此外，宁德还鼓励各地积极探索发展乡村旅游、资源入股等增加群众收入，比如福鼎市赤溪村，积极发展乡村旅游，让贫困群众参与环卫保洁、游客服务、农产品加工等工作岗位，促进群众增加收入；屏南县甘棠乡贵溪村，积极探索贫困户的小额信贷、土地资源入股合作社，增加分红收入。

3.织牢民生保障网，让农村特困者有保障收入

区域性贫困是自然、社会、经济、政治等诸多因素长期交织作用的结果，如果只针对其中某一方面因素来脱贫，无法解决致贫的根源问题。为此，近30年来，宁德坚持在强化基础设施投入的同时，还从三个方面积极推进社会事业发展，帮助农村困难群众摆脱贫困。

社会救助方面，为了强化贯彻落实低保政策的执行力，宁德一是积极发挥政策指引作用。通过专门编制印发《社会救助政策问答》和《民政领域脱贫攻坚兜底保障政策汇编》，全面梳理近年来省、市以及各地出台的脱贫攻坚政策，并出台《支出型贫困家庭最低生活保障工作指南》，针对因病致贫、因残致贫、因学致贫等19种情形进行了深入解读，从而保证了政府对贫困家庭的致贫原因有充分而全面的了解把握。二是进行分级培训。通过召开年度民政系统脱贫攻坚兜底保障工作推进会议，并由经验丰富的干部对贫困家庭低保政策作出解读、给予培训，培训对象覆盖市、县、乡、村四级。仅2020年一年，全市累计举办各类培训班26场，参训人员近2000人次。

三是对点指导。通过运用多种手段，帮助基层解决实际问题。比如：福鼎市民政局组织乡镇协理员分期集中到民政局跟班学习；霞浦县民政局组织业务骨干进乡镇，现场解读政策和解决疑难案例。此外，为了更好地落实低保政策，保障困难群众的基本生活，宁德不断完善发现、排查、追踪贫困现象的相关工作机制。一是主动发现，通过建立"数据对比＋线索倒查＋网络监测＋入户排查＋申请受理"的多层次主动发现网络，实现"人找政策"到"政策找人"的转变。二是全面排查，主动加压，发动县、乡、村干部集中一个月时间对19.94万名特殊困难群众开展"地毯式"排查，重点排查对无法稳定脱贫或返贫建档立卡人口、重度残疾人、重病患者等7类群体。三是预警监测，通过部门间的信息共享与数据比对，密切监测因病、因残、因学等原因造成刚性支出较大的家庭或个人，将符合条件的对象及时纳入社会救助范围。

医疗保障方面，在充分认识到医疗救助的重要性的基础上，宁德提出了建立起覆盖城乡的现代化医疗救助制度和重特大疾病医疗救助制度，从而真正保障城乡居民的多层次基本医疗保障需求。为切实解决城乡贫困群众因病致贫、因病返贫等问题，努力实现贫困群众病有所医的目标，近年来，宁德不断加强医疗救助政策与基本医疗保险政策衔接，统筹集中各类医疗救助资金，以加大医疗救助力度。在救助对象上，将农村五保、农村低保、重点优抚对象、社会福利机构收养的"三无"人员、重度残疾人、建档立卡的农村贫困人口、计划生育特殊困难家庭成员纳入民政医疗救助范围。在救助资金来源上，将民政医疗救助对象参加城镇居民基本医疗保险或新农合需个人缴纳的费用，由地方政府给予全额资助；不断加大财政投入力度，提高医疗救助基金筹集标准，增大基金总量，提高救助力度。在救助比例上，不断降低救助对象的自费比例。针对民政医疗救助对象患病住院治疗（含住院分娩）发生的、可报销范围内的医疗费用，在扣除城镇基本医疗保险或新农合报销金额后，民政部门对剩余部分的医疗救助比例从2006年的40%逐步提高到 2020 年的 80%。在救助项目上，不断拓展医疗救助项目，推出特殊门诊救助，低收入家庭的老年人、未成年人和重病患者的一次性定额救助，因病致贫家庭重病患者的重特大疾病救助。在全面实施重大疾病补充补偿制度的基础上，宁德从 2011 年起，开展提高农村居民重大疾病医疗保障水平工作，打好政策"组合拳"，加大重大疾病保障工作力度，着力缓解参合群众的大额医疗费用经济负担。当前，宁德选择将儿童白血病、先天性心脏病、终末期肾病、肺癌、食道癌、胃癌、Ⅰ型糖尿病、甲亢、急性心肌梗死、脑梗死、结肠癌、直肠癌、慢性髓细胞白血病、唇腭裂、尿道下裂等 22 类治疗费用高、临床路径明确、病程变异小、疗效确切、预后较好的疾病纳入"大病保障"实施范围，通过新农合制度和农村医疗救助制度的有效衔接，进一步提高保障水平。对农村居民重大疾病医疗费用实行定额控制，并由新农合基金、医疗救助基金与患者个人按比例共同分担，着力提高"大病保障"水平。除另有规定外，新农合基金支付定额标准的 70%，个人支付定额标准的 30%。属于农村医疗救助对象的，新农合基金支付定额标准的 70%，医疗救助基金支付定额标准的 20%，个人支付定额标准的 10%。

"十三五"时期，针对贫困人口中因病致贫占 45% 以上的情况，宁德在落实好省级医保叠加保险政策的基础上，出台建档立卡贫困人口健康扶贫补充保险政策，市县两级统筹 2500 万元资金，提高贫困人口报销比例，对贫困户自付医疗费用超过 3000—5000 元部分，进行分段累加补助。同时，统一全市城乡医疗救助政策，将特殊门诊救助和住院救助全年累计限额提高到 2.5 万元，全面开展一次性定额救助与重大特大疾病救助，进一步减轻贫困群众医疗负担。与此同时，基层医疗卫生服务网络建设也一直紧锣密鼓地进行着，家庭医生签约服务的进程不断推进。此外，针对贫困村居民就医难的问题，宁德制定了专门计划开展贫困村卫生所医保"村村通""就近通"建设。截至目前，在全市 1358 个一体化村卫生所全部实现医保刷卡结算。同时，宁德建档立卡贫困人口享受基本医保、大病保险、城乡医疗救助、省级叠加保险、市级补充保险、县级兜底补助医保扶贫政策待遇。经多重政策保障叠加，宁德建档立卡贫困人口个人医疗费用大幅减轻。

　　教育帮扶方面，为了让教育扶贫政策全面覆盖贫困地区每一所学校、每一名教师、每一名学生，让更多优质教育资源充分地、公平地滋润到贫困地区，真正拔掉穷根，进而阻断贫困代际传递，宁德的教育帮扶措施主要有：一是实施精准资助。针对贫困家庭学生，由政府统筹，实施救助行动。从2016年起，宁德市政府对贫困家庭幼儿入园每生每年补助2000元以上，小学生每生每年补助1000元，初中生每生每年补助1000元，高中（中职）生在市内院校就学的每生每年补助2000元，普通高中学生每生每年补助3000元，大学生每生每年补助5000元，并帮助解决10000元以上助学贷款。已经实行了全市农村义务教育阶段寄宿生在校免费就餐，并率先从建档立卡的贫困家庭学生开始实施普通高中、中等职业教育免学杂费政策，让未升入普通高中的贫困家庭学生都能接受中等职业教育。此外，宁德还将建立因灾、因病、因子女就学暂时返贫的预警机制，落实因灾返贫临时救助金、子女就学助学金、助学贷款及社会捐资。二是改善办学条件。为了完善农村贫困地区的教学基础设施建设，从2015年起，宁德市政府开始了"全面改薄"规划项目建设，目的在于落实校舍安全保障长效机制，提升农村学校办学条件，加强农村寄宿制学校生活基础设施建设，办好农村中心集镇寄宿制中心小学和寄宿制初中，并且实施了农村义务教育阶段营养改善工程。与此同时，市里还积极探索农村学校自然小班化教育教学改革，发挥乡镇中心园对农村园的指导作用，着力提升农村教育质量。2016年起，宁德市深入推进"大手牵小手"帮扶薄弱学校建设工作，强化县域之间的项目建设、学校管理、师资培养和教学教研等协作，实现城区小学"小片区"管理模式全覆盖，探索实施"小片区"学校捆绑考核评价机制；开展城乡学校"委托代管"工作，深化强弱学校之间的帮扶活动，提升薄弱校办学水平，并总结推广"大手牵小手"帮扶薄弱校工作经验，树立一批先进典型，大力促进区域教育优质均衡发展。2017年，宁德市委书记郭锡文与青山实业董事局主席项光达共同倡议发起"宁德千人扶贫助学计划"，由青山慈善基金会组织实施，旨在资助宁德范围内建档立卡等贫困户在校大学生顺利完成学业。这项慈善公益活动2017—2019年与市扶贫办合作，已累计资助金额1023.3万元，帮助3430名贫困学子走出困境、圆梦大学。2020年又与市教育局、市教育发展基金会合作，再度启航，开启实施"宁德教育千人扶贫助学计划"。受助学生代表、宁德一中应届高三毕业生彭康桂曾表示："这份资助如一簇明火，照亮的是贫困学子的前程，温暖了我们的心，也很大程度上减轻了父母的负担。即将踏入大学校园的我，必当专心于学业，攻克学习难关，在一方领域做出一定成就，同时不忘国家与社会公益组织的帮助，我也会常帮助他人，参加公益。"三是建设教师队伍。为了鼓励中青年教师到村完小校和教学点任教、支教、走教，宁德持续加大乡村教师队伍建设力度。在职称评聘、评先评优方面给予乡村教师以政策倾斜，对连续在乡村工作10年以上，现仍在乡村学校任教的，符合所在县（市、区）保障性住房申请条件的无房教师，以家庭为单位，优先列入分配对象。自2016年以来，全市各城区下沉到农村交流的教师达9483人次。仅2015年，宁德就安排了24位教师赴省级扶贫开发重点县支教工作，县域内对口交流109人，选派了368名教师参加国家级各类培训、选派了1528名教师参加省级各类培训。并且规定，各县（市、区）城乡教师每年交流人数不低于应交流教师总数的20%；每年选派100名骨干教师到贫困乡村学校任教。以福安、福鼎、蕉城为例，2016年各区选派50名（东侨20名）以上骨干教师（校长）到对口联系县支教。对口联系县每年对应各安排50名（柘荣20名）教师（校长）到福安、福鼎、蕉城、东侨优质学校跟岗学习。

五、宁德市脱贫攻坚的主要成效

自党的十八大以来，宁德全市上下坚定不移沿着习近平总书记指引的方向，秉持"弱鸟先飞、滴水穿石"的闽东精神，坚持科学理念，强化精准施策，集各方之智啃脱贫"硬骨头"、举全市之力攻坚拔寨，经过坚持不懈的努力，取得了突出成效。

（一）经济发展实现了历史性跨越

1. 经济总量连跨新台阶

自 2012 年生产总值突破 1000 亿元大关后，宁德地区生产总值于 2018 年又突破了 2000 亿元大关。统计数据显示，2019 年，宁德生产总值由 2012 年的 1075.06 亿元增长到 2451.7 亿元，同比增长 128%。

2. 经济增速跃居全省前列

从福建省各地区生产总值增速来看，2012—2019 年宁德生产总值平均年增长率在福建省排名第二，比省年均增长率高 1.3%。

3. 地方财政实力快速提高

2019 年，宁德的地方财政总收入为 126.8 亿元，相比 2015 年的 104.4 亿元和 2012 年的 70.6 亿元，分别增长 21.5% 和 79.6%。2012—2019 年期间，全市地方财政收入年均增长率为 11.36%，在福建省地级市排名中位列第二。

（二）脱贫攻坚任务高质量完成

党的十八大以来，宁德累计完成贫困群众脱贫 18.9 万人，完成两轮整村推进，完成造福工程搬迁 143074 人。其中"十三五"期间，实现了霞浦、古田、屏南、周宁、寿宁、柘荣等 6 个省级扶贫开发工作重点县全面"摘帽"，453 个建档立卡贫困村逐步退出，12891 户 50790 人偏远村庄贫困群众先后易地扶贫搬迁，20166 户 72701 人建档立卡贫困群众实现了精准脱贫，贫困发生率由 2015 年的 3％降至 2020 年的 0，高质量完成了脱贫攻坚历史性任务。

表 1-1　宁德市脱贫攻坚主要成效指标（2016—2020 年）

贫困项 / 年份	2016 年	2017 年	2018 年	2019 年	2020 年
省贫困县数量（个）	6	6	5	2	0
贫困村数目（个）	453	453	347	34	0
贫困户数	20111	9771	205	58	0
贫困人口数	72534	34409	689	193	0
贫困发生率	3.1889％	1.5394％	0.0308％	0.0086％	0

资料来源：宁德市扶贫办。

（三）区域性整体贫困彻底改变

1. 贫困家庭的人均收入大幅提升

"十三五"期间，宁德的建档立卡贫困人口家庭人均收入从 2015 年的 2738 元，增长到 2020 年的 15573 元，年均增幅达 41.5％。

2. 贫困村集体收入水平明显提升

宁德贫困村集体经济收入从 2016 年底的村均 5.34 万元，增长到 2020 年的村均 15.84 万元。

3. 重点区域民生事业根本好转

（1）低保标准大幅提升。2015 年，宁德的 6 个省级扶贫开发工作重点县的农村居民最低生活保障标准为 2300 元。到 2020 年，这一标准已提升到 7152 元，是 2015 年的 3.1 倍。

（2）社会保险近乎全覆盖。宁德 6 个省级扶贫开发工作重点县的城乡居民社会保险发展迅速。2020 年，全市城乡居民基本医疗保险参保率为 97.92％，城乡基本养老保险参保率为 99.23％。

（3）在教育扶贫方面，发放建档立卡家庭经济困难学生国家助学金和政府补助达 5268 万元，受助 3.77 万人次，为家庭经济困难大学生办理生源地信用助学贷款 10.04 万人次，发放贷款逾 7.06 亿元，贷款总量居全省前列。2020 年，宁德九年义务教育巩固率达到 96.82%，高于全国 94.8% 的水平。

（4）贫困地区农村饮水安全得到保障。通过实施惠及 6 万农村群众、42 个边远村庄以及 4 个山区或海岛乡镇的安全饮水巩固提升工程，实现了安全饮水全覆盖，6 个省级重点扶贫县农村集中式供水覆盖率达 97.01%。

（四）贫困治理能力得到强劲提升

1. 脱贫攻坚队伍经历了千锤百炼

（1）打造了一批干部队伍。先后有组织地选派 2340 名干部驻村任第一书记、1640 名干部驻村蹲点，实现贫困村全覆盖。同时，以实施"乡村振兴领航计划"为抓手，组织了一大批懂农业、爱农村、爱农民的临近退休党员干部到村里担任"乡村振兴指导员"，为打赢脱贫攻坚战、推进乡村振兴提供了有力保障。

（2）培养了一批致富带头人队伍。通过深入实施"三向培养"工程，结合村级组织换届选举，宁德在全省率先实施了"能人回引工程"，引回 1200 多名有志于服务脱贫攻坚、乡村振兴的外出能人，使全市村主干中致富能人占比达到 74%，为贫困村培育了 1359 名"创业致富带头人"，脱贫致富带头人队伍进一步加强。

（3）组建了一批科技特派员队伍。在全省率先开展"十百千万"专家服务脱贫攻坚行动，设立 10 个专家服务基地，选派 303 名科技特派员，每年组织 1000 多名专家服务团，为贫困地区发展产业"把脉问诊"，推动贫困群众创业致富。

（4）创建了村务协管员队伍。宁德创造性地在群众中推选了农民技术员、综治管理员、文化协管员等村级事务主要管理人员，让一批熟悉乡土、热心村务的群众帮助乡村两级管理乡村事务，成为农村公务服务和社会管理的一支不可或缺的重要力量。

2. 贫困治理制度得到了丰富完善

针对"贷款难"问题，宁德通过开展扶贫小额信贷以及农村"两权"抵押贷款、"民富中心"和农村普惠金融改革，丰富了金融扶贫制度。针对扶贫资金使用问题，建立了扶贫资金横向全面覆盖、纵向全过程监控机制，完善了扶贫资金监管制度。针对因病致贫问题，通过开设贫困户"绿色通道"、医疗叠加保险"增厚"、一次性定额救助和重特大疾病救助等措施，丰富了精准医疗扶贫制度。针对"无处生财、无钱办事、无力服务"窘境，探索推出了"产业带动、股份合作、资源开发、资产增值"经营管理模式，完善了农村集体经济经营管理制度。

3. 区域协同能力通过了实践检验

（1）山海协作势头不断加强。通过主动融入闽东北协同发展区建设、深化与经济发达地区"山海协作"、开展沿海县（市、区）一对一帮带山区县，有力推动了6个省级扶贫开发工作重点县提前"摘帽"进程。

（2）以工促农行动进一步深化。通过每个省级扶贫开发工作重点县建设1个以上工业园区（集中区），不断探索工业反哺农业扶贫新模式。累计带动了农民工转移就业30多万人，其中贫困户劳动力超过3万人。

（3）城乡统筹发展得到进一步提升。通过推动城市公共服务向乡村延伸以及实施"先行工程"，实现了县县通高速、镇镇通干线、村村通客车，极大改善了交通条件，打通了群众致富通道。与此同时，通过开展"一革命，四行动"为抓手，从根本上改善了农村人居环境，越来越多的乡村群众过上了和城里人一样的幸福生活，宁德的城乡一体化进程得到快速推进。

（五）乡村生活面貌发生重大改变

1. 乡村道路畅通了

自脱贫攻坚以来，宁德倾力解决农村地区尤其是贫困村的出行难问题，加大力度改善交通基础设施。全市乡村公路总里程从 2015 年的 8020.26 万公里，增长到 2019 年的 8561.28 万公里。目前，宁德已完成 100% 的建制村通公共交通。

2. 人居环境变美了

"十三五"期间，宁德累计完成造福工程搬迁 12891 户 50790 人，其中建档立卡贫困群众易地搬迁扶贫 2977 户 11595 人，总体上解决了"一方水土养不活一方人"的问题。在工作过程中，宁德建立了"三个三"工作机制，确保群众实现搬得出、稳得住、逐步能致富。随着扶贫力度的加大，宁德还结合美丽乡村和特色景观带建设，开展了农村生活污水治理和农村生活垃圾治理等专项治理行动，极大地改变了农村群众的生活环境。生活改善了，村庄变美了，村民们的幸福感也倍增了。

3. 群众生活舒适了

宁德贫困地区实现了通水、通电、通固定电话、移动电话及宽带，实现了有线电视或卫星电视全覆盖。与此同时，宁德还全面完成了建档立卡贫困户家庭集中安全供水工程，实现了贫困群众安全饮水全覆盖。此外，宁德还通过农房整治行动，使更多群众的危房得到改造，住房安全得到了保障，农村居民的生活舒适起来了。

（六）城乡融合发展趋势不断加强

1. 城乡统筹规划得到加强

宁德基于市县空间规划体系，实施了"大城关"战略，统筹推进县域产业、人居和基础设施建设，提升了综合承载能力。通过加大城中村、棚户区、城乡结合部改造力度，推动了新老城区、城乡连片互动发展。通过深化福安、屏南省级新型城镇化和 29 个小城镇综合改革建设试点，以点带面，推动了周边乡镇与试点镇连片发展。

2. 三大产业融合进一步升级

宁德坚持"大农业"发展路子，以提升农业产业发展效益为重点，按照规模化、标准化、品牌化、信息化、企业化"五化"思路，有效地推动了一、二、三产业的融合发展，促进了农业全环节升级、全链条升值。目前，宁德集特色现代农业、农产品精深加工业、乡村自然风景以及包括红色文化、宗教文化、畲族文化、廊桥文化、历史文化、海洋文化等特色文化旅游服务业于一体的三产融合局面已经形成。

3. 要素配置得到进一步优化

（1）实现了特色优势产业聚集发展。宁德通过持续优化资源和要素配置，建立了以龙头企业为主体、市场为导向、产学研深度融合的技术创新体系，成功引导了"一村一品"向优势产业带聚集。

表 1-2　2019 年度宁德市省级"一村一品"示范村分布

（单位：个）

县/市/区	福安	福鼎	古田	蕉城	屏南	寿宁	霞浦	柘荣	周宁
示范村数	11	9	7	4	4	5	5	7	2
涉及品种	晚熟葡萄、茄子、福安巨峰葡萄、银耳、古田水蜜桃、花椰菜、乌龙茶、蜜柚、大弹涂鱼、芙蓉李、紫菜、牡蛎、太子参、辣椒、溪塔剌葡萄、穆阳水蜜桃、特色水果、猴头菇、马蹄笋、蒸笼、黄酒、竹品、李子、线面、脐橙、大黄鱼、福鼎白茶、鼎逗豆蚕豆、水蜜桃、葡萄、茶叶								

资料来源：《闽东日报》2020 年 1 月 2 日。

（2）促进了农村土地资源优化配置。通过大力推进农村土地经营权流转，盘活了土地资源，把经过确权的土地流转给农业龙头企业，实现了现代农业的规模经营。村民还可在政府担保下，以土地、红色股本入股企业产业化经营，进而通过获取股份分红来增加自己的收入。

（3）提升了劳动力市场资源配置效率。宁德通过村企合作，推动了产业特色化，通过建立特色农业示范基地包括产业园、旅游项目基地等，加强技术技能培训，为当地增加了就业岗位，促进了劳动力资源的有效分配。

（4）打通了城乡人口自由流动的瓶颈。通过深化户籍制度改革，落实了居住证制度，还助推了人口资源在城乡之间的流动，有序推进了农业转移人口市民化。

4.城乡服务一体化快速推进

宁德通过强化政府服务能力建设，优化了基本公共服务资源配置，丰富了公共服务供给方式，加大了在包括公共教育、劳动就业创业、社会保险、医疗卫生、社会服务、住房保障、公共文化体育、残疾人服务等8个领域的81个项目的农村农民生活公共服务领域的资金投入，推进了公共服务均等化，促进了城乡协调发展。

5.城乡收入差距进一步缩小

宁德通过发挥山海优势，补齐发展短板，有效缩小了全市城乡居民的收入差距，促进了共同富裕。特别是党的十八大以来，宁德城乡收入差距进一步缩小。城乡居民收入比率已从2012年的2.47降至2019年的2.02，低于同期的全国和福建省水平。

六、宁德市巩固拓展脱贫成果的做法

脱贫只是新起点，巩固拓展成果需要"扶上马送一程"。而且，在脱贫攻坚的基础上接续乡村振兴战略不仅是我国高质量稳定脱贫的重要路径，更是贫困地区进一步提升脱贫攻坚成果、全面实现乡村振兴目标的重要保障。为此，积极探索脱贫攻坚和乡村振兴的有效衔接机制，为贫困群体提供更稳定的发展基础和机会，进一步有效巩固脱贫攻坚的政策成果，对全面实现

"两个一百年"奋斗目标具有重大意义。在脱贫攻坚工作进入最后的收尾阶段后，宁德已将巩固脱贫成果、构建脱贫攻坚的长效机制作为新的重点任务之一做牢做实。主要体现在两个机制的构建上。

（一）构建巩固脱贫攻坚成果的长效机制

1. 持续落实扶贫工作机制，保持攻坚合力不减

坚持市、县、乡、村"四级书记"抓扶贫的工作机制，坚持健全党委统一领导、政府负责、各部门各司其职的工作体系，整合乡村振兴指导员、科技特派员、驻村第一书记等各方面力量，形成工作合力，按照脱贫"四个不摘"（即脱贫"摘帽"不摘责任、不摘政策、不摘帮扶、不摘监管）的要求，全面推动扶贫开发工作。在强化挂钩帮扶方面，坚持脱贫不脱钩的工作理念，针对基础相对薄弱的贫困村以及已脱贫但不够稳定的贫困户依然坚持因村、因户、因人制定巩固提升方案和后续帮扶计划，注重动态监测，加大帮扶力度。坚持落实"帮扶日"制度和开展市领导挂钩贫困村、贫困户活动，继续派驻市县干部参与挂钩贫困村、贫困户，帮助贫困群众落实好扶贫项目和政策措施。此外，宁德还通过出台《关于做好革命老区脱贫奔小康工作的实施意见》，进一步巩固提升老区脱贫攻坚所取得的重要成果。

2. 率先创立防止返贫机制，确保脱贫成果稳定

一是建立脱贫监测和返贫预警机制。将宁德建档立卡贫困户中的 652 户重点巩固对象以及建档立卡以外的省级"一键报贫"重点监测对象纳入监测，进一步加大对存在返贫风险对象的精准救助力度，确保不返贫。二是建立防止返贫救助机制。通过出台《宁德市防止返贫精准救助方案》，由市、县两级统筹扶贫资金，成立"宁德市防止返贫精准救助资金池"，针对出现返贫风险的建档立卡贫困户和"边缘易致贫对象"出现的因子女教育支出（非义务教育阶段）、突发大病或事故、经营失败等原因导致的返贫风险进行精准救助，确保贫困群众"应助尽助"，稳定脱贫不返贫。

3.深化精准扶贫宁德模式，持续巩固脱贫成果

一是深化产业扶贫。通过出台《宁德市深化产业扶贫的若干意见》，把产业扶贫作为巩固脱贫成果、衔接乡村振兴战略的关键性措施，依托宁德贫困地区丰富多样的农业资源，坚持"一乡一业"和"一村一品"的特色产业发展路径，加快形成贫困地区具有市场竞争力的优势特色产业体系，从而稳定脱贫成果，助推乡村振兴。二是继续坚持"扶智扶志"式扶贫，激发贫困群众内生动力。通过组织开展精准扶贫助学扶智三年行动，让贫困户接受更多的教育，让贫困劳动力接受职业技能培训，避免贫困代际传递，同时根据家庭劳动力身体状况、文化程度、技能特产、个人意愿等特点，结合当地产业特色，开展"一户一培训"针对性强的就业技能培训，涉及茶叶加工、农艺、烹调、家政服务等工种。同时做好就业扶贫工作，促进贫困劳动力就业创业。三是多渠道促进贫困群众就业。以"政策引领一批、招聘对接一批、车间吸纳一批、公益性岗位安置一批、技能提升一批"为重点，通过搭平台、拓渠道、精服务等多种措施，采取多种形式增加就业岗位，坚持"输血、造血、活血"并重，通过建立数据库，动态管理农村贫困劳动力的基本信息、就业、技能培训需求，为开展精准公共就业服务提供依据，帮助建档立卡贫困劳动力实现稳定就业。

4.补齐薄弱短板，提升脱贫质量

通过实施"抓两头带中间"的工作方案，推动以点串线成面，一手抓试点示范建设，着力抓好7个重点县(市)、12个特色乡镇和110个试点村建设；一手抓产业薄弱乡村建设，梳理确定全市产业薄弱村306个，涉及103个乡镇，发放各类产业专项资金1.8亿元，选派首批乡村振兴指导员28名、选认科技特派员829名进驻乡村第一线，全覆盖建立市县两级领导挂钩联系乡镇帮扶产业薄弱村工作机制，示范引领，带动"中间村"发展。在此基础上，着力打造一批主题鲜明、特色各具的乡村振兴示范线，串点连线成片，一盘棋考虑，推动实现脱贫成果更加稳定，乡村振兴美好图景由"盆景"向"全

景"转变。

5.科学考核脱贫攻坚成效，严格把关工作成果

为防止在扶贫领域中出现形式主义、官僚主义，确保脱贫攻坚成效经得起历史和人民检验，同时确保后续稳定脱贫工作有效开展，宁德积极开展科学严格的普查与考核，并颁布实施了《宁德市脱贫攻坚成效考评办法》，就脱贫成效考核（"一键脱贫"落实情况、监测对象帮扶成效、贫困人口动态增减工作等）、产业就业扶贫考核、造福工程搬迁考核、扶贫小额信贷考核、山海协作对口帮扶考核等问题进行了明确规定，保证了对脱贫攻坚工作的全面检视，为巩固全市脱贫攻坚成果提供了坚强的纪律保障。

（二）打造脱贫攻坚和乡村振兴的有效衔接机制

在"有效衔接"工作推进方面，遵循习近平总书记对下党乡乡亲回信重要指示精神，宁德积极推动脱贫攻坚与乡村振兴之间的"有效衔接"，并在 2019 年率先把巩固拓展脱贫攻坚成果，推动脱贫攻坚与乡村振兴有效衔接提上议事日程。一是着力"抓两头带中间"，一手抓试点示范建设，着力抓好 7 个重点县（市）、12 个特色乡镇和 110 个试点村建设（其中建档立卡贫困村跃升为试点村的有 31 个）；一手抓"产业薄弱乡村建设"，确定全市产业薄弱村 306 个（其中建档立卡贫困村有 58 个），涉及 103 个乡镇，全覆盖建立市县两级领导联系重点乡镇、帮扶产业薄弱村庄的工作机制。二是创新人才引领机制。在全省率先推行"乡村振兴指导员"制度，选派 388 名政治素质过硬、具有乡土情怀、工作经验丰富的领导干部返乡担任"乡村振兴指导员"，率先选派 25 名金融机构干部到乡镇（街道）挂职，为实现脱贫攻坚和乡村振兴无缝对接注入活力。三是拓展集体经济增收渠道，在全省率先探索创新"村企联动"模式，市县联合宁德时代新能源有限公司，共同出资10 亿元，成立"闽东时代乡村振兴基金"，合力发展壮大村级集体经济，全面消除剩余的 800 多个村财收入在 10 万元以下的行政村。

在有效衔接机制建设方面，一是构建工作衔接机制。在实施乡村振兴的工作主体方面，通过全面落实"四级书记"抓乡村振兴工作责任，在已有的扶贫开发领导小组基础上在市县两级均成立实施乡村振兴战略领导小组，设立乡村振兴办和12个专项小组，同时，市级创新成立"五个振兴"工作专班，分别由市领导担任组长，统筹推进各专项重点任务落实，全市上下形成了市委统一领导、县乡推进落实、乡村组织实施、部门合力共为、责任层层压实的工作机制和党委统一领导、政府负责、各部门各司其职的工作体系，脱贫攻坚和乡村振兴各领导小组既做好责任分工又做到实时协同，集双方人员共同力量，优化职能职责和工作机制，完善管理体系，促进两者"一盘棋"推动。二是完善政策规划衔接机制。政策上，2019年9月21日宁德组织召开市委四届十次全会，审议通过了《中共宁德市委关于深入学习贯彻习近平总书记回信重要精神努力走出一条具有闽东特色的乡村振兴之路的决定》，明确乡村产业、人才、文化、生态、组织振兴目标路径，配套"五个振兴"实施方案，进一步细化发展目标、具体措施、责任单位，推动乡村振兴逐步向产业旺、人才兴、文化荣、生态美、组织强的新格局发展。其中，产业方面力争到2022年培育形成4个超两百亿、3个超百亿、2个近百亿的全产业链，乡村特色产业全产业链产值突破2000亿元。规划上，《宁德市实施乡村振兴战略规划（2018—2022年）》全面聚焦乡村产业、基础设施、民生社会事业领域，筛选梳理项目599项，总投资约745.37亿元。按照中央、省委关于加强各类规划统筹管理和系统衔接的要求，采取"1＋N"的模式，由专项小组牵头，细化实化工作重点和政策措施。各县（市、区）编制出台相应规划，乡镇因地制宜制定实施方案，形成上下衔接、系统配套的规划体系。同时要求紧紧围绕"一二三"发展战略部署，大力弘扬"滴水穿石"精神、"弱鸟先飞"意识，保持脱贫攻坚中"行动至上"作风和"四下基层"制度，充分借鉴吸纳脱贫攻坚中好的政策措施和典型经验，实现从脱贫攻坚到乡村振兴的有效转化、平稳过渡和提质升级，促进两者一体化发展。三是建立资源要素的衔接机制。为统筹推进乡村"五个振兴"战略，需不断增强资金投入力度，2019 年全市累计投入乡村振兴各项财政资金 44.03 亿元（含中央、省、市、县级资金），减免"三农"税收 5.21 亿元。将乡村振兴作为政府和社会资本合作(PPP) 模式重点支持的领域，确定乡村振兴类 PPP 项目 12 个，总投资 51.88 亿元。同时统筹脱贫攻坚时期项目、资金、土地等资源要素，优化长中短期产业要素投入布局，保持要素投入的稳定性和持续性，从而实现加快农村基础设施建设，农村公路、物流、水利、能源、通信等提档升级、乡村教育、健康、养老等乡村公共服务水平不断提升。四是完善考核机制衔接。建立日常督查、定期通报等机制，制定实施乡村振兴战略《年度工作报告制度》《重点工作跟踪落实制度》，在全省率先出台《实施乡村振兴战略 2019 年度工作考评方案》，并将实施乡村振兴战略列入市级重点项目重点工作一线考核，确保《宁德市加快实施乡村振兴战略十条措施》《2020 年宁德市实施乡村振兴战略十大行动重点任务》等重点工作落到实处、见到实效。

七、"宁德模式"的启示与建议

（一）突出战略谋划的引领作用

扶贫开发不仅是一个系统工程，还是一个长期工程。因此，既要解决好群众当下最迫切、最现实的困难，也要着眼长远，解决未来的可持续发展问题。宁德自 20 世纪 80 年代末期以来的脱贫攻坚实践表明，宁德历届党委、政府始终坚持以人民为中心，总揽地区全局，协调社会各方，认真落实国家扶贫方略，并通过战略谋划，在推进经济社会发展的同时，积极引领贫困地区和困难群众走共同富裕之路，从而为率先实现区域性整体脱贫提供了科学基础和重要保证。

（二）坚持精准脱贫的路径选择

在扶贫开发历程中，宁德通过采用"拔穷根"和"挪穷窝"相结合，因地制宜，分类实施，积极拓宽脱贫致富路径。对于那些交通便利、立地条件好、资源较丰富的地区，实施综合性的扶贫政策，加快经济社会发展，让贫困群众在家门口就实现增收脱贫；而对于那些资源承载力弱、群众增收"门路"少的地方，则鼓励转移就业或实施搬迁安置，改变群众生存发展环境。正是通过资源开发与"挪人""挪窝"相结合，丰富了群众的脱贫致富办法，促进了贫困区域的彻底脱贫。

（三）推进扶贫资源的优化配置

在扶贫资源要素配置和使用中，宁德在突出重点的同时兼顾普惠公平，通过对扶贫资源要素的合理分配、科学运作，保证了扶贫资源要素的配置效率和使用效益，成功化解了基础弱、起步晚，特别是脱贫任务相对较重和扶贫开发财力投入不足这一突出难题。一方面，宁德通过出台一系列强农扶贫政策性措施，加大了对山地农业、林下经济、花卉苗木、水产养殖等特色产业的扶持力度，提高了造福工程搬迁补助标准，推广了逐村普惠金融，最大限度地提高了强农扶贫资金受益面。另一方面，又根据区域经济社会发展状况和贫困人口的分布特点，通过划出一批重点扶贫对象，在扶贫资源配置和使用中，做到了"县有重点乡、乡有重点村、村有重点户"。

（四）强化政府与市场间的协同

发展生产和增收脱贫是扶贫开发的关键。在扶贫开发过程中，政府和市场均具有不可替代的重要作用。为此，从20世纪80年代末开始，宁德始终遵循习近平总书记当年提出的"因地制宜、分类指导、量力而行、尽力而为、注重效益"工作思路，在贫困乡村大力发展有市场需求、资源优势、地方特色的，能帮助群众脱贫致富的产业，成为有效促进农民增收的一个重要制胜法宝。同时，宁德市政府也一直都把发展产业作为扶贫开发的头等大事来抓，并通过是否真正推进形成切实带动群众增收的特色产业作为考核扶贫工作队和下派驻村干部扶贫成效的第一指标，大力推进乡村特色产业发展，促进了整村扶贫尤其是"一村一品"大产业扶贫格局的形成，拉动了农民群众的增收。

（五）通过创新激发内生动力

在扶贫开发历程中，宁德通过机制创新，有效地把外力的帮扶转化为贫困群众、贫困乡村脱贫致富的内生动力。一方面，通过强农扶贫资金，用于支持贫困地方发展产业增收项目和实施各类专项扶贫工程。与此同时，通过由政府筹措风险担保资金，在福建全省率先创立了扶贫小额信贷风险担保机制，为贫困群众的小额信贷提供了"无抵押"担保，解决了"贷款难"问题。另一方面，宁德还把培育稳定的村财项目作为整村推进扶贫的重要内容，通过由市、县两级投入一定发展村财项目启动资金，再集中几个贫困村的帮扶资金，"集资"投入农村小水电等稳定的项目，通过入股分红来获得村财收入，有效改善了乡村集体经济，提升了贫困村的内生动力。

（六）发动全社会力量参与扶贫

30多年来，党委、政府始终是宁德扶贫开发的"主心骨""主力军"，特别是近年来，市、县、乡三级党委、政府领导干部都有明确的扶贫挂钩联系点，承担具体的扶贫开发任务。但是，党委、政府不是唱"独角戏"，而是广泛发动各方力量参与扶贫活动之中。通过鼓励农业产业化龙头企业、农民专业合作社的参与，推动贫困地区、贫困群众更好地融入市场经济。不仅如此，宁德还积极引导有爱心的龙头企业、社会个人、企业家、慈善家等采取"认领式"做法，联系贫困户，开展扶贫济困、资医助学活动。此外，宁德还积极发挥"工青妇""慈善总会""扶贫协会"等群团、社团的号召力，统筹社会各界力量参与扶贫开发，营造了全社会共同参与扶贫开发的良好氛围，形成了脱贫攻坚的强大合力，为宁德区域性整体脱贫成功提供了重要保证。

第二篇

赣州市脱贫攻坚案例研究报告

赣州，江西省面积最大、人口最多的设区市，地处南岭、武夷山和罗霄山三大山脉交汇地带，是我国南方地区重要的生态屏障。2010年统计数据显示，赣州贫困人口215.46万人，贫困发生率29.95%。2014年建档立卡时，赣州还有11个贫困县，占江西省贫困县总数的45.8%，是全国较大的集中连片特困地区。建档立卡以来，在党中央、国务院深切关怀和江西省委、省政府坚强领导下，赣州大力弘扬井冈山精神和苏区精神，艰苦奋斗、扎实苦干，经济社会实现快速健康发展。2020年4月，随着最后4个贫困县的脱贫摘帽，赣南革命老区实现整体脱贫摘帽。

　　赣州脱贫攻坚战取得全面胜利，突出的亮点就是以苏区精神引领脱贫攻坚，在脱贫攻坚实践中苦干、肯干，勇于创新：一是弘扬苏区精神，弘扬苏区干部好作风；二是因地制宜，以创新举措促进产业发展；三是发挥区位优势，多措并举推进就业；四是用足政策聚力抓基建，提升脱贫支撑力；五是四道保障解难题，兜底救助补短板。赣州的脱贫攻坚经验表明：第一，坚持党的领导是打赢脱贫攻坚战的重要保证；第二，弘扬苏区精神、干群一心谋发展是脱贫致富的精神动力；第三，精准施策和创新是保证脱贫成效的内在机制。

一、赣州市在中国扶贫历史上的特殊意义

打赢脱贫攻坚战、实现全面建成小康社会是中国共产党对中国人民的庄严承诺，不让一个老区群众在全面小康中掉队，是习近平总书记对老区人民的深情牵挂。赣州是中国共产党初心的重要起源地，赣南老区人民为中国革命作出了巨大牺牲。赣州如期且高效地实现了全面脱贫，取得了举世瞩目的脱贫成果，在扶贫历史上具有特殊意义，值得借鉴和推广。

（一）苏区脱贫体现了共产党人的初心和使命

打赢脱贫攻坚战是中国共产党对中国人民的庄严承诺，为了这个庄严承诺，国家最高领导人亲自督战，层层压实责任。中国共产党人立下愚公移山志，咬定目标、苦干实干，创造了中国摆脱贫困的显著奇迹。党的十八大以来，习近平总书记风雪兼程，走遍了全国14个集中连片特困地区，并围绕为什么要脱贫、如何脱贫、如何保证脱贫效果等重大理论和实践问题，提出了"两个确保"的目标、"两不愁三保障"的标准、"六个精准"的扶贫方略、"五个一批"的实践路径等一系列新思想、新观点、新论断，明确了脱贫要从方法路径上重点解决"扶持谁""谁来扶""怎么扶""如何退"等重要问题，形成了习近平总书记关于扶贫工作重要论述，为全国打赢打好脱贫攻坚战提供了根本遵循、指明了前进方向。

习近平总书记先后2次亲临赣州视察、9次对赣南苏区发展作出重要指示批示，多次强调：原中央苏区振兴发展工作要抓好，这具有政治意义；要让老区人民过上富裕幸福的生活；要推动老区加快发展，坚决打赢脱贫攻坚战，确保老区与全国同步全面进入小康社会。在烽火连天的革命战争年代，赣南人民矢志不渝跟党走，无数革命志士抛头颅、洒热血，用赤城、鲜血和生命捍卫红色政权、探索革命道路，为中国革命作出了重大贡献和巨大牺

牲，铸就了以"信念坚定、求真务实、一心为民、清正廉洁、艰苦奋斗、争创一流、无私奉献"为主要内涵的苏区精神，成为党和红军留下来的宝贵精神财富。在这片写满了光荣的红土地上，每一寸都洒满了热血。赣州仅有名有姓的烈士就达 10.82 万人，分别占全国烈士总数的 7.5% 和江西省烈士总数的 43.8%。没有老区人民的奉献，就不会有今天党的事业的成就和人民的幸福安康。2019 年 5 月，习近平总书记来到赣州视察，强调要饮水思源，不要忘了革命先烈，不要忘了党的初心和使命，不要忘了革命理想、革命宗旨，不要忘了中央苏区、革命老区的父老乡亲们。

（二）脱贫成效举世瞩目

赣州集丘陵山区、集中连片特困地区、革命老区于一体，发展底子薄、经济实力弱、人均收入低，贫困人口分布范围广、数量多，是我国典型的贫困地区。党的十八大以来，赣州践行精准扶贫精准脱贫基本方略，始终铭记习近平总书记的深情厚爱，饮水思源、人心向党，感恩奋进、担当实干，坚持以习近平总书记关于扶贫工作重要论述指导脱贫攻坚实践，扎实推进脱贫攻坚，深刻领会了蕴含其中的思想内涵、精神实质、目标要求，准确把握了脱贫攻坚正确方向，全面建立健全了脱贫攻坚的责任体系、工作体系、政策体系、投入体系、帮扶体系、社会动员体系、全方位监督体系、考核评估体系等，全力抓好脱贫攻坚各项工作落实，全市脱贫攻坚取得了决定性胜利。

2014 年建档立卡初期，赣州有贫困人口 28.74 万户、114.33 万人，贫困发生率为 14.28%。"十三五"时期，赣州有贫困县 11 个、深度贫困村 167 个，分别占江西全省的 45.8% 和 62.0%。截至 2020 年 6 月底，全市 11 个贫困县（市、区）、1023 个贫困村全部出列。全市贫困人口从 2011 年底的 194.88 万人减少到 2019 年底的 2.82 万人，累计减少 192.06 万人，贫困发生率由 26.71% 降至 0.37%，"两不愁三保障"问题基本得到解决。全市九年义务教育巩固率从 2010 年的 93.26% 提升至 2019 年的 99.8%；建档立卡户城乡居民基本医疗保险参保率达到 100%；通过改造土坯房、易地搬迁、统建农村保障房等手段，让各类群体都住上了安居房。收入方面，2015 年到 2019 年全市农村居民人均可支配收入从 7787 元增长到 11941 元，环比增长率分别为 12.4%、11.3%、10.9% 和 10.8%。赣州连续三年获评江西省高质量发展考评第一名，主要经济指标增幅稳居江西省"第一方阵"，均高于全国同期年均水平。

赣州实现了历史性整体脱贫，完成了革命先辈的未尽夙愿，生动诠释了中国共产党全心全意为人民服务的根本宗旨，进一步巩固了中国共产党的执政基础，脱贫攻坚成效举世瞩目。实践充分证明，赣南老区之所以能够与全国同步全面建成小康社会，完全得益于以习近平同志为核心的党中央坚强领导和习近平总书记的亲切关怀。赣南老区的脱贫之路，就是习近平总书记关于扶贫工作重要论述在赣南大地的生动实践。

（三）脱贫攻坚经验具有很强的借鉴作用

时代是思想之母，实践是理论之源。赣州坚持把跨越时空的苏区精神融入脱贫攻坚的各个方面，不断从中吸取精神养分和力量，助力打赢打好脱贫攻坚战。全市上下始终信念坚定，坚持以争创一流为目标追求，创造性抓好工作落实，并大胆探索脱贫攻坚体制机制，创造了新时代的"第一等工作"。

脱贫攻坚以来，赣州许多方面走在江西乃至全国前列，成功承办了全国产业扶贫、就业扶贫、网络扶贫、消费扶贫、"互联网＋社会扶贫"等大型会议，创造了许多"赣州经验"，打造了革命老区脱贫攻坚"赣州样本"。赣南老区的脱贫实践是革命老区发展变化的一个生动缩影，具有典型性和代表性。2019 年 5 月，习近平总书记在江西考察时强调：赣南苏区发展取得重大进展，经济发展迈入快车道，特色产业快速发展，科技创新能力明显增强，民生问题得到较好解决，脱贫攻坚取得决定性胜利，城乡面貌大变样，赣南的巨大变化是江西和革命老区发展变化的一个生动缩影。因此，赣州的脱贫经验对全国革命老区加快发展具有标志性意义和重大的实践意义，值得借鉴和推广。

一是加强党的核心领导作用。以习近平同志为核心的党中央为赣南等原中央苏区量身定制《国务院关于支持赣南等原中央苏区振兴发展的若干意见》及系列配套政策文件，组织 42 个中央国家机关及有关单位对口支援赣南，架起了中央和老区的"连心桥"，开启了部委与赣南的"直通车"。中央国家机关及有关单位怀着深厚的红色情怀，"翻箱倒柜、倾囊相助"，给予赣南特殊扶持，构筑起区域性"政策高地"，使赣州成为"中部的西部""老区中的特区"，群策群力促脱贫。正是中国共产党始终发挥总揽全局、协调各方的领导核心作用，建立中央和地方上下联动的高效推进机制，凝聚起强大的政策执行力和号召力，才促成赣南老区脱贫攻坚取得决定性胜利。

二是干部群众苦干、肯干，勇于创新。"幸福不会从天降，好日子是干出来的。"赣州干部群众始终铭记习近平总书记的深情厚爱，大力弘扬"苏区精神"，人心向党、担当实干，坚持以习近平总书记关于扶贫工作重要论述指导脱贫攻坚实践，在准确把握脱贫攻坚正确方向的基础上勇于创新。在赣州的脱贫攻坚实践中，创新推出产业扶贫"五个一"机制、健康扶贫"四道医疗保障线"，探索形成危旧土坯房改造、易地搬迁扶贫、农村保障房建设"三位一体"的安居扶贫政策体系，创新开发"精准防贫保险"……这些创新活动，均取得了良好的成效，也都是可以推广的好经验。

三是因地制宜精准施策。赣州山多地少，基础设施建设水平低，产业基础薄弱发展落后，危旧土坯房多，因病因残特困群众多，同时在区位上临近发达省份广东。结合当地的自然和贫困特点，赣州首先下大力气推进基础设施建设，实现县县通高速公路、县县通国道、村村通水泥路；电网供电能力达 350 万千瓦，实现 500 千伏电力输入"双通道"、220 千伏变电站县县"全覆盖"；针对当地危旧土坯房多的情况加大投入进行改造，近 300 万农民告别危旧土坯房实现住房安全有保障；产业方面大力发展脐橙、油茶和设施蔬菜三大主要产业，同时结合当地传统发展养殖、水产等特色产业，推进红色旅游、乡村旅游，实现农村产业方面"三驾马车拉动、百业齐振共飞"的发展新格局；在城乡居民基本医疗保险、大病保险、民政医疗救助的基础上，由财政出资为全市城乡贫困人口购买"疾病医疗商业补充保险"，在全国率先构建健康扶贫"四道医疗保障线"，贫困群众自付医疗费用比例控制在10%以内，有效遏制贫困群众因病致贫、因病返贫问题；结合临近广东的区位优势，加大培训和衔接力度，大力扶持扶贫车间建设，通过促进贫困劳动力外出就业和家门口就业实现稳定脱贫。

二、赣州市情概述与贫困情况

（一）市情概述

1.自然地理

赣州又称赣南，位于华东南部，地处赣江上游，处于东南沿海地区向中部内地延伸的过渡地带，是江西省的"南大门"，是江西省面积最大、人口最多的设区市，同时也是江西省唯一的省域副中心城市，素有千里赣江第一城、江南宋城、红色故都、客家摇篮、世界橙乡、世界钨都、稀土王国、生态家园和世界堪舆文化发源地等美誉。赣州地处南岭、武夷山和罗霄山三大山脉交汇地带，是我国南方地区重要生态屏障，境内有 11 个县（市、区）纳入罗霄山片区区域发展与扶贫攻坚规划，占该片区总数的近一半，是全国较大的集中连片特殊困难地区。长期以来，赣南老区经济社会发展相对滞后，第一产业占比较高，群众生产生活水平与江西省和全国平均水平存在较大差距。

2.社会经济与文化

（1）文明久远灿烂。5000多年前已有先民在此繁衍生息，秦代始置县，宋代定名赣州。秦代开始设置县治，至今已有2200多年；唐代贯通梅岭驿道，成为"五岭之要冲""粤闽之咽喉"和中国"海上丝绸之路"的重要节点；宋代繁盛，跻身全国36大城市、44大经济中心之列，商贾如云、货物如雨；1994年被国务院命名为"国家历史文化名城"。张九龄、苏东坡、辛弃疾、文天祥等历史名人曾在此留下政功墨迹，唐代马祖道一禅师、风水大师杨筠松在此弘扬中国禅宗文化、堪舆文化，周敦颐、程颢、程颐、王阳明等理学大家使赣州成为宋明理学发祥地。赣州是"江南宋城"，至今存有全国最为完整的宋代砖城墙，保存着大量宋代遗址，被誉为"宋城博物馆"。

（2）革命历史辉煌。赣州是全国著名的革命老区，是共和国的摇篮、全国著名的"红色故都"、土地革命战争时期中央苏区的主体和核心区域。中华苏维埃共和国在此奠基，举世闻名的红军二万五千里长征从于都、瑞金等地出发，艰苦卓绝的南方红军三年游击战争在赣南山区浴血坚持，毛泽东、周恩来、刘少奇、朱德、邓小平、陈云等老一辈无产阶级革命家在这里留下闪光足迹。赣南苏区人民是中央红军的基本力量，当年240万苏区人口中，参军扩红33万余人，支前参战60余万人，为中国革命作出了重大贡献和巨大牺牲。为支援革命战争和苏区建设，赣南苏区人民提供了大量军费和军需物资。一个地区，一个贫困山区，为中国革命作出如此大的贡献和牺牲，在全国实属罕见，震撼人心。

（3）区位优势明显。地理位置得天独厚，赣粤闽湘四省通衢，东邻武夷，南接五岭，西连罗霄，处赣粤闽湘之要会，为沿海腹地、内地前沿。当前，赣州正加快成为我国南方地区重要的区域性综合交通枢纽城市，拥有四省边际区域最大的4C级民用机场——黄金机场，通达北京、上海等国内50多个重要城市，年旅客吞吐量突破200万人次；铁路营运里程663公里，昌赣高铁、赣龙铁路扩能改造工程、赣韶铁路建成运营，赣州迈入"高铁时代"，"一纵一横"高速铁路和"两纵两横"普速铁路网加快形成；高速公路建成总里程约占江西省四分之一，形成"三纵三横六联"路网，实现县县通高速公路；赣州国际陆港获批全国内陆第8个永久对外开放口岸和全国内陆首个国检监管试验区，江西省首个汽车整车进口口岸、进口肉类指定口岸通过验收，中欧（亚）班列开行数进入全国内陆港"第一方阵"。赣州已成为全国革命老区中唯一同时拥有铁路口岸、公路口岸和航空口岸的城市。

（4）资源禀赋独特。赣州被誉为"世界钨都""稀土王国"，黑钨储量居世界第一；离子型稀土资源储量占全国同类稀土资源保有储量60%以上，在国内外同类型矿种中位居第一，富含高价值的铽、镝、铕、钇等中重稀土元素。境内发现的砷钇矿、黄钇钽矿为中国首次发现的矿物。赣州还是"世界橙乡"，脐橙种植面积稳定在163万亩左右，年产量稳定在125万吨左右，种植面积和年产量分别居全球第一、世界第三，赣南脐橙品牌价值位居全国地理标志产品区域品牌第六、水果类第一。

（5）生态环境良好。赣州青山绿水，有"绿色家园""生态家园"之美誉，有国家级森林公园8个、省级森林公园20个，国家级自然保护区3个、省级自然保护区5个、市县自然保护区27个，森林覆盖率达76.4%，是全国十八大重点林区和十大森林覆盖率最高的城市之一，也是江西母亲河赣江和香港同胞饮用水源东江的源头。章、贡两水合流为赣江，鄱阳湖水系的25%、东江水系的10.4%流量源于赣南，年均水资源量335.7亿立方米；空气质量优良率、饮用水源地水质达标率均为100%，城市生态环境竞争力进入全国前20强，被联合国环境规划基金会授予"绿色生态城市保护特别贡献奖"。年平均气温19.3度、降雨量1605毫米，无霜期平均288天。崇义县阳明山号称"天然氧吧"，空气负氧离子最高值为每立方米19.2万个。

（6）客家文化摇篮。赣州是中原人南迁的第一站，是"客家摇篮"，热情好客、诚实守信、开明开放、大气包容的客家品格，深深浸润这块土地，崇文重教、耕读传家的人文传统深远厚重，为孕育壮大客家民系，绵延广播客家血脉，作出了卓越贡献。赣州是全球最大的客家人聚居地，赣州983万人口当中，95%为客家人，全球每10个客家人，就有一个赣州人；全国44个"纯客家县"，赣州有17个。赣州至今保存完好的上千座客家围屋，被誉为中国民居建筑奇葩、"东方的古罗马城堡"；赣南采茶戏、兴国山歌、于都唢呐、石城灯会等国家级非物质文化遗产流传至今。

（二）贫困特征与致贫主要成因

改革开放以后，赣州作为传统农区，由于战争创伤、山高路远、基础薄弱等原因，在全国工业化、城镇化加快发展的大背景下，发展相对缓慢，与江西省、全国相比，小康实现程度总体偏低，尤其是农村实现全面小康的程度，更是存在比较大的差距，整个赣南老区成为全国同步全面建成小康社会的一个薄弱环节。

1.贫困特征

赣州集丘陵山区、集中连片特困地区、革命老区于一体，发展底子薄、经济实力弱、人均收入低，贫困人口分布范围广、数量多，是我国典型的贫困地区。根据2010年数据统计，赣州贫困人口215.46万人，贫困户63.62万户，贫困发生率29.95%，高出全国16.55个百分点。其中五保户4.42万户5.3万人，分别占贫困总户数和总人数的9.33%和2.46%；低保户12.70万户31.35万人，分别占贫困总户数和总人数的26.82%和14.55%；其他类型贫困户30.23万户178.81万人，分别占贫困总户数和总人数的63.85%和82.99%。

表2-1　2010年赣州市农村各类贫困户数及人口数统计

贫困户属性	户数（万户）	户占比（%）	人口数（万人）	人口占比（%）
五保户	4.42	9.33	5.30	2.46
低保户	12.70	26.82	31.35	14.55
其他贫困户	30.23	63.85	178.81	82.99
合计	47.35	100	215.46	100

资料来源：根据赣州市资料整理。

当时，赣州贫困状况可分为两个方面：一方面，社会民生保障不够，2010年赣州农村居民人均可支配收入为4182元，比全国人均水平少1737元，农村教育、医疗、卫生等公共服务水平不高，实现"两不愁三保障"压力大；另一方面，农村基础设施水平落后，脱贫致富的基础条件较差。

表2-2　2010年赣州市贫困人口生产生活状况

类别	具体状况
居难"安"	赣州171.26万多户农户中，有69.52万多户居住在年代已久的土坯房中，占总户数的40.59%。
食难"饱"	大部分贫困群众日常吃食为自己种的萝卜、青菜、腌制的梅干菜和酸萝卜，营养摄入不够全面，少数特困户存在愁吃问题。
衣难"添"	贫困户家中小孩穿衣基本是轮换着穿，中老年人基本上多年不买新衣服穿。
就医难	农村医疗卫生事业落后，村卫生医疗设备短缺、老化现象严重，农村缺医少药，看病难问题十分突出。
上学难	农村中小学校舍面积不够，还有不少危房。师资力量短缺，师生教学条件差。

资料来源：根据赣州市资料整理。

"十二五"时期，赣州把解决突出民生问题摆在首位，推动全市贫困人口大幅减少，贫困发生率大幅降低。但2014年建档立卡时，赣州仍有贫困人口28.74万户、114.33万人，贫困发生率为4.28%，贫困人口占江西全省的40%。"十三五"时期，赣州有省级贫困村932个，占江西全省贫困村总数的32%；有深度贫困村167个，占江西省的62%；有兴国县、宁都县、于都县、瑞金市、石城县、寻乌县、会昌县、安远县、上犹县、赣县区、南康区等 11 个贫困县，占江西省贫困县总数的 45.8%。

2.致贫主要成因

贫有百样，困有千种。赣州贫困主要分为 7 种原因，即因病致贫、因残致贫、因学致贫、缺技术致贫、缺劳动力致贫、缺资金致贫、因自身发展能力不足致贫。从 2014 年建档立卡贫困户的主要致贫原因来看，当年因病致贫 8.74 万户，数量最多，占总建档立卡贫困户户数的 34.57%；次要致贫原因为因残致贫、缺技术致贫、缺劳动力致贫、缺资金致贫，共计 14.18 万户。

（三）扶贫历程

改革开放以来，经过 40 余年的接续奋斗，赣南老区同全国一样发生了翻天覆地的变化，扶贫开发取得了前所未有的成就。从 1978 年至今，赣州的扶贫工作历程大致经历了五个阶段，各个阶段都有鲜明的主题、工作内容，并取得了相应的工作成效。

1.第一个阶段（1978—1985 年）：改革推动扶贫

1978 年开始进行土地经营制度改革，从制度层面推动赣州扶贫工作实质性起步。中央通过在农村实行家庭联产承包经营责任制，极大解放了生产力、提高了土地产出率。国家通过农产品价格提升、农业产业结构向附加值更高产业转化以及农村劳动力在非农领域就业等 3 个方面的渠道，使很多农民得以摆脱绝对贫困状况，农村贫困状况大幅度缓解。赣州在这一时期主要以农村土地制度、市场制度和就业制度的改革为重点，促进农村经济的增长，使大批长期得不到温饱的农民摆脱了贫困。

2.第二个阶段（1986—1993 年）：大规模开发式扶贫

根据国务院统一部署，赣州成立专门的扶贫工作机构，将扶贫当作一项重要的事业来抓，开展有计划、有组织和大规模的开发式扶贫。这一阶段，对救济式扶贫进行了彻底改革，确定了开发式扶贫的方式，专门制定了针对贫困地区和贫困人口的政策措施。到 1993 年底，赣州年人均纯收入在 400

元以下的绝对贫困人口下降到 105 万人。

3. 第三个阶段（1994—2000 年）："八七"扶贫攻坚

经过前两个阶段的工作，贫困人口的组成在结构上发生了重大变化，贫困人口主要集中在自然条件恶劣、交通不便、信息闭塞的地区，需要以更大力度推动贫困地区的经济发展。为此，国家制定了《国家八七扶贫攻坚计划》。这是新中国历史上第一个有明确目标、明确对象、明确措施和明确期限的扶贫开发行动纲领。赣州积极落实党和国家的扶贫攻坚政策措施，以贫困乡村为重点，以贫困户增收为目标，以经济效益、扶贫效益为中心，有计划、有重点地扶持修建了一批急需的交通、能源、水电、教育、卫生等基础设施，扶贫攻坚取得了显著成绩，极大改善了群众的生产生活条件。

4. 第四个阶段（2001—2010 年）：新阶段扶贫开发工作

在这个阶段，国家制定了《中国农村扶贫开发纲要（2001—2010 年）》，规定以县为基本单元，以贫困乡村为基础，集中力量、集中资金，分期分批对贫困村进行重点扶持。据此，赣州研究编制扶贫开发规划，及时制定《关于加强新阶段扶贫开发工作的意见》，明确新阶段扶贫开发工作的目标、任务和措施。根据党的十七大对扶贫开发提出的"一个加大、两个提高"新要求，赣州把扶贫开发纳入全面建设小康社会总体部署，作为改善民生的重要内容之一，制定下发《市委市政府关于进一步加大扶贫工作力度，提高扶贫开发水平的实施意见》《赣州市库区深山区移民扶贫工作实施意见》等一系列政策，坚持 80% 的财政扶贫资金下达到重点村，"十五"时期对 170 个重点乡镇 403 个重点村、"十一五"时期对 1047 个重点村予以重点扶持，推动贫困地区面貌明显改观、农业产业水平明显提升、贫困人口进一步减少。

5. 第五个阶段（2011—2020 年）：决胜全面建成小康社会

党的十八大以来，党中央把扶贫开发作为经济社会发展规划的主要内容，扶贫开发进入啃硬骨头、攻坚拔寨、决战决胜全面建成小康社会的冲刺期。习近平总书记提出"精准扶贫"理念后，过去粗放式的"大水漫灌"扶贫模式转变为"精准滴灌",极大提高了扶贫效率。赣州坚持以脱贫攻坚统揽经济社会发展全局,围绕贯彻落实相关文件精神,集中力量解决老区长期存在的突出民生问题,把上级的扶持资源用在刀刃上,将财政支出近七成、新增财力近八成用于保障和改善民生,加快实施农村土坯房改造、安全饮水、电网升级、道路修建等民生工程,坚决打赢脱贫攻坚战。2019 年 5 月20 日,习近平总书记亲临赣州视察指导,赣州全市上下更加坚定了打赢打好脱贫攻坚战的信心和决心,一鼓作气、乘势而上,大力开展脱贫攻坚"清零"行动,对剩余贫困人口进行更具针对性的帮扶,确保实现高质量、可持续脱贫,彻底消除绝对贫困。2020 年 4 月 26 日,江西省政府宣布于都县、兴国县、宁都县、赣县区脱贫摘帽。至此,赣州历史性实现区域性整体脱贫。

三、赣州市脱贫攻坚面临的困难和挑战

(一)基础设施建设落后

基础设施的完善程度往往影响一个地方的经济社会发展程度。长期以来,由于经济欠发达,赣南老区财政实力薄弱,人均财政收入及自给率严重偏低,"吃饭财政"问题突出,发展支撑能力严重不足,这在很大程度上造成赣南老区基础设施建设长期落后,特别是与外部交往不够、相对闭塞、信息不畅,大大制约了赣州的发展空间。2010 年以前,赣州还有 1.8 万个村民小组、2.3 万个自然村不通公路,还有 541 个行政村不通客运班车;还有31.78%的农田得不到有效灌溉,不少农户还存在安全饮水问题。

(二)资源禀赋不足

赣南地区地形复杂,境内群山环绕,以山脉和丘陵为主,其中丘陵面积24053 平方千米,占赣州土地总面积 61%;山地面积 8620 平方千米,占总

面积 21.89%。人均耕地只有 0.635 亩，低于江西省 0.995 亩，大大低于全国
1.45 亩的平均水平。地势中间低四周高，地理位置偏僻，生态环境脆弱，山
地水土流失严重，很多贫困人口聚居在偏远深山地区、库区，生存和发展条
件较差，不仅"无业可扶"，而且还长期受洪涝、泥石流、低温冻害等自然
灾害影响，因灾返贫的状况时有发生。

（三）教育水平落后

受封闭环境影响，赣南老区大部分贫困群众整体受教育程度偏低，缺乏
知识和技能，自主发展能力较弱，不能很好地适应社会发展需要，无法及时
就业增收。一些贫困户内生发展动力不足，存在"等靠要"思想，缺乏脱贫
致富的信心和勇气。由于贫困群众受教育程度低、观念落后，贫困人口长久
处于贫困状态，贫困代际传递现象比较普遍。据统计，2010 年，赣州全市
学前教育毛入园率仅为 61.3%，九年义务教育巩固率为 93.26%。

（四）因病因残特困人群占比高

由于战争遗留了大量鳏寡孤独和残疾人群体，加剧扶贫压力，制约经济
发展。20 世纪二三十年代，以毛泽东同志为主要代表的中国共产党人在赣
南大地领导开展了艰苦卓绝的革命斗争。当时，赣南人民为了支援红军、支
持战争，倾尽人力、物力、财力，大量青壮年劳动力因为参军参战而牺牲或
丧失劳动力；红军北上长征后，国民党反动派进行疯狂反扑，实行"茅草过
火、石头过刀、人要换种"的反动政策，致使人口特别是青壮年劳动力骤减，
遗留了大量的鳏寡孤独和残疾人等弱劳力或无劳力群体，成为长期制约赣南
地区经济社会发展的一大因素。

四、赣州市解决区域性整体贫困的做法

（一）总体思想和基本思路

1.总体思想

赣州深入学习贯彻习近平总书记关于扶贫工作的重要论述，以及对江西和赣州工作的重要要求，特别是2019年5月视察江西时的重要讲话精神，全面贯彻党中央、国务院和江西省委、省政府脱贫攻坚决策部署，坚持把脱贫攻坚作为首要政治任务和第一民生工程，统揽经济社会发展全局，大力弘扬苏区精神、长征精神和苏区干部好作风，团结带领全市广大干部群众感恩奋进、担当实干，下足"绣花"功夫，精准扶贫、精准脱贫，努力探索革命老区脱贫攻坚新路子；坚持问题导向，聚焦"两不愁三保障"目标标准，一年一个重点，一年一个台阶，压茬推进脱贫攻坚各项工作；坚持改革创新，创新推出产业扶贫"五个一"机制、健康扶贫"四道医疗保障线"、农村保障房、金融扶贫等政策组合，扎实推进高质量、可持续脱贫；坚持把作风建设贯穿脱贫攻坚全过程，铁心硬手惩治扶贫领域的腐败和作风问题，大力整治"怕、慢、假、庸、散"等作风顽疾，坚决破除形式主义、官僚主义，以最严的要求、最实的作风，确保脱贫攻坚责任落实、政策落实、工作落实；坚持统筹推进，积极探索脱贫攻坚的体制机制、政策保障、产业就业、资金项目等与乡村振兴相衔接，加快推动乡村全面振兴。

2.基本思路

（1）强化党的领导，以脱贫攻坚统揽经济社会发展全局。习近平总书记指出，越是进行脱贫攻坚战，越是要加强和改善党的领导。赣州坚决贯彻落实习近平总书记重要指示要求，坚定信心、勇于担当，把脱贫职责扛在肩上，把脱贫任务抓在手上，始终保持顽强的工作作风和拼劲，以"六个坚持"

原则做好脱贫攻坚工作：坚持思想引领，始终沿着正确方向推进脱贫攻坚；坚持以上率下，全面压实脱贫攻坚政治责任；坚持问题导向，压茬推进脱贫攻坚各项工作；坚持党建带动，为脱贫攻坚提供坚强组织保证；坚持统筹兼顾，确保如期高质量完成脱贫攻坚任务；坚持从严要求，铁心硬手整治扶贫领域作风问题。

（2）突出精准方略，确保脱贫攻坚实效。习近平总书记指出，扶贫开发推进到今天这样的程度，贵在精准，重在精准，成败之举在于精准，要把精准扶贫、精准脱贫作为基本方略。赣州毫不动摇地坚持精准扶贫、精准脱贫基本方略，狠抓精准识别、精准帮扶、精准管理，围绕"扶持谁"抓好精准识别这个关键环节，围绕"怎么扶"持续在精准施策上发力，围绕"如何退"严把精准退出关口，全力确保扶贫工作务实、脱贫过程扎实、脱贫结果真实。

（3）坚持尽锐出战，构建超常规的支撑保障体系。习近平总书记指出，脱贫攻坚要尽锐出战、精准施策，要动员全党全国全社会力量，齐心协力打赢脱贫攻坚战。赣州坚持"非常之事，必用非常之力"的理念，调动一切积极因素，充分利用各方资源，集中人力、财力、物力，精准聚焦脱贫攻坚，构建多点发力的脱贫攻坚保障体系。

（4）聚焦核心指标，扎实推进高质量可持续脱贫。习近平总书记指出，到 2020 年稳定实现农村贫困人口不愁吃、不愁穿，义务教育、基本医疗、住房安全有保障，是贫困人口脱贫的基本要求和核心指标，直接关系攻坚战质量。赣州始终瞄准"两不愁三保障"目标标准不偏移、不放松，综合实施精准扶贫"五个一批"工程和"十大工程"，纵深推进脱贫攻坚各项工作，确保脱贫攻坚成色更足、质量更高、更可持续。

（5）注重改革创新，破解脱贫攻坚难题。习近平总书记指出，完成脱贫攻坚工作任务，需要不断改革创新扶贫机制和扶贫方式。赣州坚持把改革创新融入常态化、制度化的扶贫工作中，以改革牵引攻坚、以攻坚深化改革，探索了一系列新机制、新举措、新路径，全力破解脱贫攻坚中的难题。

（6）发挥群众主体作用，激发脱贫内生动力。"幸福不会从天降，好日子是干出来的。"脱贫致富终究要靠贫困群众用自己的辛勤劳动来实现。贫困群众是扶贫攻坚的对象，更是脱贫致富的主体。赣州坚持尊重贫困群众的主体地位和首创精神，扎实做好精神扶贫工作，强化宣传引导、技能培训、生产奖补、劳务补助、以工代赈等机制，帮助脱贫群众提高思想认识、工作技能、就业能力，探索增收激励法、积分兑换爱心物品和村民"道德红黑榜"等做法，充分调动贫困群众的致富"原动力"，引导贫困群众自力更生、艰苦奋斗，依靠自己的辛勤劳动改变贫困落后的面貌。

（二）加快补齐基础设施短板

赣州大多数贫困地区基础设施薄弱，成为制约群众脱贫致富的重要因素。为此，赣州坚持把基础设施建设作为提升脱贫攻坚支撑力的关键，用足用好政策，对照贫困村退出指标体系，按照"缺什么、补什么"原则，下大力气破解交通、水利、能源、通信、乡村环境等基础设施和公共服务瓶颈制约，不断改善贫困地区生产生活条件。

1.全力畅通农村交通网络

赣州在打好"六大攻坚战"中，把农村公路改造升级作为基础设施攻坚战的一项重要工作来抓，在大力实施农村公路建设三年行动计划的基础上，2020 年提出，按照"一个中心、两个提升、三个突破"的工作思路，进一步推进"四好农村路"建设，全面改善赣州农村公路状况，加快建成外通内联、通村畅乡、班车到村、安全便捷的农村交通运输网络，充分发挥农村公路在消费扶贫中的先行保障作用。

2.加强农村宽带网络建设

赣州深入实施网络扶贫行动，统筹推进"网络覆盖、农村电商、网络扶智、信息服务、网络公益"五大工程，全市贫困村实现 4G 网络和宽带网络全覆盖，赣州成为全国首个电商进农村全覆盖的设区市。截至 2019 年底，25 户以上自然村 4G 网络覆盖率达到 95%，贫困村村委会所在地光纤宽带速率达到 50M，25 户以上自然村光纤宽带网络覆盖率达到 75%，自然村光纤宽带网络速率达到 20M，并且引导通信运营商加大面向贫困地区和建档立卡贫困户的优惠力度，出台针对建档立卡贫困用户 5 折优惠套餐，鼓励推广扶贫专属资费优惠，大大减轻贫困群众宽带网络使用负担。

3. 完善水利基础设施

大力实施农村饮水安全巩固提升工程，解决 546.76 万农村人口安全饮水问题。完成加固病险水库 787 座，小型水库基本除险摘帽，小型农田水利重点县建设实现全覆盖，水利基础设施不断完善，农业发展支撑进一步夯实。

4. 建设美丽宜居乡村

深入实施农村人居环境整治三年行动计划和百日攻坚行动，大力开展"赣南新妇女"运动①，持续推进农村生活垃圾专项治理，引导群众按照农村家庭"五净一规范"②的要求搞好家庭卫生。2012 年以来，建设新农村建设点 24879 个，整治农村危旧"空心房"8795 万平方米，完成改水 76 万户、改厕 65 万户，建成农村污水处理设施 658 处，农村卫生厕所覆盖率达97.64%，农村生活垃圾和城乡环卫第三方治理通过国家验收，赣州乡村的面貌不断改善。

（三）多措并举破解资源禀赋制约

赣州山多地少，自然灾害频发，资源禀赋严重不足，由此导致的生产生

---

① "赣南新妇女"运动为期三年，旨在大力弘扬中华优秀传统文化和客家传统美德，以赣南妇女为主体，大力破除铺张浪费、炫富攀比、天价彩礼、不赡养老人、厚葬薄养、封建迷信、赌博败家、不讲卫生、不讲团结、大操大办等各种陈规陋习和不良风气，形成"清洁家园、夫妻和睦、孝敬老人、厚养薄葬、婚事俭办、科学教子、勤劳致富、勤俭持家、团结邻里、热心公益"的良好风尚。

② "五净一规范"指院内净、卧室净、厨房净、厕所净、个人卫生净，院内摆放规范。

活条件先天不足成为制约脱贫致富和经济发展的另一大重要因素。为此，赣州全市上下联动，多部门协同，通过生态扶贫、特色产业扶贫、开发特色金融产品以及易地搬迁等方式，多措并举，挖掘本地的资源优势，打破客观环境所致的发展瓶颈，因地制宜地探索出赣州的发展路径。

1. 生态扶贫实现生态改善和减贫脱贫的双赢

习近平总书记指出，要把生态补偿扶贫作为双赢之策，让有劳动能力的贫困人口实现生态就业，既加强生态环境建设，又增加贫困人口就业收入。赣州认真贯彻落实习近平总书记重要指示精神，牢固树立和践行"绿水青山就是金山银山"的理念，坚持扶贫开发与生态保护并重，通过大力发展生态产业、完善生态利益联结机制、加强生态保护修复、创新生态扶贫方式等，做足做好"生态＋扶贫"文章，使贫困人口从生态保护与修复中得到更多实惠，努力实现生态改善和减贫脱贫双赢。

（1）发挥生态资源优势，打通绿水青山向金山银山转换通道。"十三五"以来，赣州依托林业资源优势，通过发展林业产业扶贫、抓好林业生态工程项目扶贫等措施，辐射带动贫困户15.5万户次，带动贫困人口57.5万人次；通过合理运用市场化办法，将景区、公司、村集体、协会（合作社）、基地、农户进行多种组合，并借助构建合理有效的利益联结机制，吸纳贫困群众参与旅游开发，实现了企业与农户的互利共赢、乡村旅游与精准扶贫的无缝对接；大力发展循环经济开展畜禽养殖废弃物资源化利用，在江西全省率先推广"高床养殖节水减污技术＋农业综合利用"模式，主推"猪—沼—果"立体种养农业循环利用。2019年，赣州获批5个国家级绿色工厂、1个国家级绿色园区、12个省级循环经济试点园区，为推动资源循环利用、促进贫困地区经济社会发展打下坚实基础。

（2）完善利益联结机制，多途径助力贫困群众分享生态红利。赣州坚持生态惠民、生态利民、生态为民思想，结合当地实际大胆探索，通过深化集体林权制度改革、健全生态保护补偿机制、实施"河权到户"试点、开发生态公益岗位等举措，让更多贫困群众参与到生态扶贫中来，共享绿水青山带来的生态红利。截至2019年底，赣州获省域内流域生态补偿资金42.27亿元，有生态护林员总数达11165名（按照每个生态护林员每年人均1万元的标准落实补助资金，直接辐射带动3万余名贫困人口增收脱贫，实现"一人护林，全家脱贫"）。

（3）加强生态保护修复，持续提升贫困群众的生产生活条件。赣州在推动绿水青山向金山银山转换、助力脱贫攻坚的同时，始终注重加强生态保护修复，坚持做到在保护中开发、在开发中保护，既让群众能够依靠生态走上脱贫致富路，实现"一方水土养一方人"，又避免因发展经济失去了群众赖以生存的绿水青山、蓝天白云。

2. 产业扶贫夯实了稳定脱贫的基础

发展产业是实现脱贫的根本之策，要因地制宜，把培育产业作为推动脱贫攻坚的根本出路。赣州始终坚持把产业扶贫作为脱贫攻坚的治本之策，针对山多地少的资源约束，重点发展脐橙、蔬菜、油茶三大主导产业，大力发展特色水果、茶叶、白莲、中药材、特色水产、禽蛋等特色农业产业，引导发展农副产品加工、农业社会化服务、休闲农业等。在实践中率先创造了产业扶贫"五个一"机制，各县（市、区）灵活运用，探索创新"五统一分""七统一分"等产业扶贫发展路径，形成了"三驾马车＋多业齐飞""数村一品，多乡一业"的赣州产业扶贫体系，对脱贫攻坚、乡村振兴和产业发展进行了有益探索。

（1）建立"五个一"机制，扭住产业扶贫总抓手。赣州按照"选准一个产业、打造一个龙头、创新一套利益联结机制、扶持一笔资金、培育一套服务体系"的"五个一"机制，通过整合资源，出台一系列政策措施，探索了一条适合赣南老区产业扶贫的新路子。赣州通过贫困户直接发展产业和新型农业经营主体联结方式，累计覆盖带动26.67万户贫困户增收，占全市贫困人口的92.8％。其中，引导直接发展农业产业涉及贫困户18.42万户，占总带动数的 68.3%；通过要素入股、土地流转、就业务工等方式，联结带动贫困户 8.53 万户，占总带动数的 31.7%。赣州产业扶贫"五个一"机制经验做法在江西全省推广。

（2）壮大主导产业，拓宽脱贫致富主渠道。赣州立足当地资源禀赋，发挥气候条件好、市场空间大等优势，大力发展脐橙、蔬菜、油茶等，使之成为带动脱贫的主要产业。

赣州从 20 世纪 70 年代开始试种脐橙。40 多年来，先后实施了"兴果富民""培植超百亿元产业集群""建设世界著名脐橙主产区"等战略，形成了以脐橙为主导的柑橘产业大发展格局。截至 2019 年，全市脐橙种植面积 163 万亩，产量 125 万吨。"赣南脐橙"获"影响力农产品区域公用品牌"。赣南脐橙产业成为赣州最有特色、最有优势、最具潜力、最具竞争力的农业主导产业和最重要的扶贫产业，累计带动 100 多万人脱贫增收。赣南脐橙助力脱贫攻坚成为全国三大产业扶贫典范之一。

赣州立足自然资源禀赋条件好、毗邻粤港澳大湾区市场等基础优势，在专家论证、示范推进的基础上，提出中国中部地区蔬菜产业发展中心、南方重要蔬菜集散地、江西省蔬菜产业化发展样板区的发展定位，把赣南蔬菜作为继赣南脐橙之后又一支柱性富民产业来打造。工作中，创新"七统一分"模式。蔬菜产业实现了规模上从小到大、方式上从传统到现代的跨越。截至 2019 年底，全市累计建成规模蔬菜基地 25.9 万亩，其中设施大棚面积 20.95 万亩，累计带动 7.98 万户贫困户增收，全市 90% 以上的规模蔬菜基地成为扶贫基地。

作为全国油茶主产区，赣州的油茶栽植历史已有 2000 多年。赣州充分挖掘赣南油茶的传统产业优势，把发展油茶产业与精准扶贫结合起来，以油茶产业的发展促进产业扶贫。截至 2019 年底，赣州有油茶林总面积 288 万亩，其中新造高产油茶林面积 123 万亩；并有高产稳产油茶林示范基地 250 余个、茶油精深加工龙头企业 13 家、茶油精深加工系列产品 20 多个，油茶产业综合产值达84亿元，累计辐射带动5.89万户贫困户脱贫增收。

3.金融扶贫保障了脱贫资金的需求

为保障全市产业扶贫的资金需求，赣州整合财政资金基础上，创新了"产业扶贫信贷通""油茶贷""农房抵押贷款"等金融产品。全市每年筹资10亿元财政资金作为风险缓释基金，撬动80亿元"产业扶贫信贷通"贷款帮助贫困群众发展产业，贫困户信用贷款每户最高额度8万元，享受政府3年全额贴息。2016—2019年，赣州全市累计发放扶贫贷款867.97亿元，其中"产业扶贫信贷通"发放资金187.25亿元，惠及贫困户32.9万户次、市场经营主体4746家。

4.安居扶贫织牢了安全住房防护网

习近平总书记强调，要让全体人民住有所居。住房是安身之本，改善和提高居住水平是广大农村居民的迫切期望。进入脱贫攻坚新阶段，赣州仍有不少群众居住在透风漏雨的土坯房中，住房安全难以保障，成为脱贫攻坚中的"最短板"。赣州大力推进农村危旧土坯房改造、易地扶贫搬迁工程，在全国率先提出并建设农村保障房，通过"交钥匙"的方式，兜底解决无劳动能力、无经济能力的特困群体住房难题，织密织牢贫困人口安全住房防护网。

（1）推进土坯房改造，实现"居有所安"。2012年6月《国务院关于支持赣南等原中央苏区振兴发展的若干意见》出台实施，明确提出要优先实行改善民生的政策。赣州以此为契机，实施了本地历史上规模最大的农房改造工程，共完成农村危旧土坯房改造69.52万户，近300万农民告别了透风漏雨的危旧土坯房，红军和烈士遗属遗孀及后代全部住上新房。

（2）实施易地扶贫搬迁，帮助贫困群众"挪穷窝""换穷业"。赣州坚持把易地扶贫搬迁作为造福子孙后代的重要民生工程，围绕"搬得出、稳得住、能致富"的目标，既抓安居，又抓乐业，分类指导，精准施策，通过进城进园、进乡镇、进中心村三级梯度安置，让贫困群众彻底"挪穷窝"。

截至 2019 年底，"十三五"期间赣州共实施易地扶贫搬迁建档立卡贫困户 17785 户 73918 人，投入资金 42.69 亿元；建设集中安置点 334 个，集中安置 15080 户 64741 人，分散安置 2705 户 9177 人，约占江西省"十三五"易地扶贫搬迁总量的 55.2%，是江西省搬迁规模最大、任务最重的设区市。

（3）兴建农村保障房，兜底特困群体住房安全。农村保障房建设是赣州精准扶贫的创新举措。为有效解决特困农户的基本住房安全问题，2016 年 6 月赣州在全国率先提出并实施农村保障房建设，将保障房由城镇延伸至农村，兜底解决农村特困群体的住房安全问题。2016—2019 年，累计建成农村保障房 17371 户（套）。农村保障房建设，延伸了住房保障的广度和深度，提升了住房保障的实际实施效果，进一步改善了特困群众的生产生活条件。

（4）坚持情理法并举，整治老人住危旧房问题。针对"子女住安全房、老人住危旧房"的现象，为从根本上解决老人住危旧房难题，2016 年以来，赣州结合赣南村情实际和有关政策法规，出台《赣州市农村老人居住危旧房专项整治工作指导意见》，累计解决了 8111 名老人的住房安全问题，营造了尊老、爱老、敬老的文明新风尚。

（四）"教育＋就业"双保险提升贫困群众内生发展动力

赣州教育水平落后，大部分贫困群众缺乏知识和技能，无法通过就业获得增收，内生发展动力严重不足，长期制约脱贫致富和经济发展。为此，赣州通过教育扶贫、就业扶贫，双管齐下，从源头上阻断贫困代际传递，提升贫困群众就业技能，调动多方力量帮助贫困户实现稳定就业，不断增强贫困群众的"造血"机能，实现稳定、可持续脱贫。

1.阻断贫困代际传递，扎实推进教育扶贫

习近平总书记指出，扶贫必扶智，让贫困地区的孩子们接受良好教育，是扶贫开发的重要任务，也是阻断贫困代际传递的重要途径。赣州坚持把教育扶贫作为精准扶贫的优先任务，围绕赣南苏区振兴发展和脱贫攻坚战略部署,全面落实立德树人根本任务,以不让一个孩子掉队为目标,推进城镇义务教育公共服务常住人口全覆盖,加快缩小县域内城乡义务教育差距,推进义务教育均衡发展,着力从根源拔除"贫根",让更多贫困家庭的孩子掌握改变命运的主导权。

(1)聚力控辍保学,确保学生应学尽学。为解决贫困家庭学生辍学问题,赣州将控辍保学作为教育扶贫的头等大事,创新方法、强化措施,落实责任、精准发力,全力做好控辍保学工作。实行义务教育双线控辍保学责任制,确保适龄学生"进得来、留得住、学得好"。建立"六对一"挂点联系制度,实行领导包片、干部包校。实施台账管理制,做到"一生一案""一户一册"。建立控辍保学约谈制度,以及通报、督导检查结果公示、限期整改和责任追究制度,落实部门和具体人员责任。

(2)完善基础设施,补齐"硬件"短板。赣州集中财力物力实施城乡学校建设三年行动计划,充分发挥教育扶贫在脱贫攻坚中的基础性、先导性作用,进一步扩充教育资源总量,大力度兴建学校(见表2—3),均衡配置城乡教育资源,补齐贫困地区教育基础设施短板。

(3)加强师资建设,提升"软件"水平。赣州坚决落实"教育投入要更多向教师倾斜"的要求,创新中小学聘用教师控制数管理办法,按照"统一招聘、统一待遇、统一管理、统一经费保障"等原则统筹城乡教育师资配置,下大力气提高农村教师队伍教学水平;通过开展校际合作、抓好县级教师培训基地建设、推进国培计划等提升现有教师队伍能力;同时通过定向培养、特岗计划、提升待遇等引进优秀人才加入农村教师队伍,持续改善乡村教师队伍年龄、性别、学科结构,进一步缩小城乡教育差距。

表 2-3 赣州市 2014—2019 年新建学校数量情况一览表

类别	数量(所)	面积(万平方米)	投入资金(亿元)
幼儿园	104	40.6259	12.38

续表

类别	数量（所）	面积（万平方米）	投入资金（亿元）
小学	71	102.1417	37.23
初中	31	98.9711	38.4
公立普通高中	13	133.2414	50.66
私立完全高中	2	8	7.12
中职	5	44.062	16.29

资料来源：赣州市教育局。

（4）健全资助体系，杜绝因贫困失学。赣州通过不断探索，逐渐形成了一套政府、社会和学校"三位一体"共同发力，以奖学金、助学金和助学贷款为主，学费补偿、减免学费、生活补助等为辅，覆盖学前教育、义务教育、普通高中教育、中职教育和高等教育的贫困学生资助体系，构建了全方位保障网，坚决杜绝因家庭贫困而失学辍学。2016 年以来，全市累计发放各类教育扶贫资助金18.37亿元，资助各级各类贫困家庭学生219.32 万人次。

表 2-4　赣州市教育资助标准一览表

类别		资助标准（元）	
		一般贫困	特殊贫困
学前教育		1000 元 / 生 / 年	1500 元 / 生 / 年
义务教育	小学寄宿生	1000 元 / 生 / 年	1500 元 / 生 / 年
	小学非寄宿生	500 元 / 生 / 年	500 元 / 生 / 年
	初中寄宿生	1250 元 / 生 / 年	1750 元 / 生 / 年
	初中非寄宿生	625 元 / 生 / 年	625 元 / 生 / 年
普通高中	免学费	重点中学 800 元 / 生 / 年，一般中学 360 元 / 生 / 年	
	助学金	1500—2000 元 / 生 / 年	2500 元 / 生 / 年
中职教育	免学费	职业高中和职业中专 850 元 / 生 / 年，普通中专按省定分专业收费标准免除	
	助学金	2000 元 / 生 / 年	2000 元 / 生 / 年
高等教育	高考入学政府资助金	一次性 6000 元 / 人	一次性 6000 元 / 人

资料来源：赣州市教育局。

2.增强贫困群众"造血"机能，扎实推进就业扶贫

就业扶贫是精准扶贫、精准脱贫基本方略的重要方面。"一人就业，全家脱贫，增加就业是最有效最直接的脱贫方式。"赣州咬紧"就业一人，脱贫一户"目标，聚焦三类重点群体，采取开展就业技能实训、搭建帮扶平台、创建扶贫车间等举措，打好就业扶贫"组合拳"，推动就业扶贫工作取得显著成效，形成了就业扶贫的"赣州模式"，国家级、省级就业扶贫经验交流现场会在赣州召开，相关做法得到充分肯定。

（1）丰富培训方式，提升就业技能。赣州紧密结合产业发展、用工需求和劳动力意愿，多角度开发电子商务、家庭服务、养老护理、厨师面点等课程，采取集中培训、个性辅导、送课上门、以工代训等形式，提高不同类别贫困劳动力技能培训的参与度。截至 2019 年底，全市人社等系统累计开展培训 7.62 万人次，发放培训补贴（含生活费补贴）5514 万元。支持贫困劳动力自主创业脱贫。对有创业能力且有创业愿望的贫困劳动力，组织开展免费创业培训，并提供开业指导、项目推介等免费服务。自主创业的贫困劳动力，申请创业担保贷款的，降低担保门槛，享受财政贴息。对在赣州行政区域内创办企业且稳定经营 6 个月以上的贫困劳动力，给予 5000 元的一次性创业补贴。

（2）多级政府联动，搭建就业对接平台。建立贫困家庭就业创业台账，对建档立卡的贫困户逐一进行调查，掌握辖区内贫困劳动力数量、分布等情况，收集贫困劳动力就业状况、就业意向及培训愿望等信息。加强信息对接，开展送岗下乡、下村等招聘活动，搭建园区企业为主体的各类企业与贫困劳动力的信息对接平台。加强岗位信息收集整理，通过多种形式将岗位信息送至贫困户家中。鼓励中介机构和院校输送贫困劳动力就业，鼓励人力资源服务机构向园区企业开展劳务派遣，对符合条件的中介机构给予劳务派遣补贴。

（3）用好经济杠杆，激发就业动力。对参加就业培训取得职业资格证或培训合格证的贫困劳动力学员，给予 500 元 / 人的一次性求职补贴，鼓励其积极外出寻找就业机会。扩大交通补贴受益面，对外出务工的贫困劳动力给予 300—600 元 / 人 / 年的交通补贴（见表 2-5）。截至 2019 年，累计为55.38 万人次发放贫困劳动力交通补贴 3.09 亿元。

表 2-5　赣州市贫困劳动力就业交通补贴标准

贫困程度	务工地点	补贴标准
一般贫困村或非贫困村的贫困劳动力	江西省外	500 元 / 人 / 年
	江西省内	300 元 / 人 / 年
深度贫困村的贫困劳动力	江西省外	600 元 / 人 / 年
	江西省内	400 元 / 人 / 年
赣州市内工业园区企业		600 元 / 人 / 年

资料来源：根据赣州市资料整理。

（4）创建扶贫车间，实现家门口灵活就业。针对有就业能力和就业意愿，但年纪偏大，家有老小无法外出就业的贫困劳动力，赣州通过建设扶贫车间，实现家门口灵活就业。截至 2019 年底，全市共有就业扶贫车间 946个，吸纳贫困劳动力就业 9241 人。

（五）"健康＋兜底＋公益岗"多渠道促进特困群体脱贫增收

赣州的鳏寡孤独和残疾人群体较多，加之山区特殊的自然环境，大部分贫困群众由于疾病导致劳动力减弱或丧失，成为长期贫困的主要原因之一。为此，赣州通过健康扶贫、兜底保障、开发扶贫公益岗等，多渠道确保因病因残特困群体稳定脱贫，实现增收。

1. 健康扶贫破解因病致贫返贫"顽疾"

党的十九大报告明确指出：人民健康是民族昌盛和国家富强的重要标志。赣州因病致贫和因病返贫问题比较突出。据统计，2016 年，赣州全市因病致贫、因病返贫人口有 44 万人，占建档立卡贫困人口总数的 42.84%。为了让贫困人口"看得起病、看得上病、看得好病、更好防病"，赣州大力实施健康扶贫，积极深化医药卫生体制改革，探索构建多层次的医疗保障体系，于 2016 年 1 月在全国率先实施农村贫困人口疾病医疗补充保险制度，由市、县两级财政共同出资，按照每人 90 元（2017 年后逐渐提至 260 元）的标准为城乡贫困人口购买疾病医疗补充保险，与城乡居民基本医疗保险、大病保险和民政医疗救助共同组成"四道保障线"，有效解决贫困群众因病致贫、因病返贫问题。

赣州各地在稳固"四道保障线"政策基础上，还实施了多项惠民减免政策，进一步减轻贫困人口就医负担。一是推行"三免四减半"政策：即门诊患者直接减免普通门诊挂号费、肌肉注射费、换药手续费，住院治疗患者减半征收血液、大便、小便等"三大常规"检查费、胸片检查费、普通床位费和护理费。二是医保目录外医疗费用减免 5%。三是在市、县、乡三级定点医疗机构为贫困人口设立扶贫病房病床，其中二级、三级医疗机构设置扶贫病床数占总床位数的 5% 左右，乡镇卫生院设置扶贫病床不少于 2 张，贫困患者携带相关证件即可申请。2017—2019 年 3 年间，赣州市、县两级医疗机构已对符合政策的就医贫困患者减免人次和费用数据见表 2-6。

表 2-6　赣州市目录外费用 5% 减免、"三免四减半"政策减免情况

类别	单位	2017 年	2018 年	2019 年
目录外 5% 减免	减免人次 / 人次	215981	341370	346664
	减免费用 / 万元	627	763	776
三免四减半	减免人次 / 人次	10846	63786	351047
	减免费用 / 万元	485105.7	3215543.86	7016319.525

资料来源：根据赣州市资料整理。

2. 打造民生保障坚实盾牌，扎实推进兜底扶贫

习近平总书记指出，要把社会保障兜底扶贫作为基本防线，加大重点人群救助力度，用社会保障兜住失去劳动能力人口的基本生活。赣州全面贯彻落实习近平总书记的重要指示精神，统筹做好社会救助政策与脱贫攻坚政策

有效衔接，通过加强农村低保管理、健全特困人员供养制度、加大临时救助力度等保障性扶贫措施，有效兜准、兜实、兜牢城乡贫困群众"两不愁"民生底线，为同步实现全面小康奠定坚实基础。

（1）加强农村低保规范管理，确保困难群众应保尽保。赣州充分用好农村低保制度，通过精准识别对象、提升保障标准（见表2-7）、加强动态管理、开展专项整治等措施，推进农村低保制度与扶贫开发政策有效衔接，真正做到"应保尽保、应扶尽扶"，让农村困难群众一个不落、一个不少地同步进入小康。

表2-7 赣州市农村低保保障标准

年度	国家扶贫标准 （元／人／年）	赣州农村低保标准 （元／人／年）
2016 年	3146	3240
2017 年	3335	3660
2018 年	3535	4080
2019 年	3747	4620

资料来源：根据赣州市资料整理。

截至2019年底，赣州共有农村低保对象16.42万户32.95万人，全年累计发放低保金12.18亿元，并在2018年基础上进一步提高了城乡困难群众的社会救助标准，农村低保平均标准提高到每人每月385元，月人均补差水平提高到285元。赣州的低保常补对象比例由2017年的11.89%提高到2018年的19.82%，低保和扶贫两项制度衔接率为88.20%，位居江西省第一。

（2）健全特困人员救助供养制度，实现分类施策全面覆盖。赣州认真落实上级决策部署，以解决城乡特困人员突出困难、满足城乡特困人员基本需求为目标，坚持政府主导，发挥社会力量，建立健全城乡统筹、政策衔接、运行规范、与经济社会发展水平相适应的特困人员救助供养制度，将无劳动能力、无生活来源、无法定赡养抚养扶养义务人，或者其法定义务人无履行义务能力的城乡老年人、残疾人以及未满 16 周岁的未成年人，全部纳入救助供养范围，并根据不同的人群制定不同的救助政策，实现分类施策全覆盖。

（3）加大临时救助保障力度，编密织牢社会救助安全网。赣州认真贯彻落实上级部署，以有效解决城乡群众突发性、紧迫性、临时性基本生活困难为目标，加快形成救助及时、标准科学、方式多样、管理规范的临时救助工作格局，切实维护人民群众基本生活权益。一是完善临时救助制度体系。赣州先后出台《关于进一步加大临时救助力度切实提高兜底保障扶贫质量的通知》《关于进一步加强和改进临时救助工作的实施意见》等文件，精准识别救助对象，简化救助审核程序，不断提高临时救助水平。赣州各地认真按照上级要求部署，结合当地实际建立健全临时救助制度体系。二是加大临时救助资金投入。赣州全面落实乡镇（街道）临时救助备用金制度，并对农村建档立卡贫困户的临时救助标准按照不低于 5% 的比例上浮；各县（市、区）按照各乡镇（街道）人口基数、上年临时救助任务等情况，预拨不少于全年 40% 的临时救助资金到乡镇（街道）作为备用金。三是提高临时救助资金发放效率。积极开展"先行救助"，对困难群众的突发性、紧迫性、临时性基本生活困难和救助需求，或救助金额较小的申请，直接委托乡镇（街道）审批发放。根据实际情况，出台《关于进一步加强和改进临时救助工作的实施意见》，明确 3000 元及以下的救助资金由乡镇直接审批发放，进一步提高了突发意外事故的救助效率。

3. 开发扶贫公益岗，扎实推进弱劳动力脱贫增收

针对劳动能力偏弱、无法适应企业要求，但又有就业意愿的贫困劳动力，坚持"因事设岗、以岗定人、按需定员、服务扶贫"的目标，通过"一对一"开发扶贫公益性岗位，托底安置贫困劳动力就业，已安置贫困劳动力就业 4 万余人。

具体做法包括：一是多领域开发岗位。以"政府主导、社会参与、属地管理、行业牵头"为安置原则，整合开发孤寡老人和留守儿童看护、乡村公路养护、农村保洁、治安巡逻、水库安全管理、山林防护、文化活动室管理、农家书屋管理、公共服务管理以及城镇城管、环卫、园林等扶贫就业专岗，安置贫困劳动力就业。二是多渠道对接需求。依托乡镇、村开展农村贫困劳动力用人需求调查，掌握贫困劳动力的年龄结构、就业意愿、技能状况，以及辖区内公益岗位需求。公开发布岗位需求，发动结对帮扶干部开展政策宣传，鼓励无法离乡、无业可扶、无力脱贫的"三无"农村贫困劳动力积极应聘，坚持公开公平公正原则，由乡镇或部门（单位）根据岗位需求择优选取，建立规范的用工关系。开发特定岗位时，针对特殊群体优先选聘，如农家书屋管理员岗位，侧重选聘身体残疾的贫困劳动力。三是多举措规范管理。赣州人社部门出台专门管理办法，对招聘对象范围、招聘程序、日常管理、补贴资金申拨等各环节进行统一规范。各县（市、区）人社部门和村（居）委会负责建立安置台账，动态掌握岗位新增、清退情况，对在公益性岗位就业的给予200—800元/人/月的岗位补贴。

（六）架构脱贫攻坚的合力体系

1.广泛凝聚社会各方力量参与

上下同欲者胜，同舟共济者赢。脱贫致富不仅仅是贫困地区的事，也是全社会的共同责任。赣州始终坚持内外兼修，注重动员和凝聚各方力量，同心同向发力脱贫攻坚，着力构建全社会参与的大扶贫格局。

（1）对口支援。充分发挥政策优势，积极争取42个中央国家机关及有关单位对口支援，争取援助资金140亿元、项目1145个，下派三批共121名挂职干部，开展人才交流培训9.8万余人次，为赣州脱贫攻坚注入强大动力。扎实推进深圳市对口支援寻乌县，成功签订战略合作协议，顺利开展系列脱贫攻坚巩固提升行动。

（2）社会帮扶。积极加强社会扶贫，大力弘扬客家人扶贫济困的优良传统，深入实施"百企帮百村"行动，全市 836 家企业（商会）与 932 个贫困村结对帮扶，实施项目 1792 个，投入资金 9.96 亿元，帮扶贫困人口 13.43 万人；组织开展"脱贫攻坚人大代表在行动""助力脱贫攻坚、政协委员在行动"、国家"扶贫日"等系列活动，广泛动员人大和政协组织、民主党派、社会组织、群众团体、人民群众等更多的社会力量参与脱贫攻坚，凝聚脱贫攻坚强大合力。

2. 选派最强队伍推进脱贫攻坚

赣州坚决落实"尽锐出战"要求，把脱贫攻坚"主战场"作为培养锻炼、选拔使用干部的"赛马场"，着力把最熟悉业务、最会打硬仗、最能打硬仗的精锐力量派到脱贫一线，打通精准扶贫"最后一公里"。实行市县乡三级领导干部带头挂村包户制度，安排 44 名市厅级及以上领导干部结对联系县（市、区）和深度贫困村，全市所有贫困村（含深度贫困村）分别明确 1 名县处级以上干部挂点帮扶，全市 3468 个行政村均选派了第一书记和驻村工作队，并对有建档立卡贫困户的 41 个社区选派了第一书记和驻村工作队，全市在岗驻村工作队队员（含第一书记）达 9809 名，实现每个行政村有单位驻村帮扶、每个贫困户有干部结对帮扶"两个全覆盖"。全面实行"大村长"制，由领导干部担任"大村长"，负责统筹协调驻村领导、驻村第一书记、驻村工作队、帮扶干部和村"两委"干部等工作力量，深入一线做好帮扶工作，以"嵌入"方式融入贫困村的发展，做到群众不脱贫，结对不脱钩。

3. 全力保障脱贫攻坚资金投入

"兵马未动，粮草先行"，解决好资金、资源的问题，是打赢脱贫攻坚战的基础。赣州按照习近平总书记关于"扶贫开发投入力度，要同打赢脱贫攻坚战的要求相匹配"的重要指示要求，全力加大资金投入，坚持把各类资金聚焦到脱贫攻坚上，坚持市、县财政新增财力向扶贫领域倾斜、向深度贫困倾斜，每年安排不低于一般公共预算收入 10% 的资金统筹用于脱贫攻坚，积极探索财政涉农扶贫资金整合模式，切实改变以往扶贫资金"碎片化"使用状况。2016—2020 年，赣州累计投入各级脱贫攻坚资金 880.89 亿元，其中，市本级投入 57.4 亿元，累计整合财政涉农扶贫资金 270.96 亿元。

（七）脱贫攻坚工作亮点总结

赣州脱贫攻坚工作取得如此好的成效，最主要的做法就是以苏区精神引领脱贫攻坚，在脱贫攻坚实践中苦干、肯干，勇于创新。

1. 弘扬苏区精神，打造干部队伍好作风

赣州大力组织各级干部深入学习贯彻习近平总书记关于扶贫工作的重要论述，全面贯彻落实中央和江西省脱贫攻坚决策部署，坚持把脱贫攻坚作为首要政治任务和第一民生工程。扶贫干部大力弘扬苏区精神，在脱贫攻坚实践中当表率、做标兵，敢干肯干，坚持问题导向，勇于突破，在产业扶贫、危房改造、就业扶贫等领域多有创新，在扶贫系统树立了特别能战斗、特别敢担当、特别能吃苦的赣南苏区干部队伍良好形象。2016 年 10 月、2019 年 6 月，赣州市扶贫办先后被人力资源和社会保障部、国务院扶贫办评为全国扶贫系统先进集体，被中央组织部、中央宣传部授予第九届全国"人民满意的公务员集体"称号。

2. 因地制宜，以创新举措促进产业发展

政府和广大干部的决心和努力付出群众看在眼里、落在心上，自然就有了干劲、有了奔头。市县领导班子在深入了解贫困群众脱贫致富意愿的基础上，带领全市广大干部群众实干、苦干、巧干，坚持立足当地山地多、耕地少且分散的资源特点，求真务实，创新推出产业扶贫"五个一"机制、"产业扶贫信贷通"。通过"选准一个产业、打造一个龙头、创新一套利益联结机制、扶持一笔资金、培育一套服务体系"的机制，确定了赣南脐橙、设施蔬菜和油茶作为带动当地广大贫困群众脱贫致富的主导产业，同时结合当地传统大力发展茶叶、白莲、烟叶、水产和畜禽养殖、红色和绿色乡村旅游等优势产业，形成了"三驾马车带动，百业共振齐飞"的产业发展新格局。

通过市财政每年筹集 10 亿元作为风险缓释金，发挥金融的杠杆作用，按 1∶8 比例撬动银行信贷资金，从 2016 年到 2019 年累计发放贷款 867.97 亿元（其中通过"产业扶贫信贷通"发放贷款 187.14 亿元），惠及贫困户 23.24 万户、市场经营主体 4746 家。截至 2019 年，全市脐橙种植面积 163 万亩，累计带动 100 多万人脱贫增收；建成规模蔬菜基地 25.9 万亩，其中设施大棚面积 20.95 万亩，累计带动 7.98 万户贫困户增收；油茶林总面积 288 万亩，并有高产稳产油茶林示范基地 250 余个、茶油精深加工龙头企业 13 家，累计带动 19.5 万贫困人口年人均增收 800 元。

3. 发挥区位优势，多措并举推进就业

"一人就业，全家脱贫"，就业扶贫是精准扶贫、精准脱贫基本方略的重要方面。赣州东接福建、南临广东、西靠湖南、临近港澳，处于东南沿海地区通往中西部地区的第一站，也是内地通往东南沿海的重要通道。赣州群众有着前往福建、广东打工的传统和良好基础。赣州充分利用这个优势和传统，多方联动搭建就业对接平台，丰富培训方式，用好经济杠杆激发就业动力，针对临近发达省份的劳动力需求、结合当地产业发展的用工需求和劳动力就业意愿，大力推进当地贫困劳动力的"靶向"培训。截至 2019 年底，累计开展培训 7.62 万人次，发放培训补贴 5514 万元，发放贫困劳动力交通补贴 3.09 亿元。与此同时，赣州通过创建扶贫车间 946 个实现贫困劳动力家门口就业 9241 人，通过开发扶贫专岗托底安置贫困劳动力就业 4 万余人。

4. 用足政策聚力抓基建，提升脱贫支撑力

基础设施建设落后是造成赣州贫困人口多、贫困程度深、经济发展缓慢的重要制约因素。脱贫攻坚以来，赣州坚持人力、物力、财力"三集中"，把基础设施建设作为提升脱贫攻坚支撑力的关键，用足用好政策，对照贫困村退出指标体系，按照"缺什么，补什么"的原则，下大力气破解交通、水利、能源、通信、乡村环境等基础设施和公共服务瓶颈制约，不断改善贫困地区生产生活条件。截至 2019 年底，赣州通过改造农村土坯房解决了近

300 万户的安居问题和 546.76 万农村人口安全饮水问题；实现农村公路通车总里程 38919.98 公里，硬化（水泥路、柏油路）比率达 93.7%；全市贫困村实现 4G 网络和宽带网络全覆盖，成为全国首个"电商进农村"全覆盖的设区市。

5. 四道保障解难题，兜底救助补短板

"看病难、看病贵"一直是农村贫困人口的重要致贫原因和大难题。脱贫攻坚战打响以来，赣州大力实施提升卫生服务能力三年行动计划，全面实行全市范围内贫困人口住院"先诊疗、后付费"和"一卡通"一站式即时结算。创新构建了健康扶贫"四道医疗保障线"，于 2016 年 1 月开始在全国率先实施农村贫困人口疾病医疗商业补充保险制度，由市县两级财政共同出资，按照每人每年 90 元（2017 年开始提至 260 元）的标准，为城乡贫困人口购买疾病医疗商业补充保险制度。赣州深入推进农村低保制度和扶贫开发政策的有效衔接，逐年提高农村低保和农村特困人员救助供养标准。截至 2019 年底，赣州农村低保对象 32.95 万人，2016 年以来累计支出农村低保金 45.66 亿元，并创新开发"精准防贫保险"，织牢贫困人口的"社会救助安全网"。

五、赣州市脱贫攻坚的主要成效

2018 年 7 月 29 日，经过国务院扶贫开发领导小组组织的第三方严格评估，瑞金市率先在赣州脱贫摘帽，退出贫困县序列，翻开了赣州脱贫攻坚新的历史篇章。2019 年 4 月 28 日，江西省批复同意会昌县、寻乌县、安远县、上犹县、石城县、南康区脱贫摘帽。2020 年 4 月，江西省批复于都县、兴国县、宁都县、赣县区脱贫摘帽。至此，赣州 11 个贫困县全部脱贫摘帽。

（一）经济社会发展面貌的改变

脱贫攻坚以来，赣州始终坚持以脱贫攻坚统揽经济社会发展全局，将精准扶贫列为全市"六大攻坚战"之一，大幅提高脱贫攻坚工作在经济社会发展考核指标体系的考核权重（贫困县占60%，非贫困县占30%），以"一边倒"的态势抓脱贫攻坚。脱贫攻坚对赣州经济社会发展面貌的改变主要体现在以下方面。

1. 贫困人口与贫困发生率双降低

按照2010年调整以后的农村贫困标准，2013—2019年，全国贫困人口从2012年底的9899万人减到2019年底的551万人，累计减贫9348万人，农村贫困发生率也从2012年末的10.2%下降到2019年末的0.6%，贫困人口与贫困发生率一直保持着双降低的良好趋势。

与全国一样，赣州也交出了一份人民满意的答卷。2010年到2020年，赣州累计减贫212.64万人，贫困人口由215.46万人减少到2.82万人，贫困发生率由29.95%下降至0.37%（如表2-8所示）。2016年以来，赣州建档立卡贫困村出列情况如表2-9所示。

表2-8　2010—2019年赣州市减贫情况

年份	贫困人口（万人）	贫困发生率（%）
2010年	215.46	29.95
2014年	114.31	14.83
2015年	65.19	9.4
2016年	51.18	6.6
2017年	34.99	4.31
2018年	18.86	2.45
2019年	2.82	0.37

资料来源：赣州市精准扶贫攻坚战领导小组办公室。

表 2-9　2016—2019 年赣州市建档立卡贫困村出列情况

指标	2016 年	2017 年	2018 年	2019 年	合计
建档立卡贫困村出列数量（个）	105	270	426	131	932
建档立卡贫困村出列率（%）	11.27%	28.97%	45.71%	14.06%	100%

资料来源：赣州市精准扶贫攻坚战领导小组办公室。

2. 经济和居民收入实现快速增长

近年来，国家加大了对贫困地区基本公共服务设施的投入力度，有力拉动内需，培育形成了新的经济增长点。随着基础设施的改善，贫困地区的资源优势、发展潜力逐步得到彰显，成为推动经济发展的重要力量。

脱贫攻坚以来，赣州贫困地区农村居民人均可支配收入增长幅度和人均地区生产总值增长幅度，都高于全国平均增长水平，2011—2019 年，农村居民年人均可支配收入由 4684 元增加到 11941 元（见表 2-10），年均增长 18.75%。建档立卡贫困户人均纯收入从 2015 年的 3320 元增加到 2020 年的 13165 元。

表 2-10　2011—2019 年赣州市主要经济指标变动情况

指标	2014 年	2015 年	2016 年	2017 年	2018 年	2019 年
生产总值（亿元）	2123.37	2310.32	2541.21	2805.93	3170.28	3474.34
财政总收入（亿元）	328.53	353.32	366.32	408.32	459.51	485.52
社会消费品零售总额（亿元）	629.59	705.21	790.24	887.05	901.71	1005.87
城镇居民人均可支配收入（元）	22935	25001	27086	29567	32163	34826
农村居民人均可支配收入（元）	6946	7787	8729	9717	10782	11941

资料来源：赣州市统计局。其中，生产总值为第四次全国经济普查后修订数。

从收入结构来看，2020 年比 2019 年增加的收入主要来源于工资性收入、其次是经营性收入（见表 2-11），这充分体现了脱贫攻坚对经济社会发展和贫困群众内生发展动力的积极推进作用。

表 2-11　2019、2020 年赣州市贫困户收入结构变化情况

（单位：元）

年份	建档立卡贫困户人均纯收入	其中			
		工资性收入	经营性收入	财产性收入	转移性收入
2019 年	11180	8307	848	231	1792
2020 年	13165	9364	1524	178	2095

资料来源：赣州市精准扶贫攻坚战领导小组办公室。

2019 年，赣州的生产总值、财政总收入、一般公共预算收入、规模以上工业增加值等指标均较 2011 年实现翻番，与此同时，赣州连续 3 年获评江西省高质量发展考评第一名，主要经济指标增幅稳居江西省"第一方阵"，均高于全国同期年均水平。2019 年全国、江西省、赣州市的主要经济指标增幅对比情况如表 2-12 所示，可以看出赣州所有经济指标的增幅均高于江西省，且明显高于全国。

表 2-12　2019 年全国、江西省、赣州市主要经济指标增幅对比表

指标名称	赣州市 同比 ±%	江西省 同比 ±%	全国 同比 ±%
生产总值	8.5	8.0	6.1
财政总收入	5.7	5.4	-
一般公共预算收入	5.7	4.8	-
规模以上工业增加值	8.7	8.5	5.7
社会消费品零售总额	11.6	11.3	8.0
实际利用外资	9.1	8.0	5.8

续表

指标名称	赣州市	江西省	全国
	同比 ±%	同比 ±%	同比 ±%
进出口总额	14.0	11.1	3.4
城镇居民人均可支配收入	8.3	8.1	7.9
农村居民人均可支配收入	10.8	9.2	9.6

资料来源：赣州市统计局。

3. 乡村产业振兴框架体系已初步构建

赣州在引导产业发展过程中，在实践中总结和完善了行之有效的产业扶贫"五个一"机制，按照长短结合、种养互补、三产融合的思路，重点发展脐橙、蔬菜、油茶三大主导产业，以及畜禽、白莲、刺葡萄等区域特色产业，并引导有条件的贫困户发展农家乐、农村电商等新业态，形成"乡乡有特色、村村有项目、户户有收入渠道"的赣南特色产业扶贫格局。将产业扶贫和农业供给侧结构性改革紧密结合起来，通过企业（合作社、基地）与贫困户建立起紧密的利益联结机制，将生产者与销售者密切结合，建立"风险共担、利益共享"的经营模式，有效破解小农户与现代农业发展的衔接难题，打破了农户家庭经营"小而散"的格局，保障了小农户的利益，促进了农业适度规模化经营，提升了农业发展质量，为全面实施乡村振兴战略、推进农业农村现代化打牢了基础。

4. 城乡二元结构已向城乡融合发展加快转变

赣州是农业大市，统筹城乡发展的任务异常艰巨。脱贫攻坚战打响以来，赣州不断深化农村改革，注重与脱贫攻坚、改善乡村风貌等相结合，大力推进新型城镇化建设，按照"精心规划、精致建设、精细管理、精美呈现"的理念，建设美丽宜居乡村，打造了一批美丽宜居特色小镇、示范乡镇、村庄、庭院，促进各类要素有序朝乡村流动，逐步建立起以城带乡、整体推进、城乡一体、均衡发展的基本公共服务发展机制，加快破解城乡二元结构，逐步缩小城乡差距，城乡融合步伐不断加快，赣南农村加速成为安居乐业的美丽家园。

5.社会凝聚力已进一步得到加强

贫困之冰，非一日之寒；破冰之功，非一春之暖。打赢脱贫攻坚这场硬仗，尤其需要社会各界凝聚共识、精诚合作，弘扬中华民族乐善好施的传统美德和扶贫济困、助人为乐的博爱情怀，齐心协力打赢脱贫攻坚战。赣州在打赢脱贫攻坚战过程中，广泛动员和凝聚全社会力量广泛参与扶贫开发，"互联网＋"社会扶贫吸引大批爱心人士、社会资本聚力赣南扶贫，"百企帮百村"精准扶贫行动发动全市企业（商会）对接贫困村，全社会参与扶贫的"交响乐"越奏越嘹亮，一笔笔"真金白银"的投入落地生根，一项项真心实意的扶贫行动开花结果，赢得了群众普遍认同和广泛赞誉，为新时代赣州振兴发展凝聚起广泛的社会力量。

（二）贫困村、贫困户面貌的改变

1.赣州贫困村面貌的改变

脱贫攻坚以来，赣州实行人力、物力、财力"三集中"，坚持把基础设施建设作为提升脱贫攻坚支撑力的关键，对照贫困村退出指标体系，按照"缺什么，补什么"的原则，下大力气破解交通、水利、能源、通信、乡村环境等基础设施和公共服务瓶颈制约，不断改善贫困地区生产生活条件，贫困村的面貌发生巨变。

（1）乡村基础设施不断完善。农村公路通车总里程38919.98公里，硬化（水泥路、柏油路）比率达93.7%，四级及以上等级公路比例达94.4%，危桥发生率降至6%，县道三级及以上公路占44.3%，乡道四级公路占88.4%，在江西率先实现25户以上人口自然村通水泥（柏油）路，符合通客车条件行政村的客车通达率达99.68%，"四好农村路"建设走在全国前列，农村群众出行不再是"出门数步羊肠道，百里千斤靠肩挑"。

大力实施农村饮水安全巩固提升工程，解决546.76万农村人口安全饮水问题，完成加固病险水库 787 座，小型水库基本除险摘帽，小型农田水利重点县建设实现全覆盖，水利基础设施不断完善，农业发展支撑进一步夯实。贫困村集中供水率从 2016 年的 66% 提升至 2020 年的 91%。

完成低电压治理 58.5 万户，赣南老区人民结束了点煤油灯照明、电饭煲煮不熟饭的历史。

深入实施网络扶贫行动，统筹推进网络覆盖、农村电商、网络扶智、信息服务、网络公益五大工程，全市贫困村实现 4G 网络和宽带网络全覆盖，赣州成为全国首个电商进农村全覆盖的设区市。

（2）乡村治理力量得到加强。赣州大力推进村级组织活动场所标准化建设，改善农村办公场所，彻底解决村级组织无活动场所问题，建好管好打赢脱贫攻坚战的前沿阵地。注重吸引农村致富能人、大中专毕业生、外出务工经商人员、退转军人中的党员到村里任职，在江西省率先配齐党小组长、村民小组长、妇女小组长"三个小组长"，选优配强基层党组织干部，培养村级后备干部队伍，打造一支堪当重任的扶贫干部队伍。随着各级干部深入基层，村一级力量不断强化，基层党组织的组织力得到提升，基层社会治理更加有力有效。近年来，赣州社会大局保持和谐稳定，公众安全感和公众满意度居江西省第一，群众的获得感、幸福感、安全感显著增强。

（3）乡村整体面貌发生巨变。赣州坚持把农村人居环境整治作为脱贫攻坚的重要内容、实施乡村振兴战略的第一场硬仗，在以"一边倒"态势狠抓脱贫攻坚的同时，同步抓实农村人居环境整治工作，深入实施农村人居环境整治三年行动计划和百日攻坚行动，扎实推进农村土坯房改造、新农村建设、"空心房"整治、"厕所革命"，大力开展"赣南新妇女"运动，持续推进农村生活垃圾专项治理，引导群众按照农村家庭"五净一规范"的要求搞好家庭卫生。2012 年以来，建设新农村建设点 24879 个，整治农村危旧"空心房"8795 万平方米，完成改路 2.6 万公里、改水 76 万户、改厕 65 万户，建成农村污水处理设施 658 处，农村卫生厕所覆盖率达 97.94%，农村人居环境整治成效显著，赣南乡村更加整洁美丽，面貌不断改善，昔日赣南苏区农村旧貌换新颜。外出的赣州老乡纷纷感叹："家乡面貌年年变，都认不出回家的路了！"2019年5月习近平总书记视察赣州时，高度评价赣南老区城乡面貌大变样，农村气象新、面貌美、活力足、前景好。

（4）乡村集体经济大幅提升。赣州把发展壮大村集体经济作为提升村级党组织战斗力、凝聚力的重要抓手，市、县两级出台一系列扶持村集体经济发展的政策措施，坚持因村施策，打好强化财政扶持、提供金融支持、实行税费优惠、落实土地奖补等政策"组合拳"，积极拓宽发展路子，创新资源利用、资产经营、产业带动、服务创收、土地开发、政策利用、异地置业、抱团发展等模式。2017年，赣州1675个无集体经济收入的"空壳村"全部消除。2018年，3468个村的集体经济收入均达到5万元以上（不含财政转移支付资金），平均每村达16.43万元，走在江西省各设区市前列。2019年，全市村集体经济总收入7.17亿元，比2018年增长25.87%，所有村都实现超过5万元的目标，贫困村村集体经济收入达到15.33万元。

表2-13　2017—2019年赣州市村级集体经济收入变化情况统计表

年度	村集体经济空壳村（个）	村集体经济收入5万元以上的村（个）	占总数百分比
2017年	1675	-	-
2018年	0	3468	100%
2019年	0	3468	100%

资料来源：赣州市精准扶贫攻坚战领导小组办公室。

2.赣州贫困户面貌的改变

贫困村整体面貌的巨变自然带动着贫困户不断变化，脱贫攻坚以来，赣州在住房、医疗、教育等民生保障上更加有力，产业支撑得到强化，基本公共服务与江西省、全国的差距逐渐缩小，内生发展活力和动力加速迸发，贫困户的日子过得越来越好，精神面貌焕然一新。

（1）贫困群众住房安全隐患问题已经消除。赣州用足用好《国务院关于支持赣南等原中央苏区振兴发展的若干意见》政策，集中力量改造农村土坯房，让几百万老区群众告别了透风漏雨的危旧土坯房；严守"四线"要求，扎实推进易地扶贫搬迁；采取政府兜底、"交钥匙"的办法，统建一批农村保障房，解决农村最困难群众的基本住房问题；重点整治"子女住安全房、老人住危旧房"现象，解决老人住房安全问题，让各类群体都住上了安居房。

（2）贫困群众看病难看病贵问题得到根本解决。脱贫攻坚战打响以来，赣州大力实施提升卫生服务能力三年行动计划，创新构建健康扶贫"四道医疗保障线"，全面实行市域内贫困人口住院"先诊疗、后付费"和"一卡通"即时结算，打消了农户有病不敢看、医疗费用高、看病不方便的顾虑，有效减少了因病致贫返贫现象。截至 2019 年底，赣州因病致贫返贫家庭总户数由 2014 年的 8.76 万户减少到 0.4 万户，累计减少 8.36 万户。

（3）义务教务普及率明显上升。赣州全面落实教育扶贫各项资助政策，安排专人对厌学学生进行劝学，对因病因残无法上学的学生开展"送教上门"，确保贫困家庭的孩子都能接受教育，不因贫辍学失学，坚决阻断贫困代际传递。据统计，全市学前教育毛入园率从 2010 年的 61.3% 提升到 2019 年的 85%，九年义务教育巩固率从 2010 年的 93.26% 提升至 2019 年的 99.28%。

（4）贫困群众稳定脱贫基础初步具备。赣州始终把产业扶贫作为打赢脱贫攻坚战的重中之重，大力推行产业扶贫"五个一"机制，扎实推进产业扶贫全覆盖，引导和支持具有劳动能力的农户依靠自己的双手勤劳致富。截至 2019 年底，赣州通过直接发展农业产业和新型农业经营主体利益联结等方式，累计覆盖带动 89.84% 的建档立卡贫困人口增收，发展产业成为贫困群众根治贫困、实现可持续脱贫的重要途径。

（5）贫困群众脱贫内生动力不断增强。赣州坚持尊重贫困群众的主体地位和首创精神，扎实做好精神扶贫工作，强化宣传引导、生产奖补、劳务补助、以工代赈等机制，帮助脱贫群众提高思想认识、工作技能、就业能力，探索增收激励法、积分兑换爱心物品和村民"道德红黑榜"等做法，大力弘扬中华优秀传统文化和客家精神，破除陈规陋习和不良风气，修订完善村规民约，有效遏制大操大办、炫富攀比等不良风气，营造见贤思齐、向善向美的氛围，充分调动贫困群众的致富"原动力"，引导贫困群众自力更生、艰苦奋斗，依靠自己的辛勤劳动改变贫困落后的面貌。越来越多的赣南老区贫困群众"弱鸟先飞"，摆脱精神贫困，依靠勤劳双手和顽强意志拔掉"穷根"。

（三）对干部队伍的锻炼和提升

赣州广大党员干部大力弘扬"苏区干部好作风"，牢记习近平总书记"决不能让一个老区群众掉队"的殷殷嘱托，感恩奋进，尽锐出战，既当参谋员，又当指挥员和战斗员，以脱贫攻坚的实际成效，践行了共产党人的初心使命。

1.打造了一支能征善战的干部队伍

赣州坚持把脱贫攻坚作为培养锻炼干部的主战场，把信念过硬、政治过硬、责任过硬、能力过硬、作风过硬的干部选派到脱贫攻坚第一线，分年度有计划地对全市各级领导干部、行业系统干部、扶贫系统干部、第一书记、帮扶干部、村干部进行全覆盖培训，有效解决市、县机关干部农村工作经验不足、方式方法教条简单等问题。在脱贫攻坚战中，广大扶贫干部通过实践历练，深入了解群众疾苦，真切体会群众生活的艰辛，开阔了眼界，拓宽了思路，锤炼了作风，增强了为人民服务的宗旨意识和造福人民的责任意识，思想灵魂深受洗礼，求真务实作风得到弘扬，在全市培养造就了一支懂农业、爱农村、爱农民的"三农"工作队伍。不少第一书记都发自内心地说，投身这场大战役，是人生中的一大幸事，更是一笔宝贵的精神财富。

2.干部队伍的工作作风充分弘扬了苏区精神

赣州扶贫系统广大干部牢记职责使命，弘扬苏区精神和长征精神，以过硬的作风、扎实的举措，切实当好脱贫攻坚"参谋员""协调员""指导员"和"战斗员"，在脱贫攻坚战中当表率、做标兵。针对脱贫攻坚推进中带有普遍性、倾向性的节点难题和瓶颈问题，敢于担当，主动作为，坚持"一线工作法"，深入基层调研，及时形成有针对性的指导意见，帮助基层释疑解惑，指导各地开展攻坚，在扶贫系统树立了特别能战斗、特别敢担当、特别能吃苦的赣南老区干部队伍良好形象。

（四）对乡村治理体系、夯实党的执政基础等领域的改变

习近平总书记指出，抓好党建促脱贫攻坚，是贫困地区脱贫致富的重要经验。赣州积极发挥党建在脱贫攻坚中的引擎作用，秉持"围绕扶贫抓党建，抓好党建促扶贫，检验党建看脱贫"的理念，大力传承红色基因，扎实推进基层党建质量提升行动，整合组织资源、发挥组织优势、凝聚组织力量，为打赢脱贫攻坚战提供坚强有力的思想、组织、干部、作风保证，以高质量基层党建引领乡村治理有效，实现高质量脱贫。

1. 党建责任和日常管理制度的完善

习近平总书记强调，脱贫攻坚越往后，难度越大，越要压实责任。如期打赢脱贫攻坚战，必须坚决压实党建责任，汇聚各方力量，确保脱贫攻坚设计好的路线图、任务表有条不紊向前推进。

（1）明确了以上率下的压力传导机制。赣州市委主要领导经常性谋划部署抓党建促脱贫工作，并在农村基层党建工作会议上，专门对抓党建促脱贫攻坚工作进行调度和部署，示范带动其他市厅级领导和各级领导干部经常性调度、常态化推动脱贫攻坚。全面推行市厅级领导包县、县级领导包乡、乡镇领导包村、党员干部包户的"四包责任制"，全市所有贫困村（含深度贫困村）分别安排1名县处级以上干部挂点帮扶，将责任"一竿子插到底"。制定县（市、区）委书记、县（市、区）长、分管领导、行业扶贫领导，以及乡镇党委书记（乡镇长）、分管领导等脱贫攻坚责任主体的主要职责清单，

细化相关责任主体的主要职责，更好推动脱贫攻坚责任落实、政策落实、工作落实。

（2）日常管理考核制度化。赣州市级层面出台《关于加强基层党建为脱贫攻坚提供组织保障的意见》，明确在脱贫攻坚期内，贫困县县乡党政正职、分管领导原则上不调整岗位，不脱贫、不换人。每年将抓党建促脱贫攻坚工作列为县乡村党组织书记基层党建述职评议重要内容，推动县乡村三级党组织书记坚守党建"主阵地"、种好扶贫"责任田"。市县两级专门组建组织工作调研巡察队伍，深入基层一线，面对面开展督导。

（3）驻村工作管理得到了强化。制定出台第一书记选派管理办法，严格驻村第一书记和驻村工作队员管理考核。明确市级以下选派的驻村干部每月驻村时间不少于20天（含因公出差、开会和培训），因工作需要要求在村的，按相关通知要求做到在岗在位。派出单位主要领导每季度到村调研不少于1次，驻村工作队分管领导每两个月到村指导不少于1次；结对帮扶干部每两个月到村帮扶不少于1次。对发现不在岗且未履行请假手续的驻村干部，年度考核不得评为"优秀"等次，3年内不得提拔重用；对两次以上违反驻村工作纪律的，责成派出单位及时"召回"。对"召回"干部本人和派出单位主要领导及分管领导进行诫勉谈话，并取消派出单位及其主要领导年度评先评优资格。不按规定实行工作与派出单位脱钩、落实跟踪管理责任不到位的，对派出单位主要领导和分管领导进行诫勉谈话；造成重大不良影响的，对派出单位主要领导及相关责任人视情作出组织调整，并将相关问题线索移交同级纪委（监委）查处，派出单位3年内不得推荐和提拔干部。2016年以来，全市调整工作不胜任、履职不到位的驻村第一书记和驻村工作队队员88人，对54名第一书记进行了"召回"并及时补齐，推动人员管理抓在经常、严在日常。

2.党的基层组织建设得到进一步加强

打赢脱贫攻坚战，特别要建强基层党支部。党的基层组织处于脱贫攻坚的第一线，既是党在贫困地区领导脱贫攻坚的旗帜和堡垒，也是党与贫困地区人民群众联系沟通的桥梁和纽带，更是确保党的路线方针政策得到贯彻落实的基础。发挥农村基层党组织在脱贫攻坚中的战斗堡垒作用，关键是要选优配强村"两委"班子、发展壮大村集体经济，不断提升党组织的组织力。

赣州创新"六个一批""五条途径"的选人用人机制，着力培养选拔谋划脱贫有思路、发展产业有措施、带领群众致富有办法的村党组织书记。2018年换届后，新一届村"两委"班子成员中，高中以上学历占比62.3%；村书记、主任中，致富能手占比50.04%。推行村党组织书记分类管理，常态化举办基层党组织书记示范培训班，不断提升村党组织书记履职能力。

赣州市委出台《关于开展基层党建质量提升行动的实施意见》，明确了提升党员队伍建设水平、提升抓党建促脱贫攻坚和乡村振兴水平等16个提升项目、80条具体措施，其中涉及抓党建促脱贫项目的就提出了22条措施，占比近1/3。明确党委组织部长带头抓，建立健全跟踪督办机制，定期调度推进。并坚持以党建带群建。加强村民理事会、共青团、妇联、民兵营(连)等其他配套组织建设，发挥村民小组长、妇女小组长、党小组长"三个小组长"的作用，落实村民小组长200元/月、妇女小组长100元/月的报酬待遇，调动参与脱贫攻坚的积极性。

为更好发挥广大党员致富带富的示范引领作用，赣州坚持把党员发展计划名额向贫困村倾斜，着力打造一支脱贫攻坚的生力军。2018年以来，全市932个贫困村每村至少发展了1名青年农民党员，并实施了党员创业致富带头人培养工程。

3.选拔锻炼了一批优秀扶贫干部

习近平总书记强调，打好脱贫攻坚战，关键在人。脱贫攻坚千头万绪、任务繁重，干部是中坚力量、决定因素，各项政策、资金、任务都需要干部去落实、推动。选精、派优、配强扶贫干部，让精兵强将下到脱贫攻坚第一线，才能更好发挥脱贫攻坚前沿生力军的作用。

赣州因村精准派人，将最熟悉基层工作、最能吃苦耐劳、最能打硬仗的干部派下去，精准选派驻村工作队、第一书记，确保把得力的干部用在抓脱贫攻坚上。并把脱贫攻坚一线作为锻炼识别干部的"赛马场"，注重政治待遇激励，有力传导了聚焦脱贫攻坚、鼓励干事创业的鲜明导向。通过明确驻村干部的年度考核工作，把驻村干部任期考核情况，作为培养和使用干部的重要依据之一。对驻村期间工作特别优秀、帮扶成效特别明显的驻村干部，机关干部优先提拔使用，事业单位工作人员优先评聘职称，企业人员保证全额工资、奖金并优先晋级涨薪。

2016 年以来，赣州共有 188 名在脱贫攻坚工作中表现优秀的干部，被提拔重用到县处级岗位；11 个贫困县（市、区）提拔重用优秀驻村第一书记 128 名、驻村工作队队员 99 名，有 45 名市派驻村第一书记和驻村工作队队员，被提拔重用为科级干部；从优秀乡镇（场、街道）事业编制人员、优秀村（社区）干部、大学生村官中，选拔了 262 名乡镇领导干部，其中贫困县选拔了 204 名。

4. 文明乡风逐步形成，乡村治理体系不断完善

文明的乡风，是推动经济社会发展的持久动力，也是能致富、不返贫的基础所在。赣州坚持扶德并重，扬正气、塑新风，注重培育良好生活习惯和文明乡风，勇于向陋习开刀，做到既"富口袋"，又"富脑袋"，同时还要"健精神"，推动形成文明乡风，激励贫困群体向善、向真、向美。

赣州出台《乡风文明行动常态化工作方案》，通过整合"文明之家""文明理事堂""村史馆"三大工作平台，固化农村精神文明建设宣传栏、移风易俗重大事务公示栏、移风易俗文化墙等宣传阵地，推进"党建＋乡风文明""美丽乡村＋乡风文明""文明单位＋乡风文明""道德典型＋乡风文明""志愿服务＋乡风文明"等文明创建活动，实现乡风文明行动制度化、规范化、常态化。

由村"两委"组织，驻村工作队协助，组建乡贤理事会、红白理事会、

道德评议会及法治推进会、教育基金会、宗亲理事会等群众组织，制定村规民约移风易俗，加强对高额彩礼、厚葬薄养、赌博致贫等问题的专项整治，通过"道德红黑榜""曝光台"等公布，施加舆论谴责压力，让不文明行为人脸上无光，在舆论压力下痛改前非。

赣州深入开展文明村组、文明家庭、星级文明信用户等创建活动，通过示范引领，使讲文明、树新风成为自觉行动。指导各村修改完善村规民约、祖训家训，凸显中华优秀传统伦理道德、乡风文明准则和社会主义核心价值，经村民大会表决通过后成为行为准则、道德标杆和激励导向。比如，于都县朱坑村乡贤理事会，每月开展一次以"释孝义、明孝德、践孝行"为主题的孝德讲堂活动，弘扬尊老敬老优秀传统美德，成为远近闻名的孝德文明村。

赣州各村选出妇女小组长，带头弘扬客家妇女勤俭持家、贤惠持家好传统。创新开展"赣南新妇女"运动，组织妇女接受扶贫、扶志、扶德、扶智、扶勤等"五扶"培训，号召乡村家庭"脱贫先脱脏"，组织妇女积极参与环境整治，搞好"五净一规范"，既培养了妇女干部，充分发挥"半边天"作用，又丰富了乡风文明建设载体，打造了美丽乡村风貌，助推脱贫攻坚。

六、赣州市巩固拓展脱贫成果的做法

（一）稳定脱贫面临的问题和挑战

1."三保障"稳定性存在反弹风险

赣州脱贫攻坚战取得全面胜利，贫困户"两不愁三保障"全面达标。但从现实情况来看，仍然存在一些问题。第一，随着时间推移，有的贫困户维修加固后的土坯房又有变成危房的风险；老人住危旧房有个别的反弹回流。第二，脱贫攻坚期内新建农村饮水工程的后续管护机制有待进一步健全。第三，随着农村人口不断向城镇迁移，"少数乡村空心化"的趋势比较明显，导致教育、医疗资源难以维持现状，农村义务教育和基本医疗保障质量面临新的挑战。

2.脱贫收入结构不够合理，"造血功能"不足

贫困户脱贫收入虽然全部超过了贫困线，但存在收入结构不够合理，生产经营性收入占比较低。赣州脱贫攻坚普查数据表明：2019年贫困户人均生产经营性收入为占比12%左右，按照全市贫困户户均家庭人口3.98人测算，一个贫困户家庭一年的生产经营性总收入约为5341元，仅为一个普通劳动力一个月的务工工资。而转移性收入占比超过20%，一旦政策"断奶"，容易出现收入骤减或递减。

3.产业发展效益和带贫益贫能力有待大力提升

发展产业始终是脱贫的治本之策。虽然产业扶贫几乎实现了贫困户全覆盖。但还存在明确的短板弱项。第一，利益联结不紧密。从覆盖方式来看，不少贫困户还是简单、被动地覆盖，有的贫困户没有实质性参与产业发展，"造血"功能和可持续性不强。第二，产业收入不高。贫困户产业收入水平偏低，加上目前产业发展还是小散户为主，抵抗自然灾害或产业链条不畅等风险的能力较弱，随时可能出现产业零收益或负收益的现象。第三，发展产业积极性不高。从金融贷款数据可以看出，贫困户产业发展资金需求不高，发展产业的意愿不强。

4.兜底保障还将持续存在

全市建档立卡贫困户中纳入兜底保障的有15.31万户、30.44万人，分别占比53.31%和26.62%，这是脱贫攻坚以及成果巩固的难中之难、坚中之坚，而且这些群众将长期、动态存在，给脱贫成效巩固带来巨大挑战。

5.少数贫困户的脱贫能力没有得到根本提升

脱贫攻坚主要采取精准滴灌或直接给予的方式帮助脱贫。在此过程中部分贫困户参与较少，脱贫能力没有得到实质性提升。过去5年脱贫攻坚政策红利的集中释放导致少数贫困户滋生了"等靠要"思想。

（二）巩固拓展脱贫成果和对接乡村振兴战略

脱贫攻坚过程中制定和落实了众多惠及贫困家庭的政策，主要体现为各种减免、补助、救助等政策措施，激发了贫困群众的内生动力，在给贫困家庭"输血"的同时，也增添了"造血"功能。进入全面实施乡村振兴战略时期，赣州更加注重加强乡村振兴、脱贫攻坚和农村综合改革的政策统筹，分类确定需要取消的、接续的、完善的政策，研究现行倾斜性支持政策的延续时限与脱钩方法，转变政策供给方式，促进相关政策向常规性、普惠性和长效性转变，强化脱贫攻坚政策与农村社会保障政策的衔接。

对乡村而言，脱贫摘帽后，乡村内部发展的差异仍将存在。赣州积极探索构建解决相对贫困的监测帮扶机制，创新开发"精准防贫保险"，建立防贫返贫预警监测机制，开展相对贫困扶持发展工作，推动高质量可持续脱贫。

1. 创新开发"精准防贫保险"

赣州在脱贫攻坚实践中发现，处于贫困边缘的农村低收入户（以下简称"非贫低收入户"）和人均收入不高不稳的脱贫户（以下简称"非高标准脱贫户"）两类人群容易返贫致贫，极有可能成为"贫困增量"。为巩固提升脱贫成效，赣州创新开发"精准防贫保险"，对非贫低收入户和非高标准脱贫户中因病、因学、因灾（含意外事故）、因赔偿责任、因生产资料损失五大因素致贫或返贫人员，提供每人最高20万元的防贫保障金额，为巩固提升脱贫成果加上"保险阀"。至2020年5月，全市20个县（市、区）均已开展了防贫保险工作，购买保险金额2816.35万元，惠及134.19万人，保险理赔622人，理赔金额222.95万元，相关做法在江西省推广。

2. 开展相对贫困监测帮扶工作

赣州认真贯彻落实党的十九届四中全会提出的"坚决打赢脱贫攻坚战，

建立解决相对贫困的长效机制"精神，探索开展相对贫困监测帮扶工作，有效防止致贫返贫。为此确定了"按户认定，总量控制；因户施策，循因帮扶；开发为主，保障为辅；适度激励，反向约束"的工作原则。

监测对象主要是年人均可支配收入低于国家扶贫标准1.5倍左右，及具有以下10种典型特征中的一种或以上、有致贫返贫风险的脱贫不稳定户和贫困边缘户：转移性收入占比超过40%的家庭；家庭劳动力系数≤0.5的家庭（家中无劳动力或只有一个弱劳力、半劳力）；家里有1个以上劳动力，但由于客观原因无产业覆盖、零就业的家庭；家中有1个或以上大病病人，导致年度自付医疗费用负担过重或丧失主要劳动力的家庭；家中有2个或以上孩子在非义务教育学段就学的家庭；现居住唯一住房是土坯房的农户；因不可抗因素发展产业失败的农户；因灾、因事故突发、因新冠肺炎疫情影响，导致家庭主要劳动力丧失、致残或造成重大支出、收入大幅缩减的农户；16周岁以下且无法定监护人、60周岁以上且无法定赡养人的农户；其他特殊原因造成特殊困难的农户。

针对确定的监测对象，依托全国扶贫开发信息系统、大数据技术等信息化手段，主要监测：收入水平及结构变化情况；适龄儿童、少年义务教育阶段除身体原因不能上学的失学辍学情况；住房安全、饮水安全达标情况；基本医疗保障及相关健康扶贫政策享受情况。

帮扶措施方面，对已经识别认定的相对贫困户实施分类管理、因户施策，制定帮扶措施。原则上在批准认定后次月开始享受有关政策，上级有明确调整周期的政策遵循上级规定。主要的帮扶措施包括以下几个方面。

一是产业就业方面的扶持。具体包括：对有农业产业发展意愿和能力且具备贷款条件的相对贫困户，纳入"农业产业振兴信贷通"贷款对象，可安排各级财政专项扶贫资金给予风险缓释金和贴息支持；对发展适度规模产业的相对贫困户给予政策奖补，由精准到人发展至精准到业；对有就业培训意愿的相对贫困家庭的劳动力，组织参加就业技能培训、岗位技能培训和创业培训，享受职业培训补贴政策，提升贫困劳动力的就业创业能力；发挥公共就业服务平台的作用，持续开展劳务输出，"送岗进村""送岗入户"活动，实现人岗精准对接；对符合条件的相对贫困人口，可因地制宜安排在公益性岗位就业。

二是提高医疗保障水平。对因大病、重病导致的相对贫困户，按规定及时纳入农村低保对象，享受医保政策范围内住院医疗费用报销比例达到90%的政策。

三是加大兜底保障力度。进一步强化低保、养老保险和特困人员救助供养等综合性社会保障措施，确保应保尽保。对符合救助条件的相对贫困人员优先启动临时救助，及时纳入低保对象识别认定范围。对相对贫困户家中有重度残疾人、重病患者、困难老人、未成年人等特殊对象，符合条件的可参照单人户纳入低保，并按规定适当提高保障标准和补差水平，退出低保时可适当延长渐退期。

四是强化教育政策资助。相对贫困户子女按照《江西省家庭经济困难学生认定暂行办法》的要求认定为资助对象，落实相应资助政策。

五是购买精准防贫保险。由县级财政出资为相对贫困人口购买精准防贫保险，主要保障因病、因学、因灾（含意外事故）、因赔偿责任、因生产资料损失等因素导致的临贫易贫对象。

六是深化志智双扶。健全自治、德治、法治相结合的志智双扶体系，持续开展"机关干部下基层，连心连情促脱贫"活动，依托新时代文明实践中心等载体，通过"三讲一评"颂党恩活动，教育群众听党话、跟党走。发挥村民小组长、党小组长、妇女小组长"三个小组长"的作用，推广"道德红黑榜"、积分兑换爱心物品、脱贫典型宣讲等做法，树立自立自强、勤劳致富新风尚。

七是强化社会帮扶。充分发挥社会扶贫网、"百企帮百村"等平台载体的作用，广泛动员引导社会组织、企业单位和爱心人士等各类社会力量参与扶贫助困。

3.促进产业就业衔接，加快乡村产业振兴步伐

脱贫攻坚时期，贫困地区产业发展的主要目标是带动贫困户、贫困村在短时间内脱贫解困，不可避免地具有短期性、突击性和运动性等特点。当前，从农村整体经济结构来看，产业结构还比较单一，产品结构层次低，产业融合链条短，产品附加值不高，产业融合带动性不强，使得农村的产业综合效益偏低。赣州在推进产业就业扶贫过程中，主动谋划产业发展、突破发展瓶颈，不断培育地方特色、创造产业优势，将产业与生态、产业与就业充分融合，促进农业产业可持续发展。

（1）持续推进乡村产业发展。在保持现有产业扶贫政策稳定、提高产业扶贫质效的基础上，强化财政、金融、保险等政策对产业发展的扶持，增强抵御风险能力，提高带农益农效益。将脱贫攻坚中的产业扶贫"五个一"机制和"一领办三参与"产业合作形式植入乡村产业振兴，适当放宽产业奖补补贴政策条件和品种范围。充分发挥"农业产业振兴信贷通"对农业产业发展的促进作用，带动贫困户、贫困边缘户、非贫困农户、农业产业化龙头企业和新型农业经营主体发展农业产业。进一步加大对种粮农民的补贴扶持力度，全力稳定粮食生产。建立健全农业保险保障体系，加大对涉农产业保险险种的开发力度，拓展政策性农业保险范围，增强农业产业抵御市场风险的能力。

（2）接续推动农民就业创业。统筹开发或增加养路、护林、生态管护、卫生保洁、农家书屋管理等公益性岗位，逐步将就业扶持对象覆盖至所有农户。将脱贫攻坚中针对贫困户的交通补贴、一次性求职补贴和一次性创业补贴的补贴对象，由贫困户扩大为一般农户。统筹加强农民职业技能培训，把农民培训纳入职业培训体系，整合培训资源，拓宽培训渠道，优化培训方式，增强培训效果。立足赣南地区实际，加强农业实用技术培训，优化培训时间和课程设置，推动实用技术培训与农时、农事相结合，提高农民"实战"

经验，增强就业创业能力。"一领办三参与"，指村干部与能人带头领办，村党员主动参与、村民自愿参与、贫困群众统筹参与。

4. 促进资金项目衔接，为实现乡村振兴提供坚强支撑

为巩固提升脱贫攻坚成果，有效抑制返贫和新生贫困现象，赣州全面推进脱贫攻坚资金项目与乡村振兴相衔接，继续加强性质相同、用途相近的涉农资金统筹使用，促进功能互补、用途衔接的涉农资金集中投入，将脱贫攻坚需要升级的各类项目，纳入乡村振兴规划和实施方案，同时，根据乡村振兴的项目资金标准和要求充实到脱贫攻坚项目中，为乡村振兴提供保障支撑。

（1）继续加大涉农领域投入力度。建立与乡村振兴战略相匹配的财政投入机制，在各级设立乡村振兴专项资金，集中用于乡村振兴重点领域、重点环节。土地出让收益主要用于乡村振兴和解决相对贫困问题。调整优化涉农资金投入，重点用于推动农业产业发展、农村基础设施建设、基本公共服务提升、农民就业创业等。减少财政专项转移支付，增加一般转移支付，赋予县级更多的财政自主权。创新金融支持农业中小微企业政策，给予更多信贷资金支持，纾解农业中小微企业发展困难。加大对村集体经济发展的扶持力度，探索建立农村撂荒耕地经营权回收制度，对事实撂荒两年以上的农村耕地，允许将经营权回收至村集体，由村集体统一组织流转或经营，并从流转费用或经营收益中提取一定比例充实村集体经济，同时返还一定比例给承包农户。

（2）统筹安排农村基础设施建设。优化调整基础设施投入政策，统筹安排贫困村和非贫困村项目建设。转变村庄整治工作重点，由注重建设向监管并重转变，确保乡村基础设施和公共服务建得起、用得上、管得好。农村公路建设在保持现有支持政策的基础上，进一步重视与乡村产业振兴有关的道路建设，积极推进以双车道以上公路为主的旅游路、资源路、产业路建设，支持连通现代农业示范（产业）园、乡村旅游点、特色小镇、森林小镇等道路建设，为旅游、特色加工、商贸物流等产业落地、发展创造条件。在全面解决农村饮水安全问题的基础上，进一步推进城乡供水一体化建设，建立以规模化集中供水为主、小型集中供水或分散供水为辅、与城市供水同质同服务的农村供水服务体系，提高供水系统之间的集群调度、多源调节能力，促进城乡优质供水资源向农村延伸。

七、赣州市脱贫攻坚的启示和建议

（一）经验启示

1.强化党的领导，彻底解决区域性整体贫困

越是进行脱贫攻坚战，越是要加强和改善党的领导。赣州广大干部群众在党的坚强领导下坚决贯彻落实习近平总书记重要指示要求，勇于担当，把脱贫职责扛在肩上，把脱贫任务抓在手上，始终保持顽强的工作作风和拼劲做好脱贫攻坚工作。

（1）坚持思想引领，始终沿着正确方向推进脱贫攻坚。政治上的坚定源自理论上的清醒。赣州坚持把习近平总书记关于扶贫工作重要论述作为打赢脱贫攻坚战的根本遵循和行动指南，确保全市脱贫攻坚工作沿着正确的方向前进。赣州市委、市政府坚持在学思践悟上带好头、作表率、当标杆，第一时间召开市委常委会会议、市委理论学习中心组专题学习会、全市脱贫攻坚工作会议、市精准扶贫攻坚战领导小组会议等，对习近平总书记关于扶贫工作重要论述，以及党中央和江西省有关脱贫攻坚工作的部署要求，进行专题传达学习和部署落实。

（2）坚持以上率下，全面压实脱贫攻坚政治责任。脱贫攻坚是非常之事，必尽非常之责。市委书记认真履行脱贫攻坚第一责任人责任，始终坚持以脱贫攻坚统揽经济社会发展全局，保持工作定力，下足"绣花"功夫，确

保目标不变、靶心不偏、力量不散；始终以问题为导向，聚焦"两不愁三保障"，一个阶段一个重点，针对难题逐个进行攻坚，确保户户过筛、不落一人。市委副书记、市长坚持把打赢脱贫攻坚战作为重大政治任务和第一民生工程，身体力行抓部署、抓调度、抓落实，深入一线摸实情、找症结、破难题，千方百计保障扶贫资金，聚焦"两不愁三保障"补短板、强弱项、提质效，用心用情用力推动脱贫攻坚各项工作做细落实。其他市领导定期分类分行业主持召开协调会、调度会，带头挂点联系贫困县、贫困乡、贫困村和结对帮扶贫困户，经常不打招呼深入贫困一线督导督战，发挥了表率示范作用。

（3）坚持问题导向，压茬推进脱贫攻坚各项工作。赣州精准把握党中央和江西省脱贫攻坚决策部署与工作要求，立足赣州工作实际，科学研究制定年度脱贫工作计划，突出各个时期的不同工作重点，把重点工作梳理到位，把各项责任落实到位，把突出问题解决到位。从 2011 年开始逐步实施了农村土坯房改造、安全饮水、电网升级、道路修建等民生工程、落实精准帮扶责任、扎实推进精准扶贫精准脱贫、脱贫攻坚百日攻坚行动、解决扶贫领域作风问题、落实江西省"脱贫攻坚巩固提升年"等一系列扶贫战役，历史性实现区域性整体脱贫。

（4）坚持党建带动，为脱贫攻坚提供坚强组织保证。赣州坚持把脱贫攻坚与基层组织建设有机结合起来，抓好以村党组织为核心的村级组织配套建设，着力把基层党组织建设成为带领群众脱贫致富的坚强领导核心。坚持强化人、财、物等基础保障，切实把基层党组织聚焦到抓党建促脱贫攻坚上来。坚持把发展壮大村集体经济作为抓党建促脱贫的一项重大而紧迫的任务来抓，出台一系列政策措施，探索推行产业带动、资产经营、土地开发、异地置业等多种发展模式，全面消除无集体经济收入的"空壳村"，在江西省率先实现所有村集体的年经营性收入达 5 万元以上。赣州培育创业致富带头人的经验做法，得到中共中央政治局常委、全国政协主席汪洋批示肯定，在全国性会议上做经验介绍，并在全国推广。

2. 聚焦长效增收，扎实推进高质量可持续脱贫

产业是脱贫之基、致富之源，是实现脱贫的根本之策和根本出路。就业是摆脱贫困的重要途径，不仅能够巩固脱贫成果，也有利于激发贫困人口的脱贫内生动力。赣州坚持把产业就业扶贫作为脱贫攻坚的战略重点和主攻方向，引导和支持有劳动能力的贫困群众积极发展生产，不断提升"造血"能力。

（1）创新产业扶贫"五个一"机制。立足赣南资源禀赋和产业发展基础，率先推行"选准一个产业、打造一个龙头、创新一套利益联结机制、扶持一笔资金、培育一套服务体系"的"五个一"产业扶贫机制。全市产业扶贫联结贫困户 25.75 万户，占贫困户数的 89.84%，其中直接发展种植业、养殖业和休闲农业等业态，带动贫困户达 18.42 万户；培育创业致富带头人 7103人，扶贫农业经营主体农业企业、农民合作社、家庭农场等带贫主体 1.09万家。脐橙、蔬菜、油茶产业成为重要的扶贫产业支撑，赣南脐橙成为全国产业扶贫范例，赣南蔬菜搭乘中欧班列销到了俄罗斯，带贫益贫效果明显。

（2）建立就业扶贫"活稳实"机制。紧扣"三活三稳三实"，创新就业扶贫机制。一是建立外出就业"活"转移机制（提供岗位信息渠道"活"、提升就业技能方式"活"、激发就业动力措施"活"），二是建立扶贫车间"稳"带贫机制（引导市场参与创办"稳"岗位、强化监督管理"稳"效益、制定补贴政策"稳"运行），三是建立扶贫专岗"实"安置机制（实现多领域开发岗位"实"、多渠道招聘措施"实"、定标准管理效果"实"）。

（3）构建消费扶贫聚合力机制。一是动员各驻村工作队将帮扶对象生产的农产品向朋友圈、亲朋好友推荐，拓展销售渠道；二是组织 11 个贫困县（市、区）与新华社签署"'新华 99'乡村振兴行动"消费扶贫战略合作协议，深入挖掘中国社会扶贫网电商平台潜力，联合江西日报、江西新闻客户端开设栏目，结合重大节日和扶贫品牌，借助乡村旅游节庆活动，积极开展特色扶贫产品宣传推介；三是线下线上衔接，召开电商扶贫推进会，积极推动扶贫产品"触电"；积极推动扶贫产品进机关、学校、医院、企业等单位食堂和交易市场。

3. 坚持谋划先行，切实加强与乡村振兴有效衔接

赣州在全省率先开展"脱贫攻坚与乡村振兴政策衔接"课题研究，委托中国农业大学研究团队重点围绕脱贫攻坚政策延续性、稳定性和打造可持续脱贫支撑，以及致贫返贫预警机制建立等方面深入研讨，提前进行政策设计，提出切实可行的对策建议，为谋划后脱贫时代工作重点和衔接乡村振兴提供参考借鉴。

（1）相对贫困监测取得阶段性成效。探索相对贫困帮扶举措，开展贫困边缘户、脱贫监测户"两类人群"摸底排查，对 10 种有典型特征的贫困边缘户和脱贫监测户，建立工作台账，加强动态监测。目前全市共识别贫困边缘户 4110 户 16311 人、脱贫监测户 4471 户 17390 人。结合实际制定了《赣州市关于开展相对贫困监测帮扶工作实施方案（试行）》，重点在扶持产业就业发展、提高医疗保障水平、加大兜底保障力度、强化教育政策资助、购买精准防贫保险、深化志智双扶、强化社会帮扶等 7 个方面给予政策扶持。如将有特殊困难的相对贫困对象纳入兜底保障，享受低保和医疗费用报销90% 的政策，目前，已有 252 户 945 人脱贫监测对象和 766 户 3103 人贫困边缘人口通过针对性帮扶消除了致贫返贫风险。

（2）精准防贫保险有效实施。创新推广精准防贫保险，积极推广为非贫低收入户、非高标准脱贫户购买精准防贫保险，保费控制在 45—60 元（因险种数量不等而保费不同），为因病、因学、因灾（含意外事故）、因赔偿责任、因生产资料损失等因素致贫或返贫对象，构筑致贫返贫风险防线，相关经验做法已在全省推广。印发《赣州市 2020 年城乡精准防贫保险工作实施方案》，目前全市购买保险金额 2822 万元，惠及 135.09 万人，保险理赔1072 人，保险理赔金额 454.87 万元，有效减少和防止返贫。

（3）"农业产业振兴信贷通"渐入佳境。创新推出"农业产业振兴信贷通"，发挥政府资金的引导和杠杆作用，由市本级财政安排 10 亿元风险缓释金，按照 1：8 的比例撬动银行信贷资金，发放 5—500 万元、免抵押、免担保、财政贴息的低利率贷款，既保障贫困户产业发展资金需求，又加大对非贫困户、新型农业经营主体的信贷支持，推进产业扶贫与产业振兴相衔接。全市已发放贷款 11.34 亿元，惠及贷款主体 6511 户（其中贫困户及贫困边缘户贷款 2.03 亿元 4502 户、一般农户贷款 1.08 亿元 1179 户、新型市场经营主体 8.24 亿元 923 家），切实缓解了农业经营主体资金压力，助推农业产业发展。

（二）政策建议

在全面推进乡村振兴战略的新的历史时期，以习近平新时代中国特色社会主义思想为指导，深刻领会习近平总书记关于扶贫工作重要论述的丰富内涵，全面贯彻 2021 年中央一号文件的精神，在稳定实现贫困人口"两不愁三保障"的基础上，加强扶贫项目资产管理和监督，扎实推进乡村产业振兴、人才振兴、文化振兴、生态振兴、组织振兴，推动减贫战略和工作体系平稳转型，建立长短结合、标本兼治的体制机制，形成脱贫攻坚和乡村振兴战略相互支撑、相互配合、有机衔接、深度融合的良好局面。

1.坚持党的领导与农民主体相结合

加强党的全面领导，在干部配备、要素配置、资金投入、公共服务"四个优先"上坚决落实；注重发挥农民的主体作用和首创精神，实行农民申报、奖补激励，充分调动广大农民参与的积极性、主动性、创造性；尊重乡村建设发展规律，分步部署实施一批重大工程、重大计划、重大行动，不搞"一刀切"平推，不搞形式主义和"形象工程"，切忌贪大求快、刮风搞运动；科学把握乡村差异性，因村制宜编制各具特色的乡村规划，突出重点，精准安排资金项目；坚持科学规划、注重质量、从容建设，聚焦阶段任务，找准突破口，排出优先序，一件事情接着一件事情办，一年接着一年干。既着力解决"三农"具体问题，又着眼建立城乡融合发展机制；既切实改善乡村民生，又注重引导文化传承及文明教化。

2. 推进政策的有效衔接和科学转变

各行业部门要抓紧对现有扶贫政策进行梳理，适应从脱贫攻坚向乡村振兴的形势转变，分类确定需要取消的、接续的、完善的或强化的扶贫政策，注重总结梳理脱贫攻坚中成熟的理论成果、实践经验，用于完善乡村振兴政策体系和制度框架。促进特惠性政策向常规性、普惠性政策的转变，合理拓展部分扶贫政策惠及的对象范围，打好特惠性政策与普惠性政策的组合拳，逐步将针对绝对贫困的脱贫攻坚举措调整为针对相对贫困的常规性社会保障措施；同时，均衡发展农村基础设施和教育、医疗等公共服务，避免"政策悬崖"问题的出现；建立扶贫、住建、水利、教育、卫健、医保等"两不愁三保障"主要责任部门参与的联席会议机制，及时解决过渡期政策落实问题；定期开展"收入达标两不愁三保障"和乡村振兴任务推进情况的监测，发现问题及时整改；加强贫困劳动力就业状况动态监测，强化就业帮扶举措，确保贫困劳动力充分就业；落实相对贫困对象遍访制度，及时掌握其生产生活状态，帮助解决实际问题。

3. 强化机制的组织保障和动员能力

为了充分实施兴村振兴战略，应继续落实五级书记的责任和保障，对标中央和省制定落实细则。建立市县领导联系、市县直单位帮扶、干部挂点协同推进的工作制度，完善上下贯通、协调联动的推进机制，确保过渡期脱贫攻坚与乡村振兴一起抓、长期治理相对贫困与乡村振兴齐推进；健全投入保障制度、创新投融资机制、继续发挥政府投入的主导和主体作用、金融资金的引导协同作用和社会资金的参与补充作用，确保投入力度不断增强，总量持续增加，确保资金投入与治理相对贫困、实现乡村振兴相匹配；进一步明确和强化各级财政"三农"投入责任，建立涉农资金统筹整合长效机制，充分发挥资金整合的合力效益。借鉴并创新脱贫攻坚的资金筹措方式，发挥财政资金杠杆作用，鼓励金融和社会资本更多投向农村。

4.加强扶贫项目资产管理和监督

8年的脱贫攻坚战，中央、省、市县财政专项扶贫资金累计投入近1.6万亿元，其中中央财政累计投入6601亿元。这么大数额的真金白银的投入，为打赢脱贫攻坚战提供了强大资金保障，也形成了相当规模的扶贫资产。这些扶贫资产，大多数都会在相当长的一段时间内继续创造收益和增加就业，也必然会在全面推进乡村振兴、加快农业农村现代化的历史进程中继续发挥作用。为了充分发挥扶贫资产的作用，减少资金重复投入所造成的浪费，防止扶贫资产的流失和减值，必须制定专门的管理制度来规范扶贫资产的管理，用制度来管理和监督扶贫资产的使用。

5.统筹推进产业扶贫向产业振兴升级

一是培育乡村产业集群。运用工业化发展理念，建立乡村产业正负面清单，明确鼓励类和限制类乡村产业目录；确立乡村首位产业，由县领导主抓，促进乡村产业强链补链延链。突出标准化生产、加工、仓储物流"三基地"建设，每个乡镇创建1—2个"一乡一品"示范村，形成一村带数村、多村连成片的微型经济圈；布局建设一批家庭工厂、手工作坊、乡村车间，推进农产品就地加工转化增值；支持新型经营主体、农产品批发市场等建设产地仓储保鲜设施，加快农村电子商务服务站点全覆盖；规划建设一批特色旅游示范村和精品线路，鼓励利用闲置农房发展民宿、特色餐饮等项目，培育乡村夜间经济、养老经济等新产业，各县（市、区）每年重点打造1个以上农业综合体。

二是健全产业支撑体系。实施农业综合生产能力提升行动，推进新一轮高标准农田建设，开展土地整治和中低产田改造；扎实推进水利建设，抓好山塘整治和抗旱应急水源小型水库工程建设；建立粮油、生猪等战略性产业的风险预警监测和应急保障机制，确保主要农产品保供稳价；引导农户通过联户经营、联耕联种、组建合伙农场等方式联合开展生产，共同购置农机、农资和接受农业社会化服务，降低生产经营成本。

三是推进农村创新创业。设立乡村就业创业引导基金，扶持壮大新型农业经营主体；依托现有农业园区、产业基地等载体，搭建农村众创空间、星创天地等创业孵化平台；积极开发乡村水管员、护路员、生态护林员、农田管护员、环卫保洁员等公益性岗位；引导村集体成员以土地经营权入股形式组建土地股份合作社，推动整村整组流转土地发展适度规模经营，激活农村"沉睡"的资产；加强工商资本进入农村流转土地审批监管；采取资产股份型、联合开发型、生产服务型、资源整合型等模式，大力发展壮大新型农村集体经济。

第三篇

定西市脱贫攻坚
案例研究报告

定西，曾是"苦瘠甲于天下"之地，贫困面大，贫困程度深，是我国最早实施"三西"农业建设项目的地区之一。定西区域性贫困的根源，主要是生态环境严酷、自然灾害频繁、生态脆弱、资源匮乏，长期的低水平发展使得定西的基础设施和公共服务过于薄弱。2013 年底，全市有 84.24 万建档立卡贫困人口，贫困发生率高达 31.7%，7 个县区均为国家级贫困县，属六盘山集中连片特困地区。

定西的发展历程就是一部战贫脱贫的奋斗史。国家启动实施"三西"建设以来，在党中央、国务院的亲切关怀和甘肃省委、省政府的坚强领导下，定西人民战天斗地、改造山河，改写了"一方水土养活不了一方人"的历史。2013 年 2 月，习近平总书记来到定西渭源县元古堆村视察，作出"咱们一块儿努力，把日子越过越红火"的重要指示。近年来，在党中央确定的脱贫攻坚"四梁八柱"框架下，在甘肃省委、省政府的具体安排部署下，精细精确精微的"绣花式"扶贫在定西扎实开展。从定西脱贫攻坚的经验来看，强大的脱贫攻坚组织领导机制是打赢脱贫攻坚战的可靠保障，产业发展是解决区域性贫困的根本之策，构架并充分发挥脱贫攻坚合力是脱贫攻坚取胜的有力支撑。

一、定西市在中国扶贫历史上的特殊意义

定西由于贫困历史特别久、贫困程度特别深，是中国最早实施"三西"农业建设项目的地区之一，也是中国乃至人类历史上首次实施有计划、有组织、大规模开发式扶贫之开先河之地，在中国扶贫历史上具有开创性和示范性意义。

定西历来备受党中央、国务院的关心。三十多年来，江泽民、胡锦涛、习近平等多位党和国家领导人亲临定西视察指导扶贫开发工作。2013年2月，习近平总书记来到渭源县元古堆村看望老党员和困难群众，作出"贫困地区党委政府要把主要精力放在扶贫开发上"，"咱们一块儿努力，把日子越过越红火"的重要指示。党的十八大以来，党中央作出实施精准扶贫、精准脱贫的重大战略部署，拉开了陇中大地脱贫攻坚的全新大幕。定西全市上下始终遵循习近平总书记在甘肃视察期间提出的要求，谨记总书记的殷切嘱托，坚持把脱贫攻坚作为首要任务、一号工程和头等大事。经过这场没有硝烟的攻坚战，定西的面貌发生了历史性的改变，彻底摘掉了"苦瘠甲于天下"的帽子。

脱贫攻坚是一项世纪工程，在与贫困做斗争的历程中，定西采取了一系列行之有效的保障措施和创新性举措，涌现出了一大批先进事迹和典型案例，具有很强的历史价值和借鉴意义。

（一）贫困程度最深：曾是"苦瘠甲于天下"之地

定西位于甘肃省中部、黄土高原西部，属黄土丘陵沟壑区，常年气候干旱，加之始于清初的无限制乱垦滥伐，使得定西的生态环境趋于崩溃，人口数量远远超过自然资源承载能力，干旱、冰雹、暴洪、泥石流、地震等各种自然灾害的频繁发生，使定西逐渐成为全国最贫困的地方之一。"山是和尚

头，沟里没水流，十有九年旱，岁岁人发愁"是定西过去的真实写照。地方志记载的"草根树皮掘食净尽""人相食""十室九空""积尸梗道"等场景更是令人触目惊心。1876 年，清末陕甘总督左宗棠上书朝廷道"陇中苦瘠甲于天下"，从此，定西戴上了"苦瘠甲于天下"的帽子。1982 年，联合国粮农组织实地考察定西后，得出"这里不具备人类生存基本条件"的结论。

除了气候严酷，定西的资源也极度匮乏，矿产资源储量及品位均不突出，不具备开发价值，工业基础十分薄弱。新中国成立初期，定西只有单一的农业经济，农业总产值与工业总产值的比例为 1 ∶ 0.03。

没有工业基础，长期的水土流失和旱魃为虐，又使得定西的农业经济发展停滞落后。史料记载：新中国成立前，定西的群众一直过着食不果腹、衣不蔽体，缺水喝、缺柴烧的生活。有老人描述当时定西地区的穷苦："有的农民家里就一个碗，爷爷先吃，吃完儿子吃，然后两个小孩吃，再然后是女人吃。小孩没有衣服穿，光着屁股，只用一个绳子在腰里系着，冬天冻得直打战。"正常年景一亩地的粮食产量只有一二百斤，一遇灾年连籽种都收不回。在当地人的记忆里，在最旱的年景，地上浮土十几厘米厚，干渴的麻雀追着拉水的车子飞，只要车子一停，麻雀便聚集到拉水车上拼命争水喝。新中国成立后，定西一直是全国最贫困的地区之一。[1]

（二）扶贫启动最早："开发式扶贫"开先河之地

在温饱都得不到保障的条件下，更谈不上积累、投入和发展，定西人民无法依靠自身力量摆脱贫困。新中国成立后，是党和国家帮助定西人民逐渐摆脱了贫困。

---

[1]　陶学平等：《定西扶贫开发三十年：成就、亮点及经验启示》，2012 年 12 月 26 日，见 http：//cn.chinagate.cn/povertyrelief/2012-12/26/content_27520783.htm。

新中国成立后的定西一直灾害不断。1982 年的大旱年，有的农民家里穷到连吃饭的碗都没有，五六万灾民扒火车逃荒。灾情引起了国家的高度重视，当年 12 月，国务院研究决定每年拨付 2 亿元专项资金，扶持"三西"地区（甘肃定西、河西和宁夏西海固地区）开展农业建设。之后国家先后三次做出延长"三西"专项资金扶持计划的决定，延长至 2015 年，并且从 2009 年开始，每年的扶贫资金预算增加到 3 亿元。

举世瞩目的"三西"农业建设，使定西进入了扶贫开发的历史新阶段，拉开了中国区域性开发式扶贫的帷幕。"三西"扶贫计划提出"有水走水路，无水走旱路，水旱不通另找出路"的建设方针："有水走水路"是指有条件的地区利用水利资源发展生产，通过兴建水利工程、提灌工程、小水库和塘坝等解决生产生活用水问题；"无水走旱路"就是重点实施梯田工程，让甘肃中部地区年降水量 400 毫米左右的区域通过发展旱作农业解决生产问题，把农田从原来的"三跑田"（跑土、跑肥、跑水）变成"三保田"（保土、保肥、保水）；"水旱不通另找出路"主要指移民搬迁、劳动力转移，把"一方水土养不活一方人"的中部干旱贫困地区的农民转移出去。①

在该方针指引下，定西人民充分发扬"领导苦抓，社会苦帮，群众苦干"的"三苦"精神，经过三十多年的努力，告别了极端贫困，改善了基本生产生活条件和恶劣的生态环境。1995 年以来，定西累计修建了 21 万眼水窖，150 万人、80 万头（只）家畜喝上了水。自 20 世纪 60 年代以来，定西累计兴修梯田 575 万亩，占全部坡耕地的 85%。全市 300 万亩耕地铺设了地膜，提高了降水的利用率。

自 20 世纪 90 年代中期开始，定西逐渐把过去单纯抓粮的精力，集中用于开发有市场比较优势的资源上，因地制宜、突出特色，大力引导群众调

---

① 林晖：《一个"三西"扶贫工作者的深情回忆》，2012 年 6 月 26 日，见 http：//news.sohu.com/20120626/n346515714.shtml。

整农业结构，积极培育马铃薯、中药材、畜牧等特色优势产业。定西 1996 年开始实施"洋芋工程"，把马铃薯作为一项脱贫致富工程来培育和推进，2008 年又打造了"中国薯都"，"救命薯""温饱薯"承担起"脱贫薯""致富薯"的重大使命。在马铃薯产业的启发下，定西传统中药材产业不断发展壮大，成为西北地区最大的中药材集散地。中医药、马铃薯、草食畜牧业、高原夏菜等优势特色产业转型升级和发展壮大，创造了定西农民脱贫增收的奇迹，更为定西接下来的脱贫攻坚奠定了扎实的基础。

"三西"扶贫改单纯的救济式扶贫为开发式扶贫，集中力量实施片区开发，将扶贫开发与生态建设相结合，积累了宝贵经验，对于从 1986 年开始党中央在全国范围内开展有组织、有计划的大规模扶贫开发，具有重要的示范作用，为探索和拓宽中国特色开发式扶贫道路作出了巨大贡献。

（三）变劣势为优势：因势培育优势产业

脱贫攻坚期内，定西按照"主导产业保收入，新兴产业拓渠道，劳务就业促增收"的思路，创新推出了"四跟进"产业发展模式和"551"产业扶贫模式，大力扶持培育牛、羊、菜、果、药、薯、种业 7 大特色产业和食用菌、小杂粮、花卉等区域性特色产业，形成了"7＋X"产业覆盖体系。定西 75% 以上的农户依靠发展产业有了稳定的收入来源，将近 59 万贫困人口通过发展种养产业实现稳定脱贫，区域产业布局上实现了特色产业对贫困村和脱贫人口的全覆盖。

定西通过多年实践逐步探索走出了一条自然条件严酷地区脱贫致富的成功之路，实现了从"不适宜人类生存"到"整体基本解决温饱"再到"全面建成小康社会"的华丽蜕变。"定西模式""定西经验"是西部自然条件恶劣地区解决区域性贫困的典型代表，是中国扶贫历史上一抹厚重且特别的色彩。

二、定西市情概述与贫困情况

(一) 市情概述

1.自然地理

定西位于甘肃省中部,东接天水市,西靠兰州市,北邻白银市,南连陇南市,并与甘南州、临夏州接壤,总面积1.96万平方公里,总耕地1210万亩,总人口304万人。现辖安定区、通渭县、陇西县、渭源县、临洮县、漳县和岷县"一区六县"。

定西地处黄土高原、青藏高原和西秦岭交汇地带,受秦岭、祁连褶皱、六盘山支脉及黄土高原等影响,地貌比较复杂,丘陵起伏,沟壑纵横,多种地形交错。定西海拔1420—3941米,年均气温7℃,无霜期122—160天,年均降雨量350—600毫米,主要集中在7、8、9三个月,且多以暴雨的形式出现,蒸发量高达1400毫米以上。定西全年水资源总量19.96亿立方米,人均占有量706立方米,不及全国人均占有量2300立方米的三分之一。

定西气候类型属暖温带半湿润—中温带半干旱区,大陆性季风气候明显。黄河上游第二大支流洮河,发源于青海省,流经定西118公里;黄河最大的支流渭河发源于定西。以渭河为界,定西大致分为北部黄土丘陵沟壑区和南部高寒阴湿区两种自然类型。

2.历史文化沿革

定西古称"陇中",自战国秦置陇西郡以来,已有2200多年的历史。北宋收复西夏故地,宋神宗赐名"定相城"(今定西城区),为"定西"得名之始。定西曾是古代"丝绸之路"上的重镇,又是新欧亚大陆桥的必经之地,素有"甘肃咽喉、兰州门户"之称。元朝定西属陕西行省,后因地震,改定西州为安定州。明朝降州为县,后至清朝定西均属陕西承宣布政使司巩昌府。民国 3 年（1914 年），改安定县为定西县，属甘肃省兰山道。1949 年设定西专区，专署驻定西县，辖定西、会宁、榆中、静宁、靖远、海原、西吉等 7 县。1950 年，静宁、海原、西吉 3 县划归平凉专区；原属临夏专区的临洮、洮沙 2 县和原岷县专区所属会川、渭源 2 县划入定西专区，撤销洮沙县并入临洮县；定西专区辖 7 县。1956 年，原由省直辖的皋兰县及原属张掖专区的永登、景泰 2 县，原属天水专区的陇西、通渭 2 县划入定西专区。1958 年，由皋兰、靖远 2 县部分地区合并设白银市，原由省直辖，后委托定西专区代管。1970 年，定西专区改称定西地区；榆中、皋兰 2 县划归兰州市领导，定西地区辖定西、靖远、会宁、通渭、陇西、渭源、临洮等 7 县。2003 年，国务院批准同意撤销定西地区，设立地级定西市，辖 1 区 6 县：安定区、通渭县、陇西县、渭源县、临洮县、漳县、岷县，共有 2 个街道、119 个乡镇。2016 年 5 月，部分乡镇区划调整后，定西市共辖 67 个镇、52 个乡、2 个街道办事处。

定西历史悠久、文化底蕴深厚，是中华民族黄河文明的重要发祥地之一，特殊的地理环境和历史人文沉淀，逐渐形成了"两河一路"（"两河"指洮河和渭河流域，"一路"指古丝绸之路）的特殊文化板块。定西是举世闻名的马家窑文化命名地，天下李氏寻根祭祖地，齐家、寺洼、辛店等史前文化交汇地和全国重要的书画作品集散地，绵延 300 公里的战国秦长城西起定西临洮县。境内有以国家 4A 级旅游景区漳县贵清山 / 遮阳山和渭河源大景区为代表的自然景观，以红军长征通渭"榜罗会议"、岷县"岷州会议"纪念馆为代表的红色旅游景点，以及新石器时代文化遗址、"陇西堂"等人文历史景观。

3. 人口结构

截至 2019 年末，定西常住人口 282.58 万人，其中城镇人口 102.79 万人，占比 36.4%；农村人口 179.79 万人，占比 63.6%。全年人口出生率 11.18‰，死亡率 7.93‰，人口自然增长率 3.25‰。定西贫困人口基数庞大，2013 年建档立卡贫困人口 84.24 万人。2.43 万脱贫不稳定人口和 4.95 万边缘易致贫人口已全部落实产业、就业、危房改造、教育医疗、兜底保障等帮扶措施，无返贫和新增贫困人口，到 2020 年底现行标准下贫困人口全部脱贫，绝对贫困全部消除。

（二）致贫主要成因与脱贫攻坚前后的经济社会特征

1. 致贫主要成因

定西的贫困是区域性、普遍性的存在，究其根源，主要是生态环境严酷、自然灾害频繁、生态脆弱、资源匮乏、农户收入来源单一等。干旱一直是戴在定西人民头上的"紧箍咒"。定西因地处黄土高原、青藏高原和西秦岭交汇地带，地质结构复杂、气候多变、生态环境恶劣、自然灾害多发，有"十年十灾""无灾不成年"之说。在国家统计的 10 种自然灾害中，定西就占了 7 种。以渭河为界，定西北部的黄土丘陵沟壑区，气候干燥，年降雨量 300—400 毫米，年蒸发量高达 1600 毫米以上，地表植被稀疏，是黄河流域乃至全国水土流失最严重的地区之一，相当一部分地区人畜饮水都很困难，农作物的收成更是难以保证。虽然经过历代人的不懈努力，定西森林覆盖率由新中国成立初期的 5.6% 提高到 2020 年的 12.1%，但仍低于全国平均水平的 23.04%，在全国各省排位中居于后位。定西南部的高寒阴湿区，山地占到九成，山大沟深、土地坡度大、耕地瘠薄、利用率低，不下雨寸草难生，一下雨山洪肆虐，冻、旱、涝、雹和滑坡泥石流等灾害频繁。根据资料，从 1986 年以来，仅安定区就发生春旱 16 次、夏旱 16 次、伏秋旱 5 次，每次旱灾使 100 万亩以上的农田遭受损失。[①] 长期的干旱缺水、灾害多发频发，严重制约了定西的农业发展，使得农民无法获得扩大再生产的机会。定西整体呈现出"自然条件差、经济总量小、人均收入水平低、贫困比重大"的贫困特征。

---

① 曹应森：《从贫瘠走向富"薯"——定西马铃薯产业发展的安定路径》，《甘肃经济日报》2019 年 9 月 17 日。

2.经济发展情况及短板

脱贫攻坚前，定西"一区六县"均属六盘山集中连片特困地区片区县，全部为国家扶贫开发重点县，其中通渭县、岷县和渭源县是深度贫困县。全市119个乡镇中，省定深度贫困乡镇6个，贫困村1101个，贫困人口84.24万。2015年贫困发生率23.6%，分别高于全国和全省12.3和3.5个百分点。

脱贫攻坚以来，定西经济发展呈现趋稳向好态势。地区生产总值由2014年的264.7亿元增长到2019年的416.38亿元。人均GDP由2014年的9550元增长到2019年的1.47万元。2019年定西经济表现十分亮眼，其中一、二、三产业增加值分别达到77.98亿元、66.26亿元和272.14亿元，同比分别增长6.2%、3.5%和7%；三次产业结构比例为18.7：15.9：65.4，对经济增长的贡献率分别为19.5%、9.6%和70.9%。全年种植各类农作物787.2万亩，比上年增长2.8%；全年实现工业增加值34.36亿元，比上年增长3%；全年完成一般公共预算收入24.67亿元，比上年增长2.6%。一般公共预算支出260.16亿元，比上年增长3.7%。其中，扶贫领域支出55.24亿元，比上年增长25.9%。全市建档立卡贫困人口人均可支配收入由2013年的2492元增加到2019年的6799元，年均增长18.2%。

表3-1　定西市2014—2019年经济发展基本情况

年度	2014年	2015年	2016年	2017年	2018年	2019年
地区生产总值（亿元）	264.67	289.99	323.02	352.10	384.17	416.38
第一产业增加值（亿元）	59.92	61.66	63.68	68.22	69.46	77.98
第二产业增加值（亿元）	59.43	56.59	63.14	62.98	64.12	66.27
人均GDP（元）	9550	10449	11603	12579	13647	14746

续表

年度	2014 年	2015 年	2016 年	2017 年	2018 年	2019 年
一般公共预算收入（亿元）	21.54	24.35	25.10	22.81	24.06	24.67
一般公共预算支出（亿元）	180.26	197.85	200.51	218.48	250.94	260.16

资料来源：定西市扶贫办。

经过脱贫攻坚期的艰苦努力，定西经济社会发展整体向好，但仍存在一些短板：一是基础设施欠账较大。所有行政村都实现了通硬化路，但是自然村组道路工程实施仅过半，产业路、入户路还有大量空白。安全饮水问题全部解决，但有些地形复杂、居住偏远分散的农户自来水入户成本高、工程实施难度较大，自来水管网还未入户，目前仍使用水窖，用水便利程度不高，生产性用水还存在较大缺口。二是产业升级仍有较大提升空间。脱贫村产业组织化程度不高，脱贫户产业规模小、抗风险能力弱、经营收入低。脱贫村特别是偏远山区的村普遍缺乏致富能人和带头人，虽然已有少数做得不错的龙头企业和合作社，但大多数企业、农民专业合作组织等新型经营主体规模偏小、实力偏弱、自身发展困难，带贫能力有限。三是部分村集体经济依然薄弱。脱贫村的集体经济状况有了明显好转，但多数是近两年通过项目扶持折股量化而获得的，有生命力的村办实体经济较少，多数村集体经济并未真正"活起来"。另外，部分非脱贫村由于扶贫财政资金支持力度较小，脱贫攻坚期后，村集体经济明显弱于脱贫村。

3.农村居民收入变化

定西农村居民人均可支配收入由 2014 年的 4600 元增加到至 2019 年的8226 元，年均增长 12.33%。农村居民收入的增长主要来源于经营性收入和转移性收入，工资性收入和财产性收入也有一定程度的增长，但增幅不大。经营性收入的增长得益于定西农业产业的发展。"公司＋基地＋合作社＋农户"的模式在产业链各环节大限度地促进了农民增收；特色农产品的品牌化建设为农民生产收益稳定提供了市场保障，如"定西马铃薯"、"扶正"中药材产品、"岷县当归""渭源白条党参"均被认定为中国驰名商标，定西农产品有了明显的区域优势、形成了规模效应。2014 年以来，定西 75% 以上的农户依靠发展产业有了稳定的收入来源，其中 59 万贫困人口通过发展种养业实现稳定脱贫，占全市建档立卡贫困人口的近七成。

表 3-2　定西市 2014—2019 年农村居民收入情况

单位：元

年度	2014 年	2015 年	2016 年	2017 年	2018 年	2019 年
人均可支配收入	4600	5823	6289	6855	7492	8226
其中：经营性收入	2157	2843	2967	3175	3408	3794
工资性收入	1799	1442	1569	1779	2021	2303
财产性收入	69	102	128	141	157	186
转移性收入	575	1436	1624	1759	1906	1943

资料来源：定西市扶贫办。

（三）扶贫历程

定西的扶贫历程，主要经历了救济式扶贫、开发式扶贫、综合式扶贫和精准扶贫四个阶段。

1. 第一阶段（1973—1982 年）：以应对灾情和解决吃穿为目标的救济式扶贫

救济式扶贫是新中国成立后国家最初对定西采取的扶贫措施。1972、1973 年夏，定西地区持续干旱，数百万人缺粮，数十万人和家畜缺饮用水，群众纷纷扒火车逃荒。1973 年秋冬，国家调运大批军粮和旧军服向定西救灾，当时出现了老百姓穿军装、盖军被、吃军粮的现象。"吃粮靠返销、生产靠贷款、生活靠救济"，"穿的是黄衣裳、吃的是救济粮、喝的是拉运水、住的是茅草房"，反映了新中国成立后到改革开放初期定西被救济的真实状况。救济式扶贫虽缓解了一时的饥饿，却远没能从根本上解决定西的贫穷问题。在这一历史阶段，定西处于普遍性的极度贫困之中。

这一时期，甘肃省也在积极想办法解决定西的贫困问题，提出"兴西济中"的思路，即兴河西之利，济陇中之贫。1977年，甘肃省成立"两西"建设指挥部，制定并实施了河西商品粮基地和中部低产缺粮区域农业建设两个"八年规划"，着力解决中部干旱地区群众口粮不足问题。"两西"建设虽取得了显著成效，定西生态条件有较大改善，但定西的贫困状况没有得到根本性扭转，特别是遇到灾年，农民生活更加困苦。

2. 第二阶段（1983—2000年）：以解决区域性贫困为目标的开发式扶贫

从1983年起，国家每年拿出2亿元开展"三西"农业建设项目。定西北部的安定、通渭、陇西、临洮四县区列入"三西"建设重点县区，岷县于1993—2002年纳入"三西"资金扶持县。

1983年，甘肃省"两西"农业建设遵照"兴河西之利，济中部之贫"的方针，明确提出三项目标：一是建成河西商品粮基地，解决甘肃的粮食问题；二是改变中部地区的贫困面貌，尽快解决群众的温饱问题；三是停止植被破坏，改善农业生态环境。通过"两西"建设，中部地区的生态环境、农业生产条件以及群众的生活有了明显改善。河西地区的农业生产稳步持续发展，农业经济效益有了大幅度提高，为中部地区的休养生息和产业结构调整提供了有利条件。定西环境恶劣，资源贫乏地区的贫困群众移民搬迁到河西，有力地推动了"两西"地区扶贫开发的进程。

扶贫开发期间，定西累计新修梯田575万亩，共投入两千多万个劳动力，挖动土石方一亿立方米。到1999年底，定西历史性地实现了基本解决温饱的目标。这一时期，按当时贫困标准，定西的农村贫困人口由170.17万人减少到90.2万人，贫困发生率由78.17%下降到33.98%。

3. 第三阶段（2001—2010年）：以贫困村整村推进为重点的综合式扶贫

开发式扶贫阶段之后，扶贫开发工作进入了解决温饱和巩固温饱并重的新阶段。2001年，中央将国家级贫困县改称为国家扶贫开发工作重点县，还调整了重点县名单，定西7县区全部纳入。根据新阶段扶贫开发形势的新变化，定西将参与式整村推进作为扶贫攻坚的突破口，依托自身资源禀赋，大力发展中医药、马铃薯、草食畜牧业等优势特色产业，全力打造"中国薯都""中国药都"和甘肃省草食畜牧业大市，使定西跻身于全国马铃薯、中药材主产区，成为甘肃省重要的畜产品生产加工基地，真正实现了农业增产、农民增收，揭开了定西加快发展的新篇章。

2003年国务院批准定西撤地设市，定西经济社会迈上了快速发展的轨道。这一时期，定西在扶贫开发方面探索出诸多成功经验，受到国内外的高度关注。一是创新整村推进扶贫新方式。1998年，定西率先示范推广参与式整村推进扶贫新方式，取得了显著成效。在2004年召开的上海"全球扶贫大会"上，定西"生态经济型反贫困"整村推进扶贫开发模式作为全球70个、中国8个成功案例之一进行了广泛交流。二是产业化扶贫成为农业增收主渠道。定西依托地形地理条件、气候资源和生态环境，围绕打造"中国薯都"和"中国药都"战略目标，大力扶持发展以马铃薯、中医药、草畜等为主的特色优势产业，以全膜双垄沟播为主的旱作高效农业，以日光温室和塑料大棚为主的设施农业，走出了以产业发展解决温饱进而带动脱贫致富的产业化扶贫之路。三是互助社扶贫成为扶贫开发新手段。2006年，定西陇西县被列入全国14个贫困村村级发展互助资金试点县之一，在通安驿镇马头川等5个村各投入财政扶贫资金15万元，拉开了贫困村村级发展互助资金试点的帷幕。四是"两项制度"衔接试点成果在全国推广。2009年初，定西漳县被确定为国家开展农村最低生活保障和扶贫开发政策"两项制度"有效衔接试点县，探索建立起"指标识别与民主评议相结合"的低收入人口识别体系，这也是"12345"贫困人口识别和退出程序的来源和前身。

这一时期，按当时贫困标准，定西的农村贫困人口由90.2万人减少到39.33万人，贫困发生率由33.98%下降到17.04%。

4. 第四阶段（2011—2020 年）：以精准施策为主的精准扶贫

党的十八大以来，定西以 7 县区整体被纳入国家六盘山集中连片特困地区为契机，深入贯彻习近平总书记扶贫开发战略思想，全面贯彻落实中央、省委脱贫攻坚系列决策部署，把脱贫攻坚作为头号工程和头号政治任务，紧盯"两不愁三保障"脱贫目标，认真落实"六个精准"和"五个一批"要求，聚焦深度贫困，做实"一户一策"，坚持政策向扶贫倾斜、资金向扶贫聚集、项目向扶贫靠拢，举全市之力打赢精准脱贫攻坚战，扎实开展精细精确精微的绣花式扶贫。定西 84.24 万贫困人口全部脱贫，1101 个贫困村全部脱贫退出，安定区、陇西县、临洮县、渭源县、漳县于 2019 年脱贫摘帽，通渭县、岷县于 2020 年脱贫摘帽。贫困人口"两不愁三保障"问题全面得到解决，致富产业发展、基础设施改善、公共服务保障等方面都取得历史性成效，全面消除绝对贫困，为全面建成小康社会奠定了坚实基础。

表 3-3　1982—2020 年定西市贫困人口情况

年度	贫困标准 （人均可支配收入）	贫困人口（万人）	贫困发生率（%）
1982 年		170.17	78.17
1983 年		89.75	62.70
1984 年	低于 200 元 / 年	78.84	54.70
1985 年		138.1	62.90
1986 年		111.72	49.88
1987 年		92.69	40.86
1988 年	低于 300 元 / 年，人均 产粮低于 300 公斤	69.29	30.15
1989 年		57.64	24.75
1990 年		47.08	19.66
1991 年		43.7	18.03
1992 年		101.44	41.40

续表

年度	贫困标准 （人均可支配收入）	贫困人口（万人）	贫困发生率（%）
1993 年	低于 300 元 / 年，人均 产粮低于 300 公斤	85.43	35.00
1994 年		72.08	28.90
1995 年		102.57	40.20
1996 年		61.93	23.90
1997 年		47.2	18.10
1998 年		18.12	6.88
1999 年		9.75	3.67
2000 年	低于 865 元 / 年	90.2	33.98
2001 年	低于 873 元 / 年	70.05	26.54
2002 年	低于 869 元 / 年	65.09	24.61
2003 年	低于 879 元 / 年	61.79	23.26
2004 年	低于 919 元 / 年	56.34	21.26
2005 年	低于 942 元 / 年	51.88	19.85
2006 年	低于 956 元 / 年	46.18	17.87
2007 年	低于 1015 元 / 年	53.45	20.78
2008 年	低于 1196 元 / 年	54.77	21.38
2009 年	低于 1196 元 / 年	48.12	18.99
2010 年	低于 1274 元 / 年	39.33	17.04
2011 年	低于 2300 元 / 年	115.83	43.39
2012 年	低于 2300 元 / 年	97.49	36.79
2013 年	低于 2736 元 / 年	84.24	31.79
2014 年	低于 2800 元 / 年	63.16	23.61
2015 年	低于 2855 元 / 年	44.35	16.70
2016 年	低于 2952 元 / 年	46.36	17.04
2017 年	低于 2952 元 / 年	36.53	13.90
2018 年	低于 3535 元 / 年	24.01	9.12

年度	贫困标准 （人均可支配收入）	贫困人口（万人）	贫困发生率（%）
2019 年	低于 3747 元 / 年	4.16	1.58
2020 年	低于 4000 元 / 年	0	0

资料来源：定西市扶贫办。

三、定西市脱贫攻坚面临的困难和挑战

（一）基础设施和公共服务过于薄弱，"欠账多"

脱贫攻坚前，定西基础设施建设滞后，交通不便的问题特别突出，通乡道路普遍等级低、路况差、缺桥少涵，通组道路硬化率低，部分道路处于晴通雨阻状况。水利设施不能满足群众生产生活需求，干旱山区饮水安全、用水便利性都亟待解决，有些地形复杂、居住偏远分散的农户自来水入户成本高、工程实施难度较大，供水工程管网覆盖难度较大，农民饮水困难及饮水不安全的状况以及能源短缺的制约问题还十分突出。缺水问题是束缚定西减贫增效、农民增收的最大"瓶颈"因素。农村整体住房条件较差，存在大量土坯房，部分住危房的特殊困难群体无劳力和自筹资金，难以实施危房改造。农村学校教学条件差，优质师资不足，大部分农村贫困人口长期所处的生活困境令其对子女教育缺乏足够重视，随着农村劳动力外流，留守儿童不断增多，他们缺乏良好的教育，导致贫困的恶性循环。农村医疗方面，村医待遇水平低，全市村卫生室普遍存在村医短缺、学历不高、知识老化、能力偏低等问题。

（二）贫困人口多，脱贫难度大

定西所辖一区六县全部都是贫困县，其中通渭县、岷县、渭源县还是深度贫困县，贫困面大。2013 年定西贫困人口 84.24 万，贫困发生率 31.7%。这些贫困人口主要集中在南部高寒碎石山区、北部极端干旱山区和偏远深山区，这些地方的生态、人居环境恶化的状况还未得到有效改变，发展再生产的要素资源匮乏，人口素质普遍低下，产业发展比较单一，经济收入门路狭窄。尤其是生活在南三县深山区、石山区、林缘地带的贫困群体，生存环境极为恶劣，基础设施更为落后，公共服务更加欠缺，贫困发生率超过 40%，其中许多人只有通过移民搬迁才能解决温饱，加之群众思想观念滞后等因素影响，扶贫工作难度大、成本高。解决这部分群众的温饱问题，可以说是一块最难啃的"硬骨头"。同时，由于定西自然灾害多发高发，年均有 20 万左右脱贫人口处于脱贫不稳定状态，因灾、因病、因婚、因学返贫压力大。

（三）整体经济水平落后，自身财力支撑不足

定西作为深度贫困地区，经济总量小，税源结构单一、工业基础薄弱，整体经济发展水平落后。2014 年，定西小康实现程度达到 63.06%，比全省平均水平低 8.7 个百分点，《全面建成小康社会监测指标体系》5 大类 39 项监测指标中，定西评估价值在 50% 以下的指标有人均 GDP、城镇人口比重等 10 多项，实现全面小康的任务十分艰巨。

2015 年，定西的财政自给率仅为 9.6%，人均可支配收入 856 元，排全省最后一位。全市财力增量主要用于保障精准扶贫、人员增资和民生政策配套等刚性支出，人员经费支出占到当年可支配财力的 62%，加上落实各项民生政策、保障脱贫攻坚和促进经济社会发展所必需的重点支出 32%，实际可用于保运转的财力只有 6% 左右，各县区实际占用专项达 10 亿元，且财力缺口逐年加大，稳定脱贫防止返贫和公益事业投入方面严重不足。

（四）产业发育程度不高

定西中医药、马铃薯、草牧及果蔬等产业虽已形成一定规模，但发展水平相对较低，产业集中度不高、产业链短、精深加工不足、辐射能力不强的问题较为突出。其中，中医药产业以原料生产和流通为主，药材深加工环节短缺；马铃薯龙头企业规模小，实力弱，产品加工转化率低；蔬菜种植规模小，以外销为主，行情受南方市场波动影响较大。同时，中药材、羊肉等农产品价格市场风险大，对农民稳定增收存在较大影响。定西在发展产业的过程中，培育了一批农业产业化龙头企业，但总体规模相对较小且数量少，带动农业产业结构调整和农民持续稳定增收的能力有限。贫困村虽然都组建了农民专业合作组织，但大多数自身实力不足。

整体来看，定西规模化、集约化的现代农业发展缓慢，受市场和干旱、暴洪、霜冻等灾害影响较大，容易大灾大返贫、小灾小返贫。

四、定西市解决区域性整体贫困的做法

（一）总体思想和基本思路

脱贫攻坚以来，定西扎实落实中央和甘肃省各项政策，提高政治站位，全面靠实攻坚责任，坚持面上统筹梯次推进，聚焦重点区域集中攻坚，瞄准坚中之坚、攻克难中之难，精准出击。自下而上层层制定"五个一批"分年度、分措施脱贫计划，完善"一户一策"，精准落实到户到人政策措施。创新产业扶贫模式，拓宽就业渠道，开发就业岗位，完善综合保障机制，多措并举增加贫困群众收入。加大基础设施投入，创新农村危房改造方法，完善易地扶贫搬迁后扶工作，加强道路建设，提升农村饮水安全。加强公共服务建设，全面落实各类助学政策，全面落实建档立卡贫困人口参保资助和合规

医疗费用基本医保报销政策，村卫生室全部达标，合格村医全部到岗。稳步提高社会兜底保障水平。

定西根据本市社会经济自然条件、贫困特征和贫困群众需求，因地制宜创新脱贫举措，解决区域性贫困。一是坚持不懈解决区域性缺水之困。二是做大做强适宜本地自然条件的区域特色产业。三是用"绣花功夫"落实易地搬迁等民生工程，切实贴近农户需求解决实际困难。四是利用好发挥好东西协作的强大助力。

（二）引洮入定，终结缺水历史

定西地处黄土高原丘陵沟壑区，十年九旱，自然灾害频繁，水资源极度匮乏，生态环境脆弱，是全国最为严重的干旱地区之一，加之有限的水资源在时空分布上极不均匀，水资源利用能力弱。长期以来受水资源的瓶颈制约，定西的经济发展和社会发展各个方面，均受到了严重制约。尤其是广大农村，老百姓的基本生活用水一直处于十分困难的境地。在定西，"滴水贵如油"。

为解决水困，自 20 世纪 90 年代起，定西大量兴修集雨水窖，实施人饮解困、氟病改水、饮水安全工程等，农村群众的饮水困难有所改善。即使水质不好，水窖也是当时定西人家最为珍贵的家产，谁家娶媳妇，女方要先考察有没有水窖。没有水窖的人家，就要到十几里甚至几十里外的地方去人挑牲口驮。然而，水窖里的水量也要依赖于降雨量的多少。水窖并未能从根本上解决群众吃水难、饮水不安全的问题。

是引洮工程从根本上改变了定西靠天饮水、靠天吃饭的状况，成为定西人民期盼了半个世纪的圆梦工程。引洮供水一期工程 2014 年底建成通水后，黄河上游第一大支流——洮河的水源源不断地输送到定西人民群众的家中。为了充分发挥引洮工程的综合效益，定西实施农村饮水安全巩固提升工程，使工程供水受益范围不断扩大，工程供水量逐年增加。定西城乡环境得到大大改善，产业结构更加优化。

引洮工程是定西历史上摆脱饮水困境的一座里程碑，它为受益区贫困人口饮水安全、产业发展、收入增加提供了可靠的水资源保障，为定西如期实现脱贫攻坚目标奠定了坚实的基础，引洮工程及配套的农村饮水安全巩固提升工程的历史性作用主要体现在以下几个方面：一是彻底解决了饮水水源保障，供水受益面不断扩大。引洮供水一期工程建成通水后，定西的安定、通渭、陇西、渭源、临洮 5 县区水资源匮乏的问题得到极大改善，不仅彻底解决了受益区农村居民靠天吃水和人工拉水吃的局面，而且解决了安定、通渭、陇西三县区城市、工业企业和农业灌溉用水问题。受益五县区所有行政村全面完成自来水入户和通水，自来水普及率达到 91% 以上，集中供水率达到 93% 以上。截至 2019 年底，全市 176.8 万城乡居民吃上了引洮水，比项目设计受益规模 145 万人增加 21.93%；18.9 万亩农田灌上了引洮水，比项目设计受益规模 16.1 万亩超过 17.39%。二是城乡环境得到大大改善。建立"生态水＋扶贫水"机制，引洮工程全年向临洮县东峪沟、渭源县秦祁河、陇西县大咸河、安定区关川河输送生态水。其中，2018 年共输送 1000 万方，2019 年共输送 6100 万方以上，这些季节性河流首次实现了全年不断流，河流水质和沿河生态得到明显改善。三是产业结构得到进一步优化。引洮工程通水，彻底解决了定西受益县区城市用水挤占农业用水的矛盾，增加了保灌面积，增强了受益区抵御干旱的能力，推动了定西高原夏菜、马铃薯、中药材和饲草等产业发展。可靠充足的引洮水源，也为定西招商引资发展工业、文旅产业项目提供了充足的水资源保障，带动了产业结构的进一步优化。

（三）苦抓苦干巧干，树产业为脱贫之根基

近年来，定西特色产业发展迅速，成为定西农民增收，脱贫致富的主要依托，这得益于定西在脱贫攻坚期间采取的一系列得当的产业发展措施，坚持把产业扶贫作为贫困群众持续稳定脱贫的根本之策、源头活水，围绕稳定

增收目标，不断健全完善生产组织、投入保障、产销对接、风险防范体系，多措并举拓宽贫困群众增收渠道。

1. 探索建立产业扶贫机制和模式

一是形成经营主体"四跟进"带贫模式。建立"龙头企业＋合作社＋贫困户""龙头企业＋贫困户"和"合作社＋贫困户"产业带动格局，形成"项目资金跟着贫困户走、贫困户跟着合作社走、合作社跟着龙头企业走、龙头企业跟着市场走"的"四跟进"产业扶贫模式，构建新型经营主体与贫困人口之间稳定的利益联结机制，有效带动贫困户稳定增加收入。二是形成"551"产业链带贫机制。进一步强化产业扶贫顶层设计，增强产业扶贫工作的系统性。第一个"5"，就是构建"特色产业、品质标准、带动主体、营销体系、风险防控"为一体的全产业发展链条。第二个"5"，就是构建"扶持政策、'三变'改革、技术培训、责任体系、基层组织"为一体的全产业保障体系。"1"，就是致力打造定西陇原品牌，提升产业发展水平。三是推行"党建＋新型经营主体"的"双进双促"模式。坚持一手抓党组织作用发挥、一手抓特色产业培育，全面推行村"两委"成员进入新型经营主体、新型经营主体负责人进入村"两委"班子，以基层党组织作用发挥促进新型经营主体蓬勃发展，以新型经营主体的有效带动促进贫困群众精准脱贫的"双进双促"模式，着力解决"组织怎么建""队伍怎么育""产业怎么兴""农民怎么富"的问题，走出一条抓党建、兴产业、促脱贫的新路子，为打赢打好脱贫攻坚战、决胜全面建成小康社会增添强劲动力。四是推行扶贫资产管理新模式。紧扣资产界定、台账建立、管护责任、运营效益、收益分配、监督管理六个关键环节，抓牢抓实村级固定资产确权登记。对道路交通、水利设施等公益性资产，持续加强后续管护，完善管护运营标准，通过从有收益的经营性项目中安排管护经费、公益性岗位人员参与管护等方式解决管护资金、力量不足的问题；对专业性比较强的资产，通过购买服务进行运营或管护，切实提高管理水平；对村级光伏电站、扶贫车间、入股龙头企业和合作社等经营性资产，明确所有权归村集体，通过设立公益性岗位，按照"四议两公开"方式进行收益分配，有效激发贫困群众内生动力，解决了变相简单发钱发物和"一分了之""一股了之"的问题。

2. 完善产业扶贫项目体系

一是构建"7＋X"产业全覆盖体系。找准产业扶贫基本定位，因村制宜、因户施策，以牛、羊、菜、果、药、薯、种业7大特色产业为主，以小买卖、小作坊、小技能、食用菌、小杂粮、花卉、金银花等产业为补充，确保每个贫困村至少有一个主导产业，每户贫困户至少有一个脱贫主业。定西有75%以上的农户依靠发展产业有了稳定的收入来源，有61.98万贫困人口通过发展种养产业实现稳定脱贫。二是培育发展8个小微扶贫新业态。针对传统产业扶贫模式见效周期长、技术标准高、管理难度大、环节要求多、产业链条长的实际，积极培育发展扶贫车间、公益性岗位、"五小"工程、光伏扶贫、旅游扶贫、电商扶贫、"互联网＋"社会扶贫和新疆地区转移就业安置等成本低、风险小、投资少、调头快、效果好的8个小微扶贫新业态，作为产业扶贫的重要补充，多渠道拓宽群众增收渠道。2013年至2019年，定西农民人均可支配收入由3612元增加到8226元，年均增长14.7%。三是推行"农投公司＋村集体＋新型经营主体＋贫困户"的资产收益扶贫模式。在东西部扶贫协作帮扶、中央单位定点扶贫、退出互助资金扶持村集体经济发展、贫困户到户配股等项目实施中，采取"农投代持、主体经营、折股量化、村户受益"的办法，建立了"农投公司＋村集体＋新型经营主体＋贫困户"的发展模式，在扶持壮大农民专业合作社等新型经营主体的同时，有效增加了贫困村集体经济和贫困户的收入，实现新型经营主体与贫困村、贫困户的互利共赢。

3. 创新产业扶贫的金融支持模式

一是推广"联合社＋蓝天贷＋贮藏窖＋订单化"的蓝天模式。甘肃蓝天马铃薯公司按照股份合作方式，以马铃薯全产业链为核心，通过建联合社、修贮藏库、创蓝天贷、推订单化，在企业、合作社、贫困户之间建立稳固的利益联结机制，构建了"龙头企业＋联合社＋合作社＋农户（贫困户）＋银行＋电商平台"六位一体的"蓝天模式"，延长稳固了产业链条，实现了企业、合作社、贫困户在产加销诸环节、贸工农各领域的同频共振、互利共赢、联动发展，推动了一、二、三产业融合发展，走出了依托金融支持企业壮大、企业带动产业发展、产业助力贫困群众增收脱贫的产业扶贫之路，有力地助推了脱贫攻坚步伐。二是探索推行"六位一体"牛产业扶贫模式。针对贫困群众发展牛产业缺资金、缺技术、缺良种和产业竞争力低、抵御市场风险能力弱等问题，依托世行贷款贫困片区产业扶贫试点示范项目、贫困残疾人养牛项目、东西部扶贫协作帮扶项目、产业奖补和风险损失补偿金增信贷款等项目，探索推行"政府＋银行＋企业＋协会＋贫困户＋保险"的"六位一体"牛产业扶贫模式，政府负责综合协调、整合各类资源要素，银行负责贷款解决资金问题，龙头企业和合作组织负责带动发展、技术服务和市场对接，保险公司负责保本垫底、防范风险，打造了完整的牛产业闭合发展链条，实现贫困户买牛有资金、养牛有保障、卖牛有出路。

（四）做实易地搬迁后扶产业，搬得出就能留得住

"十三五"以来，定西始终把易地扶贫搬迁作为解决贫中之贫、困中之困和难中之难的根本举措，深入贯彻落实党中央、国务院和省委、省政府决策部署，精准施策、精准发力，全力以赴推动易地扶贫搬迁工作，取得了显著成效。自 2004 年实施易地扶贫搬迁试点工程以来，截至 2018 年底，搬迁工作全部完成，定西累计投入各类资金 102.09 亿元，搬迁群众 6.08 万户 29.52 万人。"十三五"时期，定西共建成 6 户以上集中安置点 459 个，投入各类资金 56 亿元，搬迁群众 2.09 万户 9.23 万人，其中建档立卡群众 1.79 万户 7.95 万人。

易地扶贫搬迁采取的主要举措：一是坚持"四个紧盯"。紧盯"搬哪些

人"，按照"一申请、两公示、三审定"的基本程序，将居住在生存环境差、不具备基本发展条件的 1.79 万户 7.95 万名建档立卡贫困人口全部纳入实施范围。紧盯"人往哪里搬"，采取集中安置为主、插花安置为辅的方式，坚持靠近城镇、园区、中心村和公路沿线的"四靠近"原则确定安置区域，共建成集中安置点 459 个。紧盯"住房怎么建"，严守人均建房面积不超 25 平方米的"标线"和自筹不超过 3000 元的"红线"，算好建设成本、国家补贴、农户自筹资金"三本账"。对建设两层住房的农户，采取打两层基础、建一层住房的方式，既解决最基本住房问题，也为发展预留空间，同时配套建设生产用房，保障搬迁户搬下来可以继续搞小规模养殖增加收入。紧盯"基础如何配"，坚持基础设施和公共服务设施与安置住房同步规划、同步设计、同步建设，在集中安置点配套建设水、电、路、气、暖、污水管网、通信等配套基础设施，以及学校、医院等公共服务设施。二是因地制宜培育后续产业。坚持因地制宜，分类施策，针对不同安置方式，立足安置区不同资源禀赋，切实加大对易地扶贫搬迁建档立卡贫困人口后续扶持力度，培育壮大"薯、药、牛、羊、果、菜、种"七大特色产业，累计建成扶贫产业园 9 个，修建养殖暖棚 2708 座，新建户用光伏电站 1200 套、村级光伏电站 7992 千瓦，建设食用菌等种植大棚 502 座、200 立方米蓄水池 21 座、100 吨菌菜气调库 21 座、冷库 5 座等。同时，加大就业帮扶力度，积极开发公益岗位，统筹开发乡村道路维护员、乡村保洁员、乡村绿化员、全域无垃圾管理员等公益性岗位 2377 个，安排有一定劳动能力但无法外出的搬迁贫困劳动力就业。依托定西中药材、畜草、马铃薯等特色优势产业，在集中安置点建设扶贫车间 60 个，帮助搬迁贫困群众实现就近就地就业。加大劳务输转力度，按照"政府主导、市场补充"的原则，科学有序组织搬迁贫困人口返岗务工。"十三五"期间，1.72 万户有劳动能力且有就业意愿的搬迁家庭实现了至少 1 人就业。

易地搬迁后，搬迁群众的生活条件得到明显改善，行路难、上学难、就医难的问题彻底解决。"十三五"期间，累计建成安置住房2.09万套，道路1260公里，新建幼儿园4处、卫生室16处。迁出区生态环境得到明显改善，定西对拆除后的宅基地及时进行了复垦复绿，有效遏制了迁出区植被不断稀少、水土流失加重、生态恶化的趋势，切实改善了迁出区生态环境。"十三五"期间，累计拆除旧房1.72万套，复垦复绿面积达4800余亩。同时，定西用足用活土地增减挂钩指标交易政策，通渭县、渭源县和岷县3个深度贫困县将产生的节余指标在福州进行交易，金额达3.3亿元。搬迁群众的观念得到持续更新，定西大力促进搬迁群众融入新社区新环境，组织动员县乡干部与搬迁群众结对子，鼓励社会工作者、志愿者发挥专业优势，开展生活融入、心理疏导、健康养老等社区服务，使搬迁群众逐步改变以前的一些陈规陋习，切实增强搬迁群众对安置点的认同感、归属感、安全感和幸福感。

（五）福定东西协作，全方位多角度合力帮扶

2016年7月，东西部扶贫协作座谈会召开后，定西深入贯彻落实习近平总书记重要讲话和重要指示精神，把东西部扶贫协作作为重要政治任务、重大政治责任，创新推进扶贫协作模式，聚焦深度贫困，开展了一系列富有成效的务实协作。通过两市协同努力，福州从生态扶贫、产业扶贫、劳务协作、社会帮扶等多方面，多角度帮扶定西。福州累计向定西投入财政帮扶资金11.22亿元，引进社会捐赠资金及捐物折款4.73亿元，为决战决胜脱贫攻坚注入了强劲"外力"。福定东西协作工作在全国示范推广，福定生态林建设和劳务协作模式入选"联合国110个全球减贫案例"。

1.采取"点对点、一站式"服务推动稳岗就业

定西福州两地坚持把增加就业作为最有效最直接的脱贫方式，共同实施劳务输转技能培训暨大中专生就业协作"十百千万"计划，形成了党委政府主导、人社部门主抓、企业和群众发挥主体作用的"福州·定西东西部扶贫劳务协作模式"。构建全方位政策支持体系、贴近基层宣传动员、组织贫困

劳动力转移就业、全程对接服务，在提高定西贫困劳动力收入的同时，也解决了福州劳动力短缺的问题，实现贫困人口与企业的双赢。2017年以来，定西累计面向福州举办各类招聘活动160场次，共推介贫困家庭大中专毕业生1752人到福州实习、就业，累计向福州组织输转劳动力1.54万人次（其中建档立卡贫困劳动力1.06万人次）。福州帮助定西贫困劳动力在省内就近就地就业3.81万人次，在省外其他地区就业1.35万人次，有力帮助了贫困劳动力务工增收，实现了"培训一人、输转一人，就业一人、脱贫一户"的"四个一"目标，在助力定西打赢打好脱贫攻坚战中发挥了重要作用。

2. 创新市场化产销对接消费扶贫模式

定西用好东西部扶贫协作资源，从打通供应链、线上线下一体化品牌化营销等关键环节发力，建立"贫困户＋贫困村＋合作社＋企业＋市场"的"定有福"消费扶贫模式，把定西的特色农产品直销福州，闯出了一条福州定西消费扶贫新路子。全面规范提升"甘肃特产汇·定西大卖场"等农特产品展销"一中心十二馆"，对接福州引进定西福泉食用菌农民专业合作社等20家直供直销企业。开展"网红达人直播带货·助力定西农特产品"活动，宣传推介和帮助销售定西农特产品。建设了定西·福州消费扶贫生活馆1个中心馆和7个县级消费扶贫生活馆，举办2020年定西·福州消费扶贫月活动启动仪式，展销农特产品达到500多种，以点带面打造线上线下精品专区，拓宽社会各界参与消费扶贫的便捷渠道。

3. 实施产业协作"三个一"工程

坚持把产业合作作为治本之策、长远之计和根本路径，福定两市坚持因需施策，宜工则工、宜农则农、宜商则商，因地制宜建设"阳光房""扶贫车间"和"特色园区"等，充分利用定西的物产、人力等资源，通过优势互补，在扶贫协作中实现互利共赢，让产业扶贫更有持续性。第一个"一"是一个小车间，带动扶持一片区。利用福州帮扶资源，建设扶贫车间，吸纳贫困劳动力实现"足不出户、就地增收、稳定脱贫"的目标。第二个"一"是一个产业园，驱动特色农业高端化。充分发挥福州企业生产技术、管理经验、市场运营等优势资源，先后引进永辉、聚春园、顺盈家纺等福州企业入驻定西，通过打造农场、产业园等载体，加速定西马铃薯、中医药、牧草、果蔬等特色产业由粗放向集约转型、由低端向高端升级，加快实现产业规模、质量和效益的大跃升。第三个"一"是一条产业链，锻造县域经济新引擎。福州立足定西资源禀赋、产业基础，持续加大对当地特色优势产业产加销各环节的资金、人才、技术支持力度，推动蜂蜜、马铃薯加工、种菇等产业建链、延链、补链、强链，在县域经济发展中挑起大梁。

4. 创新"大数据"＋"陇码"产业信息化扶贫协作模式

福州市充分发挥其全国领先的大数据技术，向定西提供区块链核心技术自主创新成果，加快打造定西优势产业转型升级版。嫁接"福码"，建设"陇码"，开展云服务、政务外网、应用软件、大数据等基础板块合作。围绕中国药都、中国薯都、中国西部草都等重大战略目标，引进消化和吸收利用福州"大数据"技术，与定西中医药、马铃薯、草牧、果蔬、种子种业等优势产业转型升级相结合，广泛应用于生产、加工、流通、监管、营销诸环节，加快实现定西优势产业信息化。

5. 实施生态协作扶贫

"扶贫协作、生态先行"，定西认真践行"绿水青山就是金山银山"的理念，借鉴福建省长汀县水土流失治理经验，按照"以水土流失治理的成效，促进百姓富、生态美，使更多贫困群众从中受益"的思路，认真组织实施福州·定西水土流失综合治理（生态林）项目工程。项目实施以来，福州市累计投资7067万元，已建设生态林2万余亩。不仅打造了集生态保护、科研科普和旅游观光于一体的生态景观，改善了生态环境，还把生态扶贫与贫困户利益联结起来：一是吸收当地贫困人口参与项目建设，获得劳务报酬；二是提供生态公益岗位；三是为贫困户发放退耕还林补助；四是优先采购贫困户自育的苗木；五是发展林下经济。

6. 创新"捐资助学＋异地助学＋援建学校"教育扶贫模式

通过设立助学基金，资助、援助希望学校，选送贫困学生赴福州免费接受优质教育等方式，帮助贫困家庭学生顺利就学。通过援建希望小学，解决贫困家庭学生因学致贫、因学返贫问题。充分发挥福州两所局属技师学院优势，招收定西建档立卡贫困劳动力"两后生"264人到福州第一、第二技师学院就读，免收学杂费、住宿费，并给予每人每学年1万元交通、生活补助。累计完成100名"双师型"教师培训工作，并给予参训人员免培训费、食宿费和交通费的优惠政策。从2017年起，福州市人社局开始按照定向定岗定制、公开公平公正原则，组织事业单位和国有企业招聘定西建档立卡贫困家庭高校毕业生，累计招聘386名定西建档立卡户高校毕业生进入福州事业单位及市政、金融、通信、地铁等国企单位工作，人均年收入超过7万元。

五、定西市脱贫攻坚的主要成效

（一）倾全力保障脱贫攻坚所需资金投入

脱贫攻坚，资金投入是首要保障。定西始终坚持政府在脱贫攻坚投入中的主体和主导作用，逐年加大财政投入和涉农资金整合力度，积极调动各方面最优资源向深度贫困聚集。市级财政每年将地方财政收入增量的10%以上、各县区将当年地方财政收入增量的20%以上增列专项扶贫预算，并逐年提高支出占比，累计筹措到位各类扶贫资金279.26亿元，为脱贫攻坚决战决胜提供了坚强保障。

（二）经济社会发展水平大幅提升

经过多年艰苦卓绝的努力，定西逐步探索走出了一条自然条件严酷地区

表 3-4 2015—2020 年定西市脱贫攻坚资金主要投入来源表（亿元）

年度	合计	各级财政专项扶贫资金					纳入方案的整合其他涉农资金	未纳入方案的整合行业资金	易地扶贫搬迁		一般政府债券用于易地扶贫搬迁	土地指标跨省域调剂收入用于扶贫	东西部协作财政帮扶资金	东西部社会帮扶资金	中央单位定点扶贫资金	清理盘活存量资金用于脱贫攻坚	恒大集团捐赠资金	脱贫攻坚补短板综合财力补助资金
		小计	中央	省级	市级	县区			中央预算内投资	县级平台统筹资金								
合计	267.15	105.57	61.14	28.33	4.24	11.86	41.46	24.36	9.63	39.87	13.73	3.63	11.22	4.08	3.04	3.68	0.64	6.24
2015 年	12.37	8.76	4.99	1.99	0.32	1.45			3.22							0.39		
2016 年	25.79	11.68	8.35	1.06	0.60	1.68	2.81	0.62	1.41	8.79						0.48		
2017 年	47.33	14.05	9.02	2.51	0.79	1.72	10.21	4.04	2.28	14.20			0.56	0.42	0.88	0.68		
2018 年	63.53	19.13	9.71	6.43	0.81	2.18	9.10	9.58	2.71	16.88			2.52	0.83	0.81	1.96		
2019 年	57.36	24.75	14.40	7.15	0.85	2.35	11.66	4.46	0.00	0.00	10.09	0.90	3.62	1.12	0.64	0.11		
2020 年	60.77	27.20	14.66	9.19	0.87	2.48	7.68	5.65	0.00	0.00	3.64	2.73	4.52	1.71	0.71	0.06	0.64	6.24

资料来源：定西市扶贫办。

脱贫致富的成功之路，实现了从"不适宜人类生存"到"基本解决温饱"，到"总体达到小康"，再到"全面建成小康社会"的华丽蜕变，谱写了决战决胜脱贫攻坚、全面建成小康社会的时代篇章。

1. 全市经济水平趋稳向好

2019 年，全市地区生产总值 416 亿元，比 2013 年的 226 亿元增长了近一倍，名义 GDP 年增长率为 10.8%，高于全国平均水平 9.8%。其中一、二、三产业增加值分别达到 74 亿元、71 亿元和 270 亿元，第一产业占比为 18.73%。2013—2019 年间，财政收入与财政支出也实现大幅增长，其中财政收入由 17 亿元增长到 24.6 亿元，大口径财政收入由 30.6 亿元增长到 47.3 亿元，财政支出由 176.9 亿元增长到 260.1 亿元，财政自给率保持稳定。人民收入水平也大幅提高，2019 年城乡居民人均可支配收入分别达到 2.63 万元和 8241 元，相比于 2013 年的 1.57 万元和 4085 元分别增长 67.7% 和 101.7%。全市农村居民与城镇居民可支配收入比由 2013 年的 1∶3.8 提高到 1∶3.2，与全国农村居民可支配收入比由 1∶2.2 提高到 1∶1.8。

2. 贫困人口和贫困发生率显著降低

自"三西"农业建设开始，定西持续不断地开展扶贫脱贫工作，贫困发生率由 1982 年的 62.9%（人均收入低于 300 元，人均产粮低于 300 公斤）下降至 2012 年的 36.79%（人均收入低于 2300 元）。党的十八大以来，在习近平总书记精准扶贫战略思想的领导下，定西全面贯彻落实中央、省委脱贫攻坚系列决策部署，把脱贫攻坚作为头号工程和头号政治任务，举全市之力大打精准脱贫攻坚战，扎实开展精细精确精微的绣花式扶贫。定西贫困人口和贫困发生率迅速下降，至 2020 年底，全市 84.24 万贫困人口全部实现脱贫，1101 个贫困村全部脱贫退出。安定区、陇西县、临洮县、渭源县、漳县于 2019 年脱贫摘帽，通渭县、岷县于 2020 年实现脱贫摘帽。全市建档立卡贫困人口人均可支配收入由 2013 年的 2492 元增加到 2019 年的 6799 元，年均增长 18.2%。高于全市农民平均水平 14.7%。

3.缺水问题、生态问题得到极大缓解

"引洮河清流，解陇中之渴"，引洮工程作为定西人民期盼了半个世纪的圆梦工程，彻底改变了定西严重缺水的情况。尤其是广大农村，老百姓的基本生活用水曾长期处于十分困难的境地，到了降雨稀少的旱季，水窖无水可蓄，为保障生存，大部分山区群众要到几公里甚至十几公里外拉水，更无法想象发展其他产业。从 2006 年 11 月开始，定西实施了引洮一期填平补齐和二期配套等重点水利项目 49 个，完成投资 6 亿元。截至 2019 年底，已解决安定、通渭、陇西、渭源、临洮 5 县区 176.8 万城乡居民的生活用水。全部行政村都完成了自来水入户和通水，自来水普及率达到 91%以上，集中供水率达到 93%以上。18.9 万亩农田灌上了引洮水。不仅彻底解决了受益区农村居民靠天吃水和人工拉水吃的局面，而且解决工业企业和农业灌溉用水、生态建设等重点项目用水问题。2019 年，全市共利用引洮水 9420 万立方米，其中：非农业用水 2880 万立方米、农业用水 376 万立方米、生态用水 6164 万立方米。此外，生态环境也显著提升。生态林工程顺利开展，完成三北防护林、天然林保护等林业重点工程40.1 万亩，经济林果 13.25 万亩，修复退化林8.9 万亩，面山绿化提升改造 11.2 万亩，通道绿化 1969 公里 1.61 万亩，全民义务植树 2087 万株。建成福州定西生态林（三期）4800 亩。实施渭河源区生态修复治理项目 142 个，完成投资 5.9 亿元。截至 2019 年底，定西森林覆盖率达到 12.08%，水土流失治理程度达到 57.1%，天然草原综合植被盖度达到 79.35%。

（三）贫困村换新颜

1.贫困群众生产、生活条件大幅提高

在基础设施方面，截至 2020 年 11 月，行政村全部通沥青（水泥）路，乡、村公路通畅率、列养率达 100%。自然村村组公路（包括生产路、通户路）已完成了 7500 公里，部分县村组道路需求已得到完全满足。农村人口安全饮水得到了历史性的解决，全市农村集中供水率达到93%以上，自来水普及率达到91%以上。行政村全部接通动力电和宽带网络，建成美丽乡村示范村195个，农村面貌得到极大改善。

在医疗卫生方面，截至2020年11月，全市所有行政村应设的1758个村卫生室已全部完成标准化建设，基本医疗器械、设施、药品全部配齐，能满足村民基本诊疗需要和达到健康扶贫基本医疗有保障（医疗部分）标准。配备乡村医生2118名，全面解决了村卫生室无合格村医的问题。建档立卡贫困人口实现全部参保，全部落实参保资助政策，资助金额达1.02亿元。22家二级及以上医疗机构、29家民营医院、136家乡镇卫生院、4家妇幼保健院（站、中心）全部实现基本医保、大病保险和医疗救助"一站式"即时结报服务，村卫生室全部实现即时结算。

在义务教育方面，截至2020年11月，累计实施义务教育全面改薄项目3761个，采取"一对一、人盯人"的办法，全市学前三年毛入园率达96.53%，九年义务教育巩固率达97.69%，高中阶段教育毛入学率达96.13%。

在文化建设方面，截至2019年，全市共有乡镇（街道）综合文化站122个，农家书屋1860个，文化信息资源共享工程村级服务点1766个。建成村级综合性文化服务中心（乡村舞台）1853个。建成城市数字影院13个。

2.村内人居环境不断改善

通过以"三清一改"为重点的整治行动，全市共深入创建"清洁村庄"654个。乡镇垃圾处理站、村庄垃圾收集点、收集车辆、无害化处理设施覆盖率均达到了100%。通过开展"拆危""治乱""清脏"行动，村庄环境"脏乱差"问题得到明显改善。此外，农村公益性设施共管共享等工作稳步推进，村庄规划编制覆盖率达到90%以上，畜禽粪污资源化利用率达81.3%，废旧农膜回收率和尾菜处理率分别达76.8%和42%。新建行政村卫生公厕511座，覆盖率达到100%。

3. 文明乡风逐渐形成

通过移风易俗、乡风文明建设"六大行动"，行政村组建红白理事会、道德评议会等村民自治组织，农村精神文明建设不断深入，农村群众精神风貌明显提升，农村婚丧嫁娶大操大办、互相攀比、天价彩礼、借机敛财等陈风陋习得到有效遏制。同时，通过群众性精神文明创建，"三下乡"等农民群众喜闻乐见的活动方式，大力宣传和培育了文明乡风、良好家风、淳朴民风的农村新风尚，为助力乡村振兴注入了强大的精神动力。据不完全统计，疫情期间，定西积极推动延办婚事 1661 起，简办丧事 586 起，移风易俗、乡风文明正蔚然成风。

4. 村集体经济展现活力

通过盘活村集体资产入股经营主体、互助资金支持、建设村级光伏电站等方式，1101 个贫困村集体经济年收入全部达到 2 万元以上，平均 4.7 万元。同时登记赋码并挂牌成立村组级股份经济合作社 538 家，占全市总村数的 28.51%，符合市场经济要求的集体经济运行机制正在逐步完善。

（四）贫困户生存状态显著改善

1. 贫困户收入水平大幅提高

全市农村居民人均可支配收入由 2013 年的 3612 元增加到 2019 年的 8226 元，年均增长 14.7%；全市建档立卡贫困人口人均可支配收入由 2492 元增加到 6799 元，年均增长 18.2%，增速明显高于平均水平。此外相对贫困程度明显降低，2013 年定西建档立卡户与全国农村居民人均可支配收入比为 1 : 3.6，2019 年上升为 1 : 2.1。从全市农村居民的收入构成情况来看，"十三五"脱贫攻坚行动前后，转移性收入的比重大幅提升，由 2014 年的 12.5% 上升至 2019 年的 23.6%，农户经营性收入占比基本保持稳定，2014 年与 2019 年分别为 46.9% 和 46.1%。

2. 贫困户生产、生活条件得到保障

义务教育方面，除因身体原因不能接受义务教育的适龄儿童全部接受了义务教育，各类助学政策得到全面落实，符合条件的贫困人口全部落实了义务教育"两免一补"和"营养餐"。医疗卫生方面，全面落实建档立卡贫困人口参保资助和合规医疗费用基本医保报销支持政策，实现基本医疗保险、大病保险、医疗救助保障贫困人口全覆盖。住房安全方面，全市 21.35 万户农户实施了危房改造，农村安全住房得到全面保障。易地扶贫搬迁 6.08 万户 29.52 万人，搬迁后的产业配套和后续扶持得到落实，真正实现搬得出、稳得住、能脱贫。

3. 贫困户内生动力得到激发

定西秉持"扶贫先扶志、兜底不兜懒"的原则通过探索推行"五位推进"模式，建立生产奖补、就业补助，设立公益性岗位，按照"四议两公开"方式进行收益分配，组织脱贫户与未脱贫户"两户见面会"等措施，充分激发了贫困群众内生动力，使其积极主动地参与到经济活动中来，用自己的双手脱贫致富，从根本上铲除了滋生贫穷的土壤。2014 年以来，全市有 74.38% 的贫困户，64 万贫困人口通过发展种养产业实现了稳定脱贫。每年有 15 万贫困劳动力面向新疆、福州等地劳务输送，人均劳务收入 2 万元以上。贫困户累计参与了 51967 个乡村公益性岗位，4266 个贫困人口成功在扶贫车间就业。贫困群众实现了从"要我脱贫"到"我要脱贫"，再到"我能脱贫"的转变。

（五）政府与乡村治理能力提升

1. 干部队伍力量愈加强大

打赢脱贫攻坚战、全面建成小康社会，是党对人民的庄严承诺。定西各级党委和政府始终把脱贫攻坚作为最重要的政治任务之一。扶贫干部尤其是一线扶贫干部，直接面对贫困群众，是联系帮扶贫困户的桥梁和纽带，是中央各项扶贫政策落实到"最后一公里"的关键。在这一过程中他们既要统筹

规划又要会"绣花功夫"，出实招、干实事，"5 ＋ 2""白加黑"，他们用自己的辛苦换来了贫困群众的幸福。在这场带领群众脱贫致富的火热实践中，扶贫干部经受了各种体能、智慧、奉献、责任担当等重重考验，磨炼了党性，增进了群众感情，增强了工作本领，在党员干部中树立了特别能战斗、特别敢担当、特别能吃苦的良好形象。

2. 政府与乡村治理体系日趋完善

通过在全市范围内组建驻村帮扶工作队、选派第一书记，县级领导班子成员分头督战重点贫困村，贫困村各项工作有力有序推进得到全面保障。定西按照"围绕脱贫抓党建、抓好党建促脱贫、检验党建看脱贫"的思路，探索实践出了"双培双带""三链建设""驻村代办""三引四领一融合"等一大批特色党建品牌。抓班子带队伍、抓基层夯基础、选干部育人才、树导向激活力，充分激发基层党组织凝聚力、战斗力，实现了基层党建与精准脱贫"双促进、双提升"。通过开展农村基层党组织治理、乡村治理体系建设、法治乡村建设、平安乡村建设、矛盾纠纷调处化解、乡风文明培育等 6 个专项行动，打好乡村自治、法治、德治协同发力的组合拳，推进自治为基、法治为本、德治为先"三治"结合的治理格局，积极推行村内事村民管，持续健全完善农村村级公益性设施共管共享机制。

六、定西市巩固拓展脱贫成果的做法

（一）稳定脱贫面临的问题和挑战

1. 农民收入水平还较低，与"生活富裕"尚有差距

2019 年，定西农村居民人均可支配收入为 8226 元，仅约为全国平均水平（16021 元）的一半，贫困人口虽然已经实现"两不愁三保障"，但离"生活富裕"还存在一定差距。在保持现有帮扶政策的基础上，重点加大产业就

业扶持力度，是保障人民群众持续稳定增收，巩固拓展脱贫攻坚成果，衔接乡村振兴的重要内容。

2.农村基础设施建设还有待进一步加强

定西还有较大存量的通社道路、村内巷道、入户路、产业路没有硬化，一些偏远山区群众出行和生产条件较差的问题还没有得到根本解决。定西的土坯房存量仍然相对较大，因灾变危房的概率较大。

3."三保障"问题还存在薄弱环节

定西摸排出的辍学学生中，还存在因家庭变故、父母离异、隔代监护等导致辍学的现象，这部分学生稳定就学存在实际困难，巩固复学质量难度较大。定西贫困人口基数大，乡（镇）村两级卫生技术人员相对不足，"一人一策"签约服务全覆盖的保障水平和服务质量还有待进一步提高。个别易地搬迁安置点产业配套还不到位，"搬得出"任务基本清零，"稳得住"的压力还比较大，拆旧复垦任务重。农村土坯房存量相对较多，虽经第三方机构鉴定为安全住房，但受水汛灾害变危房的概率较大。

4.防返贫任务相对较重

自然条件严酷、生态环境脆弱、灾害频发易发，导致道路、饮水管线、堤坝、房屋等基础设施以及农作物易受灾害威胁，群众致贫返贫的因素较多。农村社会保障体系还不够健全完善，因灾因病因学因意外变故造成致贫返贫的不稳定因素依然存在，防贫监测和帮扶的任务仍然相对较重。

（二）巩固拓展脱贫成果和对接乡村振兴战略

1.脱贫成果与乡村振兴有效衔接的基础

（1）形成可有效衔接乡村振兴的帮扶治理体系。从贫困县到贫困村再到贫困户，定西通过对贫困对象的全方位帮扶，包括组织领导、驻村帮扶、资金投入、金融服务、社会参与、责任监督、考核评估等方面形成了一个完整的帮扶组织体系。尤其是农村基层党组织领导核心地位得到强化，组织力和战斗力也大大加强。乡村振兴是脱贫攻坚的接续战略，这些形成的成熟牢固的治理体系为乡村振兴打下了基础。

（2）形成了可有效衔接乡村振兴的优势产业基础。通过推广"551"产业扶贫模式、构建"7＋X"产业覆盖体系以及八个扶贫小微业态为补充的产业扶贫体系，全市农业产业布局已具备一定基础。一是表现在形成了优势特色产业。全市发展"7＋X"种植业954.35万亩，"三品一标"认证数量达150个。其中马铃薯种植面积稳定在300万亩左右，位居全国地级市第二，种薯生产能力占全国的三分之一。"定西马铃薯"荣获中国驰名商标。中药材种植面积稳定在150万亩左右，位居全国地级市第一，三大主栽品种当归、党参、黄芪种植面积分别占全国的60％、20％和40％，陇西县、岷县、渭源县分别被命名为"中国黄芪之乡""中国当归之乡""中国党参之乡"。二是培育壮大了一批新型农业经营主体。全市累计引进培育龙头企业239家，与1009家合作社建立紧密利益联结关系，吸纳1.33万人就业（其中吸纳贫困户2892人）。其中省级以上示范社325个、市级以上示范社533个、联合社156个；家庭农场595个；此外全市在1101个贫困村组建农民合作社6172个，实现了每个贫困村2个以上产业合作社全覆盖。三是构建了较为完善的市场体系。全市建成了各类营销市场261个，其中产地市场129个、农贸市场80个、外销市场52个，形成了以农产品专业市场为龙头、农贸市场为骨干、乡村收购网点为依托、线上销售为辐射的四级营销网络体系。支持龙头企业和合作社新建农产品产地初加工设施361座，累计建成马铃薯贮藏窖1.09万座、中药材烘干设施188座。在227个贫困村新建果蔬保鲜库228座，为35个贫困村购置移动式保鲜库40辆。积极搭建产销对接平台，组建定西农产品产销联盟，组织全市120多家农产品加工营销龙头企业和合作社联合抱团创业市场。这些产业发展条件为产业振兴奠定了重要基础。

2.对接乡村振兴战略的措施

（1）建立防止返贫监测和帮扶体系。定西坚持把防止返贫和监测帮扶作为巩固脱贫成果的重要手段，不断完善"三步六法"防止返贫动态监测和精准帮扶机制。聚焦 2.43 万脱贫不稳定人口和 4.95 万边缘易致贫人口监测帮扶情况。针对脱贫不稳定人口和边缘易致贫人口，将 6347 户 1.90 万人纳入一二类低保和特困供养；对 1.25 万户 5.08 万人落实产业扶持项目；组织 1.13 万户的 1.63 万人外出或就近务工，其中安排公益性岗位 2636 人；为 3059 户发放扶贫小额信贷 1.37 亿元；实施危房改造 648 户；落实教育资助政策 6905 户 1.24 万人；落实医疗救助政策 3480 户 4788 人，实现对所有纳入监测的"两类人口"帮扶全覆盖，定西无返贫和新增贫困人口。

（2）以最后冲刺清零行动巩固脱贫攻坚成果。2020 年，定西全市上下深入学习贯彻习近平总书记在决战决胜脱贫攻坚座谈会上的重要讲话精神，紧盯脱贫攻坚高质量收官目标，努力克服疫情灾情影响，深入组织开展以"四巩固六提升五促进"为主要内容的"百日大会战"行动、"全覆盖"问题检视清零行动和"小分队"集中攻坚行动，全力以赴促脱贫、防返贫、阻致贫。全面完成了 4.16 万贫困人口脱贫、119 个贫困村退出和通渭、岷县 2 个县的脱贫摘帽任务。一是坚持挂牌督战促攻坚，紧紧盯住责任落实、力量整合、政策落地、项目配套、资金保障、问题解决、作风转变 7 个关键环节，重点防范底数不实、工作遗漏、整改缓慢、返贫致贫、成果反弹、落实不力、投诉举报、视觉贫困、特色不显 9 个方面的问题，较真碰硬"督"，凝心聚力"战"，精准落实到村到户到人政策措施。二是开展百日会战固底板，从 2020 年 3 月初开始至 6 月底基本结束，在定西全市范围内深入开展以"四巩固六提升五促进"为主要内容的"百日大会战"行动，围绕"3 + 1""5 + 1"等脱贫攻坚重点任务，完善落实"一户一策"帮扶计划，精准落实到户到人政策措施。定西规范提升农民专业合作社 1012 家；完成 271 所农村"两类学校"和 78 户农村危房改造建设任务，完成 5827 户"四有人员"危房整治；完成 13 项农村饮水安全巩固提升项目和 1930 公里村组道路建设项目。三是克服疫情影响保增收，围绕壮大富民产业、完善带贫机制、用好到户资金、突出保险保底等，按照甘肃省"五个挂钩"原则要求，落实到户产业发展资金 4.44 亿元，大力发展"7＋X"主导产业，因地制宜发展短平快的"五小"产业。把"稳就业"作为对冲疫情影响、稳定群众增收的关键举措，坚持一手抓开发、一手抓输转，确保大疫大灾之年群众收入不下降、有增长。2020 年新开发乡村公益性岗位 1.29 万个，累计开发 2.51 万个；新建扶贫车间 76 家，累计创建 306 家，扶贫龙头企业复工 229 家，分别吸纳建档立卡贫困劳动力 4139 人和 7180 人；定西有 30.13 万建档立卡贫困人口外出或就近务工，稳定超过 2019 年外出务工人数。四是全面检视整改提质量，组织驻村帮扶工作队、包村干部和贫困户帮扶责任人等力量，全覆盖开展检视清零工作，分级梳理问题清单，"点对点"跟进整改落实。同时，组建产业扶贫、就业扶贫、易地扶贫搬迁、危房改造、安全饮水和综合业务 6 个脱贫攻坚小分队，采取硬核举措，攥紧拳头出击，加快补齐脱贫短板。各级各类巡视、巡察、考核、暗访等反馈的问题已全部整改到位，以问题整改倒逼任务落实，有力提升定西脱贫攻坚工作质量。五是深化扶贫协作聚合力。2020 年，争取福州各类帮扶资金 6.57 亿元，实施帮扶项目 236 个；两市党政主要领导开展互访对接 4 次；引导 44 家企业投入资金 6.25 亿元开展产业合作，建成福州"一中心十二馆"和定西"一中心七馆"等农产品销售平台，销售农特产品 7 亿元；向福州输转三个月以上贫困劳动力 2368 人，福州新建扶贫车间 74 个；选派党政干部挂职 24 人，选派专技人员交流学习 203 人；福州市乡镇（街道）结对帮扶定西 119 个乡镇，福州市经济强村、企业、社会组织结对帮扶定西 933 个贫困村，两市学校结对 186 个、医院结对 67 个。两市联合举办第二届福州·定西经贸文化旅游活动周，活动期间先后举办了专场招商视频会、福州·兰州线直航启动仪式、定西·福州消费扶贫月活动启动仪式等活动。全面落实中央单位定点扶贫 12 个专项工作方案，7 家中央单位直接投入帮扶资金 0.65 亿元，协调引进各类帮扶资金 2.34 亿元。

七、定西市脱贫攻坚的启示和建议

（一）经验启示

1.定西脱贫攻坚经验是中国开发式扶贫的典型样本，提出解决区域性贫困的新思路

定西扎实落实中央各项政策，聚焦重点区域集中攻坚，瞄准坚中之坚、攻克难中之难，根据本市社会经济自然条件、贫困特征和贫困群众需求，为解决区域性贫困因地制宜创新脱贫举措。一是立足于区域贫困限制因素，坚持不懈解决区域性缺水之困。二是做大做强适宜本地自然条件的区域特色产业。三是以人民为中心，用"绣花功夫"落实易地搬迁等民生工程，切实贴近农户需求解决实际困难。四是和衷共济，利用好发挥好东西协作的强大助力。

2.坚持党的领导，强大的脱贫攻坚组织领导机制是打赢脱贫攻坚战的必要保障

脱贫攻坚政策措施必须依靠各级领导干部来布局和落实，因此，强有力的组织领导体系是脱贫攻坚取胜的关键和根本。定西人民牢记习近平总书记"咱们一块儿努力，把日子越过越红火"的殷切嘱托，坚决贯彻习近平总书记关于扶贫开发的重要论述、始终遵循习近平总书记视察甘肃的重要讲话和"八个着力"的重要指示精神，把组织领导和党建工作摆在脱贫攻坚的首要位置，以组织领导建设统领脱贫攻坚工作，以党建落实脱贫政策措施。

定西按照"围绕脱贫抓党建、抓好党建促脱贫、检验党建看脱贫"的思路，全力推动党建工作与脱贫攻坚深度融合、精准对接、着力把组织优势转化为脱贫攻坚优势，把组织活力转化为脱贫攻坚动力，实现抓党建与抓脱贫"双促进、双提升"。一是坚持市、县两级脱贫攻坚领导小组"双组长"负责制。二是在全省率先组建副科级建制的乡镇扶贫工作站。三是实施四级书记遍访贫困对象行动和市级领导联县包乡抓村制度，及时查漏补缺，督促任务落实。四是用好帮扶资源聚合力，以县处级后备干部和优秀年轻干部为主体选派了驻村帮扶工作队队长，全部兼任第一书记。五是筑牢村级脱贫攻坚一线战斗堡垒。

3.产业发展是解决区域性贫困的根本之策

定西在实施精准帮扶、精准脱贫的过程中，始终坚持以产业发展做支撑，主抓当地特色产业发展。在脱贫攻坚期间采取一系列得当的产业发展措施，坚持把产业扶贫作为贫困群众持续稳定脱贫的根本之策、源头活水，围绕稳定增收目标，不断健全完善生产组织、投入保障、产销对接、风险防范体系，多措并举拓宽贫困群众增收渠道。只有产业兴旺发展、就业机会充分，贫困和低收入人口脱贫增收才是稳定的，可持续的，才能顺利衔接乡村振兴。

4.和衷共济，构建脱贫攻坚合力体系

外部援助是贫困地区加速脱贫的重要帮扶力量。贫困地区财力有限，仅依靠自身人力物力财力在短短几年内解决区域性贫困难度非常大。而以东西协作和定点帮扶为主体的外部帮扶力量不仅给贫困地区注入了帮扶资金、帮扶项目，还为贫困地区带来了先进思想、先进理念，为贫困地区学生提供了到发达地区受教育机会，为农民提供了大量稳定就业务工机会，为贫困地区注入了优质医疗资源，帮扶工作深入到了每一项脱贫政策落实中，大大加速了贫困地区的脱贫速度。调研组在访谈过程中深切感受到，定西市、县两级干部对东西协作的"福定模式"非常认可，深感福州对定西的帮扶作用巨大，表示希望未来定西东西协作的结对帮扶地区还是福州。可见外部帮扶力量对贫困地区的脱贫攻坚发挥了巨大的推力作用。

（二）政策建议

1.实施特色种养业提升行动，广泛开展农产品产销对接活动，促进"产业扶贫"与"产业兴旺"无缝对接

定西特色产业发展基础好，特别是马铃薯、中药材、饲草业、蔬菜等产

业已经在全国具有了不同程度的影响力，在产业扶贫、促进农民稳定增收方面发挥了至关重要的作用。脱贫攻坚后续工作的重点需要继续放在特色农业产业的转型升级上，通过进一步优化产业结构、调整品种结构、延伸产业链条、完善供销体系推动产业高质量发展，实现"产业兴旺"，人民富裕。

2.加大对脱贫县乡村振兴支持力度，进一步巩固拓展"两不愁三保障"脱贫攻坚成果

一是义务教育保障成果巩固拓展。受经济发展水平限制，定西自身财力在教育方面的经费投入还远远不足，仍需依靠国家和甘肃省的投入，教育方面的配套资金跟不上。脱贫攻坚与乡村振兴相衔接，需要进一步提升农村学校软硬件水平，提高学生受教育质量，缩小与经济发达地区的差距。因此，还需要国家持续加大投入。如目前的营养餐国家补贴每个学生4元/天，虽然能吃饱，但吃不太好，如果能提高标准，学生营养餐的营养水平就能大大提升。同时在山大沟深的地区，不适宜发展农村校车，因此，还需要适当提高农村寄宿制学校的建设水平。

二是住房安全保障成果巩固拓展。与乡村振兴相衔接，需要持续跟踪新增危房，同时配合小城镇建设和传统村落保护行动等工作，需要进一步保护和改造提升农房。建议从国家层面统筹安排由一个部门实施，解决多龙治水的问题。现在的农村住房问题由应急、住建、发改等多部门参与实施政策，而且各部门的补贴标准也不一样，最终都要落实到乡镇一级政府实施，但乡镇一级还未设置相对应的落实机构，导致乡镇开展工作非常吃力。未来实施乡村振兴，建议在乡镇一级配备专职人员，解决缺人干事儿的问题。

三是饮水安全成果巩固拓展。定西的人饮问题已经全面解决，但仍存在一些工程性缺水和水质不稳定的问题，与乡村振兴衔接，需进一步提升饮用水服务水平，围绕四项指标，工程、检测、净化、分散供水要达到方便程度等标准开展工作。

四是脱贫地区基础设施建设成果巩固拓展。脱贫攻坚期内定西贫困地区发展基础设施建设突飞猛进，行路难、吃水难、用电难等问题得到历史性解决，行政村实现全部通硬化路、通客车、通邮路、通动力电、通光纤。但由于基础较为薄弱，基础设施欠账较多，无法满足乡村振兴需求。建议加大对定西脱贫县乡村振兴支持力度，重点建设一批区域性的重大基础设施工程，尤其是交通和水利工程，彻底解放制约定西人民发展生产和追求美好生活的资源约束。

3. 加强农村低收入人口常态化帮扶，继续实施对低收入群体发挥持续帮扶作用的政策措施

开展农村低收入人口动态监测，实行分层分类帮扶。对有劳动能力的农村低收入人口，坚持开发式帮扶，帮助其提高内生发展能力，发展产业、参与就业，依靠双手勤劳致富。对脱贫人口中丧失劳动能力且无法通过产业就业获得稳定收入的人口，以现有社会保障体系为基础，按规定纳入农村低保或特困人员救助供养范围，并按困难类型及时给予专项救助、临时救助。脱贫攻坚期实施的许多政策措施，例如金融帮扶政策、教育帮扶政策、兜底保障政策等，不仅在脱贫攻坚期发挥了重要作用，在"十四五"时期还将对防止致贫返贫、缓解相对贫困起到重要作用，这些有效的政策措施应继续加以坚持并根据情况变化不断完善。此外，可以将脱贫攻坚期形成的行之有效的帮扶体制机制充分吸收借鉴到"十四五"时期对低收入人口和欠发达地区的帮扶工作中，吸收借鉴到乡村振兴战略的实施工作中。实践证明，中央统筹、省负总责、市县乡抓落实的工作机制，五级书记一起抓的工作力度，精准施策、精准评估的工作理念，社会各界共同参与的工作格局等，都是脱贫攻坚期行之有效的宝贵经验，也是需要巩固的脱贫成果。

第四篇

湘西州脱贫攻坚
案例研究报告

湘西，是习近平总书记精准扶贫重要思想的首倡地，是湖南省唯一的少数民族自治州和脱贫攻坚主战场。全州上下牢记习近平总书记殷切嘱托，坚持把打好打赢脱贫攻坚战作为首要政治任务、第一民生工程和头等大事来抓，以十八洞村为样板探索走出了一条可复制、可推广的精准扶贫路。湘西为实现偏远民族地区精准脱贫提供了可复制、可推广的"湘西经验"：党建引领是根本，互助"五兴"强治理；把握精准是关键，"五个结合"保质量；增加投入是保障，统筹整合夯体系；各方协同是前提，合力攻坚聚活力；群众参与是基础，志智双扶提内力；产业发展是重点，"十项工程"兴民生。

　　湘西实现精准脱贫的特殊价值和意义则体现为：彰显了中国人民实现伟大复兴中国梦的使命担当；坚定了偏远民族地区减贫脱贫的信心；激励着国际贫困治理理论的创新；为解决贫困治理这一世界性难题提供了湘西方案，为国内其他地区或其他发展中国家树立了标杆、提供了榜样，坚定了全世界类似地区消除贫困的信心。

一、湘西州在中国扶贫历史上的特殊意义

湘西，是习近平总书记精准扶贫重要思想的首倡地，是国家西部大开发、国家承接产业转移示范区和武陵山片区区域发展与扶贫攻坚试点地区，是湖南省唯一的少数民族自治州和扶贫攻坚主战场，也一直是湖南省脱贫攻坚的重点难点地区，其在中国扶贫历史上的特殊意义不容忽视。

（一）少数民族聚居且深度贫困地区的典型代表

湘西位于湖南省西北部，是集革命老区、民族地区、移民库区和贫困地区于一体的典型"老、少、边、库、山、穷"地区，也是全国 11 个集中连片特困区中少数民族集中最多的片区。湘西总人口 299.3 万人，其中以土家族、苗族为主的少数民族占 80.7%。

湘西古有"鬼方"蛮地之称，武陵山片区生活着土家族、苗族、侗族、白族、回族和仡佬族等数十个少数民族，几乎与世隔绝，极端恶劣的自然环境导致区域性的生产力技术和教育水平低下。据 1982 年全国第三次人口普查资料，当时湘西有 156 万人生活在国家贫困线以下，占湘西农业总人口的84%，贫困状况使人震惊。

在国家反贫困战略的几大关键节点，湘西都提供了先行先试的"湘西样本"。2012 年，湘西成为武陵山片区区域发展与扶贫攻坚试点等 14 项国家和省级扶贫试点的汇聚地。湘西还先后得到并实施了世界银行贷款项目、湖南省日元贷款武陵山区环境与生活条件改善项目等国际组织在少数民族贫困地区的扶贫开发交流合作。

（二）精准扶贫重要思想的首倡地

2013 年 11 月 3 日，习近平总书记在花垣县十八洞村为中国的脱贫攻坚

标注下了鲜明的思想烙印——精准扶贫。在十八洞村，习近平总书记指出，我们在抓扶贫的时候，切忌喊大口号，也不要定那些好高骛远的目标。扶贫攻坚就是要实事求是，因地制宜，分类指导，精准扶贫。他还明确要求，扶贫工作要"不栽盆景，不搭风景"，不仅要自身实现脱贫，还要探索"可复制、可推广"的脱贫经验。

2013 年 11 月 8 日，湘西召开八县（市）扶贫办主任座谈会，传达并贯彻习近平总书记在湘西考察时的重要指示精神，就如何贯彻总书记对扶贫工作"还要更重视"的指示精神以及实现精准扶贫的目标作了强调。近年来，湘西在基础设施建设中因地制宜实施"微改造"，有效地改善了人民的生产生活条件。十八洞村不仅实现了自身脱贫摘帽，其脱贫经验更复制、推广到了湘西全州。

习近平总书记先后多次对湘西脱贫攻坚工作给予肯定和鼓励，为湘西打好打赢脱贫攻坚战增添了强大动力和必胜信心。

（三）为实现偏远民族地区精准脱贫提供了可复制、可推广的"湘西经验"

"湘西经验"的主要内容和启示为：党建引领是根本，互助"五兴"强治理；把握精准是关键，"五个结合"保质量；增加投入是保障，统筹整合夯体系；各方协同是前提，合力攻坚聚活力；群众参与是基础，志智双扶提内力；产业发展是重点，"十项工程"兴民生。

湘西实现精准脱贫的特殊价值和意义则体现为：彰显了中国人民实现伟大复兴中国梦的使命担当；坚定了偏远民族地区减贫脱贫的信心；激励着国际贫困治理理论的创新；为解决贫困治理这一世界性难题提供了湘西方案，为国内其他地区或其他发展中国家树立了标杆、提供了榜样，坚定了全世界类似地区消除贫困的信心。

二、湘西州情概述与贫困情况

（一）湘西州情概述

1.自然地理

湘西位于湖南西北部，东界常德，南毗怀化，西邻川、黔，北连鄂西，地处东经 109°11′至 110°55′、北纬 27°44′至 29°47′之间，是云贵高原北东侧与鄂西山地南西端之结合部，地貌形态的总体轮廓是一个以高原山地为主，兼有丘陵和小平原，并向北西突出的弧形山区地貌。在全国 11 个集中连片特困区中，武陵山片区是我国 3 个喀斯特式贫困与石漠化贫困地区之一，干旱、洪涝、冰雹、冰冻、泥石流、山体滑坡和土地塌陷等自然灾害连年发生。

2.历史文化基础

湘西历史文化厚重，拥有丰富的文化遗产，培育了大批政治文化名人。湘西有里耶镇、芙蓉镇、浦市镇、边城镇四个中国历史文化名镇和南方长城等 399 处历史文化古迹。州内现存凤凰古城、老司城、里耶古城等大量的自然及人文景观遗迹。涌现出民国总理熊希龄、现代文豪沈从文、著名画家黄永玉、民族歌唱家宋祖英等一批政治文化名人。湘西是革命老区，贺龙、任弼时、萧克、王震等老一辈无产阶级革命家在这里创建了湘鄂川黔革命根据地，为中国革命作出了重大贡献。①

湘西民俗风情浓郁，州内拥有国家文化和旅游部授予的湖南省唯一的武陵山区（湘西）土家族苗族文化生态保护区。花垣县苗族赶秋，被列入联合

---

① 彭晗：《创新融合 让湘西非遗"活"起来——湘西州非物质文化遗产保护工作纪实》，《湘西团结报》2018 年 12 月 29 日。

国教科文组织人类非物质文化遗产代表作名录。湘西还拥有国家级非物质文化遗产保护名录 26 个，保靖县夯沙乡夯沙村等 84 个村寨入选"中国传统村落名录"。

湘西山水风光俊丽。猛洞河国家级风景名胜区内的猛洞河漂流，被誉为"天下第一漂"；小溪国家级自然保护区是中南十三省唯一幸存的免遭第四纪冰川侵袭的原始次生林；国家级风景名胜区吉首德夯，被人们称为"天凿奇峡"；还有国家森林公园坐龙峡、国家地质公园红石林、国家湿地公园峒河等 227 个世界级、国字号旅游品牌。

3. 资源禀赋基础

湘西山地面积占总面积的 70%，农业、水利、矿产等资源丰富，堪称华中"生物基因库"和"中药材宝库"，拥有中药材资源 2000 多种。湘西处于全国罕见的气候微生物发酵带、土壤富硒带和植物群落亚麻酸带，"酒鬼酒""古丈毛尖""湘西椪柑"等都源于这宝贵的"三带"资源。湘西水能资源理论蕴藏量达 218.8 万千瓦，其中可开发量 162.7 万千瓦，现已开发 151.2 万千瓦。州域内已勘查发现 48 个矿种 584 处矿产地，有"锰都钒海"之称。初步探明页岩气储量 4.8 万亿立方米，占全省的 70%，可采储量超过 1.4 万亿立方米，价值高达 3.5 万亿元，开发潜力巨大。

（二）贫困特征与致贫主要成因

1. 贫困特征

（1）贫困人口规模。湘西属于典型的深度贫困地区，贫困人口规模较大。从表 4-1 可以看出，湘西的贫困发生率在 1985 年时一度达到了 84%。按照国家 2010 年划定的贫困标准，脱贫攻坚期之前，湘西的贫困发生率近40%，约 150 万人。

表 4-1　1985—2019 年湘西州农村贫困人口贫困状况统计表

年份	农民人均纯收入 / 农村居民人均可支配收入（元）	贫困人口数量（万人）	贫困标准(元 / 年)		贫困发生率（%）	备注
			绝对贫困标准	低收入标准		
1985 年	312	156	150		84	
1987 年	342	112	200		42.7	
1988 年	360	76.75			39	
1989 年	371	63.4			31.7	
1990 年	372	43	300		20	
1991 年	485	34			16	
1992 年	547	30			14	
1993 年	578	90			42	当年因灾返贫人口 60 万人
1994 年	678	60			28	
1995 年	810	50			25	
1996 年	968	43	530		20	
1997 年	1079	35			16	
1998 年	1165	53			25	当年因灾返贫人口 25 万人
1999 年	1225	46			21	
2000 年	1277	23	625	872	33	
2001 年	1293	23/82			30	
2002 年	1325	23/75			27	
2003 年	1401	23/66.3			24	
2004 年	1602	23/61.75			22	
2005 年	1766	13/55			20	
2006 年	1962	13/50			18	
2007 年	2255	12/45			16	
2008 年	2574	12/35			13	
2009 年	2858	92.6	1196		33.6	当年贫困标准提高
2010 年	3173	87.6	1274		31.7	
2011 年	3674	150	2300			当年贫困标准提高

续表

年份	农民人均纯收入 / 农村居民人均可支配收入（元）	贫困人口数量（万人）	贫困标准（元 / 年）		贫困发生率（%）	备注
			绝对贫困标准	低收入标准		
2012 年	4229	139.4	2300			
2013 年	4737	85.04			31.93	
2014 年	5891	73.43	2800		26.94	
2015 年	6648	73.17	2855		22.31	
2016 年	7413	74.51	3026		16.94	
2017 年	8273	74.43	3200		10.55	
2018 年	9183	66.01	3400		4.39	
2019 年	10046	65.77	3700		0.65	

资料来源：湘西州扶贫办。

（2）贫困人口分布情况。从地域分布来看，湘西的贫困人口主要集中于少数民族聚居的四大贫困片区。湘西县域贫困度在空间整体上呈现东西、南北差异，中轻度贫困县分布在湘西的南部和西部，而重度贫困县则集中在湘西的北部和东部。从贫困人口的教育程度的分布来看，湘西贫困人口普遍受教育水平较低，人力资本水平基础较弱。从贫困人口的年龄分布来看，湘西贫困人口年龄结构尚可，呈现一定的老年贫困趋势，有将近六成的贫困人口在19—60岁之间，这说明湘西贫困人口中劳动年龄人口较多，在劳动力供给上具备较好的脱贫基础。

2. 致贫主要成因

湘西贫困人口致贫原因呈现多样化，总的来看，湘西贫困人口致贫主要是由于人力资本积累不足导致的，医疗保障和基础较差导致因病致贫较多，且少数民族聚居地区教育水平薄弱，因此缺技术、因学致贫的贫困人口占比较大。

（三）扶贫历程

纵观30多年的扶贫历程，湘西扶贫开发事业大体可划分为五个阶段。

1. 第一阶段：1978—1987 年

这一阶段在国家层面称为体制改革推动扶贫阶段，在湘西俗称为救济式扶贫，主要开展以家庭联产承包责任制为中心的农村经济体制改革。同时湘西借助以工代赈、两棉赊销、税收减免、扶贫建房、扶贫建校等优惠政策，解决 115.64 万人缺衣少被的实际困难、1 万多户无房户的住房困难、26 万人及 24 万头大牲畜安全饮水、36 万学生及 3000 多名教师的教学住房困难，以及人民生产生活中一些亟须解决的难题。

2. 第二阶段：1988—1993 年

这一阶段主要是健全扶贫管理机构，推行产业开发扶贫阶段。湘西制定解决群众温饱，抓好粮食生产这一基础，实施林果业、烟草、茶叶、苎麻、中药材、草食动物、矿产品、旅游及旅游工艺品八个系列开发，加强农业基础设施、交通能源、科技教育、服务体系四项基本建设的扶贫总体规划，简称"一八四"开发设想，同时实现由原来民政部门一家扶向全社会抓扶贫的转变；由救济"输血型"向扶贫开发"造血型"的转变；由零星分散庭院经济向区域性规模开发的转变。通过九年扶贫，湘西解决 41 万人的饮水困难、18 万人的照明用电和 1 万户 4.5 万人的住房困难问题；农村没有解决温饱的贫困人口由 156 万人减少到 60 万人。

3. 第三阶段：1994—2000 年

1994 年，中共中央、国务院下达"八七扶贫攻坚计划"。1994 年 9 月，湖南省委、省人民政府出台《关于支持湘西土家族苗族自治州实施"八七扶贫攻坚计划"的意见》，决定把湘西自治州作为全省扶贫攻坚的主战场。1996 年，湘西州委全面贯彻中央和省有关文件精神，讨论修订《中共湘西自治州委关于尽快解决我州农村贫困人口温饱问题的意见》，同时制定和实施"六六温饱工程"。湘西实行"五定"责任制，在扶贫开发工作的内容和方式上逐步实现从抓常规农业向建设支柱产业转变，从道义性扶贫向规范化制度化扶贫转变，从扶持贫困地区向扶持贫困村和贫困户转变，从政府包揽、扶贫办单线式扶贫向全社会合力扶贫转变。到 2000 年底，湘西原生性贫困人口由 1994 年的 60 万人减少到 23 万人，减少 62.16%。

4. 第四阶段：2001—2010 年

这一阶段是实施首个国家扶贫开发纲要（2001—2010 年）阶段，湘西俗称集中连片扶贫开发阶段。从号召湘西开展农村支柱产业第二次创业开始，在多地新建集中连片水果基地。2005 年，湘西落实国务院扶贫开发办提出新时期"一体两翼"整村推进扶贫开发新战略。截至 2010 年，湘西产业开发总面积达到 330 万亩，乡村人口人均 1.86 亩；湘西有农产品加工企业 488 个，州级以上农业龙头企业 35 家，国家级农业龙头企业 10 家，带动 45 万贫困人口增收。

5. 第五阶段：2011—2020 年

这一阶段是实施第二个国家扶贫开发纲要（2011—2020 年）阶段，形成专项机构扶贫、主要职能部门围绕精准扶贫开展合力攻坚的局面。特别是从 2014 年起，湘西开始实施精准扶贫方略。2016 年，湘西围绕贫困村和建档立卡贫困户脱贫退出而精准布局安排扶贫项目的精准扶贫模式真正建立。2020 年，经国务院扶贫开发领导小组抽查复核，湘西 65.61 万在册建档立卡贫困户达到脱贫标准，1110 个贫困村达到贫困退出标准，8 个县（市）达到贫困摘帽标准。至此，湘西彻底摆脱千年贫困的阴影，走上乡村振兴的康庄大道。

三、湘西州脱贫攻坚面临的困难和挑战

（一）自然条件差，贫困程度深

湘西地处武陵山片区，面临着严重缺水、缺土、自然灾害频发等根本问题，长期以来都面临着原生性贫困与再生性贫困相互交织的困扰。湘西共有四大贫困片区，分别是腊尔山片区、吕洞山片区、龙永界片区、红土壤片区等中高海拔地区，四大贫困片区范围涉及 8 县市、75 个乡镇、256 个行政村，涉及农村人口 56.68 万，贫困人口 32.69 万。受自然条件限制，湘西一直面临经济发展困难、增长速度慢、农民收入低的困境。据统计，2014 年湘西四大贫困片区人均收入为 2565 元，仅为湘西农民人均纯收入的 43.54%，农村贫困发生率达 57.67%。

（二）基础设施薄弱，生产生活条件落后

长期以来，受到自然环境的限制和经济基础的限制，湘西的基础设施一直较为薄弱，尤其是四大贫困片区的群众生产生活条件较为落后。"看到屋，走得哭"是 50% 以上贫困片区的农民出行的真实写照；居住条件方面，部分贫困片区人畜混居现象较为严重；饮水设施方面，大多年久失修，部分还存在安全隐患；电力设施大多线路老化，用电成本高，四大贫困片区广播电视、电话未实现全覆盖，没有互联网，群众信息闭塞，与外界交流少。

（三）产业发展乏力，难以形成支柱产业

湘西一直以来都存在产业结构单一、农产品品牌打造较为滞后、农民增收渠道少的情况。同时，贫困人口的生产能力较弱，很难适应市场需求，抗风险能力较差。2015 年，在湘西农村居民人均收入来源中，第一产业经营性收入占比不足三成，收入来源稳定性较差。部分有条件的贫困村虽然有一定的产业基础，但由于受技术、市场、后续管理和投入不到位等因素影响，产业发展规模仍然十分有限。有些贫困村几乎没有什么产业。

（四）公共服务保障不完善，脱贫稳定性较弱

湘西长期以来都面临较为明显的城乡二元格局，城乡间基本公共服务资源分布不均衡，尤其是四大贫困片区的医疗、教育等公共服务极度匮乏。农

村贫困地区贫困人口小病拖、慢性病熬的现象尚未根本缓解；农业生产因灾不能得到有效救助，一灾穷几年；部分贫困农户因为了使子女接受城镇更好的教育不得不在学校周边租房陪读，一方面加大了农村家庭的隐形负担，另一方面造成劳动力的闲置浪费。此外，由于公共服务供给不足，湘西贫困人口脱贫基础不稳，因灾、因病返贫现象一直比较突出。

（五）财政实力薄弱，扶贫资金投入难以保障

湘西自身经济基础薄弱，财政收入有限，并且城乡之间的贫富差距持续加大，经济发展的步伐远远落后于全国的平均水平，贫困现状令人担忧。湘西扶贫资金缺口较大且涉农资金整合难度较大，在涉农资金未整合运用之前，难以充分发挥财政资金的优化配置。

（六）贫困劳动力自身素质较低

劳动力整体素质偏低、农民思想观念落后，是湘西深度贫困的重要原因。2012 年湘西文盲率为 5.76%，高出湖南省 3.09 个百分点；每 1 万名职工拥有科技人员仅为 680 人，每 1 万名农村人口拥有农业科技人员仅为 18人，大大低于全省和全国的平均水平。这也使得科技在贫困片区对农业增长的贡献率不足。此外，由于贫困片区农民外出务工人数占比较大，农村发展产业的年轻劳动力较少，空心化现象比较突出。

（七）基层党组织凝聚力不强

湘西是典型的少数民族聚居地，深度贫困人口居住分散，村庄规模较小，基层党组织凝聚力不强，村委班子缺乏"穷则思变"的观念，对自力更生、脱贫致富的信心不足，在带领老百姓脱贫致富方面积极性不足。许多贫困片区贫困村村支两委班子平均年龄偏大，文化程度以初中以下为主，生产技术和经营能力偏低，市场经济的思想和观念不强，缺乏发展经济的手段和措施。

四、湘西州解决区域性整体贫困的做法

（一）总体思想和基本思路

2013 年 11 月 3 日，习近平总书记在湘西花垣县十八洞村视察时，首次作出"实事求是、因地制宜、分类指导、精准扶贫"重要指示，提出"不栽盆景，不搭风景""不能搞特殊化，但不能没有变化""探索可复制、可推广的脱贫经验"等殷切希望。作为"精准扶贫"首倡地，湘西全州上下各级始终牢记总书记殷切嘱托，坚持以脱贫攻坚统揽经济社会发展全局，把脱贫攻坚当作首要政治任务和第一民生工程，在精准扶贫的道路上不断探索实践，带领湘西在脱贫攻坚方面取得了决定性成就。

1. 围绕责任落实，形成脱贫合力

遵照习近平总书记关于"加强党对脱贫攻坚工作的全面领导，建立各负其责、各司其职的责任体系"等指示要求，湘西围绕"责任落实"，州、县两级均成立由党委书记任组长的精准脱贫攻坚工作领导小组，连续 7 年出台关于精准扶贫脱贫的州委 1 号文件，不断完善脱贫攻坚目标、责任、政策、投入、考核和监督体系，始终强化党委领导，全方位压实四级责任，形成了州县乡村四级书记带头抓、全州上下齐心干、社会各界同参与的脱贫攻坚大格局。

2. 坚持分类指导，推动精准施策

在精准扶贫、精准脱贫策略上，遵照习近平总书记"把提高脱贫质量放在首位"的指示精神以及"五个一批"指示要求，湘西紧扣"两不愁三保障"目标，始终坚持把握精准要义，因地因人因事定制帮扶政策措施，并大力实施"十项工程"，即生产脱贫工程、乡村旅游脱贫工程、转移就业脱贫工程、易地搬迁脱贫工程、教育发展脱贫工程、医疗救助脱贫工程、生态补偿脱贫

工程、社会保障兜底工程、基础设施配套工程和公共服务保障工程。湘西以"五个一批"为核心路径着力巩固提升扶贫脱贫质量，推进"三大清零"，聚焦脱贫难题；突出"六个带动"，聚焦产业发展；抓实"十项工程"，聚焦政策落地；聚焦"三个落实"确保脱贫成效。

3. 突出精准发力，促进"五个结合"

湘西遵照习近平总书记"六个精准"指示要求，把精准精细贯穿于脱贫攻坚工作各环节与全过程，将十八洞村探索形成的"五个结合"有效做法在全州推广，确保脱贫实效经得起检验。坚持扶贫对象的精准识别，注重公开透明与群众认可相结合。在发展扶贫产业方面，注重统筹布局与因地制宜相结合，不搞大包大揽。在基础设施建设上不搞大拆大建，注重留住乡愁与实用美观相结合，纵深推进美丽湘西建设。在攻坚力量统筹上坚持不搞孤军作战，注重发挥基层党组织堡垒作用与党员干部先锋作用，将十八洞村探索形成的"党建引领、互助五兴"基层治理模式在全州推行落实，激发了党员先锋模范作用，形成了党组织核心引领、党员带动、群众参与、互助共进的生动局面。

4. 注重脱贫质量，做到"四防两严"

遵照习近平总书记"脱真贫、真脱贫"指示要求，湘西着力防庸、防急、防散、防虚，严格扶贫对象动态管理、项目资金管理，严肃群众纪律、工作纪律和财经纪律。湘西建立形成扶贫资源整合投入有效机制，大力推行脱贫帮扶"三个一"制度，始终严防扶贫领域"五个风险"，坚持严管与厚爱、约束与激励相结合，并建立形成了扶贫工作全覆盖督导考评机制，确保脱贫工作更务实、脱贫过程更扎实、脱贫结果更真实。

（二）党建引领，构建精准扶贫合力体系

1. "党建引领、互助五兴"，精准结对，激发发展动力

近年来，湘西牢记习近平总书记殷切嘱托，以花垣县十八洞村为试点，

按照"居住相邻、关系融洽、双向选择"的原则和"亲帮亲、户帮户、守望相助"的要求，以1名党员或先进分子联系5户左右群众的形式组建互助小组，探索推行以"学习互助兴思想、生产互助兴产业、乡风互助兴文明、邻里互助兴和谐、绿色互助兴家园"为主要内容的"党建引领、互助五兴"农村基层治理模式，始终坚持以人民为中心，广泛开展党员之星评选、农户思想道德星级化评定、"五好家庭"评选等活动，采取互助组长自评、互助组互评、党员群众代表测评、村党组织定期考评等方式，对互助情况进行量化评比，对表现优秀的互助小组给予集体奖励。广大群众互助共进氛围愈发浓厚、团结协作意识空前高涨、集体荣誉感显著提升。

2. 精准选派驻村干部，尽锐出战

湘西围绕"因村派人精准"，强化贫困村"第一书记"和驻村工作队的选派管理，实现"尽锐出战"。2015年起，湘西委派驻村工作队队长担任村支部委员会第一书记，采取"单位包村、干部驻村、一次性布点、一加一帮扶"方式，对贫困村驻村帮扶全覆盖。2016年，按照州委"1＋2"（即驻1个贫困村，带1个非贫困村）驻村扶贫要求和"全面、协调、聚力、效能"原则，湘西工作队（组）进行调整，各级驻村扶贫责任单位及工作队（组）通过"321"或"1＋N"等方式，动员乡镇、村党员干部及社会能人积极参与结对帮扶，实现了贫困户的结对帮扶全覆盖。同时，各县市均新设乡镇扶贫站，配备两名以上扶贫专干，并设立村扶贫专干，负责本村精准扶贫相关工作。2019年按照"每个贫困户都有帮扶责任人、每名责任人帮扶不超过5户"的要求，湘西共有各级党员干部5.86万人结对16.5万户贫困户，实现精准帮扶全覆盖。

湘西遵照习近平总书记"脱真贫、真脱贫"指示要求，着力防庸、防急、防散、防虚，严格扶贫对象动态管理、项目资金管理，严肃群众纪律、工作纪律和财经纪律。湘西各县市相继出台扶贫资金使用管理办法，同时积极全面开展扶贫资金建设项目自查工作，对精准扶贫政策措施落实过程中存在的问题逐一整改落实。在驻村考核管理方面，湘西对脱贫攻坚工作实行分级、分类、全过程考核管理，组建专门督查考核队伍，实行"一月一调度、一季一督查、一年一考评"，坚持"四不两直"方式评估工作质量，即每月"不发通知、不打招呼、不听汇报、不用陪同接待、直奔基层、直插现场"，坚持"四防两严"（防庸、防急、防散、防虚、严管理、严纪律），确保"脱真贫、真脱贫"。

3.精准对接，提升东西协作扶贫效率

湘西与济南建立扶贫协作关系以来，两地党委、政府高度重视，各区县和相关部门积极行动，就两地扶贫协作的总体规划、具体帮扶项目、人才交流机制、产业合作项目等事宜进行洽谈并签署了合作协议。两地党政领导紧密互访，坚持高位推动，强化组织保障。书记、州长亲自安排部署推动东西部扶贫协作工作，多次召开州委常委会（东西部扶贫协作领导小组会）、州政府常务会（专题会）、扶贫协作工作调度会，州委脱贫攻坚办、州东西部扶贫协作办按月开展工作调度，落实责任，细化工作。为深入拓展人才交流，两地组织部门积极协调，疏通互派干部挂职交流渠道，全面推进干部互派挂职交流和专业人才交流工作，采取双向挂职、技术指导、两地培训等方式加强两地交流协作。在济南的大力支持下，湘西积极组织贫困村党组织书记、两新党组织书记、医疗卫生教育农业人才等赴济南市进修，通过各类培训班提升业务能力。

在产业合作方面，济南积极搭建平台，举办定点招商会、项目洽谈会，引导东部企业到西部地区开展扶贫协作，不断创新带贫新模式，把引进新兴产业和培优提升传统产业相结合，把承接东部产业转移与发展绿色生态产业、实现高质量发展相结合，通过建立东西部扶贫协作"扶贫车间"，吸纳贫困人口就近就地就业。同时创新产销对接模式与文旅合作扶贫模式，围绕湘西特色产业建成了湘西猕猴桃、保靖黄金茶、泸溪椪柑等特色产品直供基地，大力宣传推介湘西旅游，出台一系列优惠政策，大力推行和实施消费扶

贫，带动产业健康发展。

在就业服务方面，把劳务协作、技能扶贫作为东西部扶贫协作的重要突破口，积极推进转移就业，建立转移就业人员的各类保障，明确了"3223＋N"合作目标。同时深化就业培训，创新培训模式，打造扶贫协作品牌。引进山东济南扶贫经验，着力推进扶贫车间建设，通过扶贫车间吸纳1958名贫困群众实现就业。

（三）以精准施策贯穿脱贫攻坚工作全局

1.突出民族特色，精心打造乡村旅游脱贫工程

湘西始终牢记习近平总书记殷切嘱托，坚持把生态文化旅游业作为湘西发展的最大门路和富民强州的主导产业，"民族风情＋民俗文化＋生态景观"融为一体的乡村旅游迅猛发展。湘西在保持"原汁原味"的乡村旅游特质基础上助推乡村旅游新业态的发展，运用"互联网＋"思维推动乡村旅游产品创新、业态创新、发展模式创新，推进乡村旅游与非遗产品、手工艺品、观光农业、特色农副产品等产业融合发展，着力提升乡村旅游品质和内涵。此外，湘西还加强跨市跨县跨区域乡村旅游合作，打破行政区划壁垒，打造域内旅游强势品牌，推动域内旅游经济一体化进程，并在此基础上创建湖南省国家旅游扶贫创新区，提升乡村旅游带贫的协同效应，使区域内20%的建档立卡贫困人口通过旅游实现脱贫。

2.因地制宜，实现精准就业扶贫

一是湘西坚持因企施策、因人施策、因地施策，积极打造"厂房式""居家式""基地式"等多种形式扶贫车间。全州累计建成309家就业扶贫车间，带动5349名贫困劳动力实现就近就业；坚持以用为本实现"精准"培训。二是坚持创新培训方式，分类施培，以岗定培，突出精准培训。按照"计划科学合理、对象精准到人、内容量身定制、方式多样灵活、管理严谨细致"培训要求，精准开展转移就业培训。三是以竞促学培育培训品牌，打造"湘

西焊工""湘西电工""湘西缝纫工"等劳务品牌培训。

3. 因户施策，实现"精准"产业扶贫

针对贫困户特点，湘西采取分类指导、因户施策的方式。一是推行直接帮扶，引导有发展生产意愿但缺资金技术的贫困户发展脱贫产业，发展小养殖、小庭院、小作坊、小买卖"四小经济"。二是推行委托帮扶，对无劳动能力或劳动力不足、无法转移就业的贫困户，把土地等生产要素委托给经营主体统一经营，项目收益按比例分成。三是推行合作帮扶，支持贫困村组建专业合作社，将贫困户享受的到户增收补贴、小额贷款等资金进社入股分红。四是推行股份帮扶，鼓励将贫困户的土地、林地等生产资料折价入股，或将项目补助资金入股，由农业企业、合作社等经营，结成利益共同体，实现股份到户、利益到户。

4. 因事施策，实现"精准"救助帮扶

湘西近年来不断加大退伍军人、下岗失业职工中特困群体的救助力度，建立农村"三留守"人员和残疾人动态信息管理系统，特殊关爱农村贫困家庭幼儿特别是孤儿、困境儿童和留守儿童，建立家庭、学校、基层组织、政府和社会力量相衔接的留守儿童、孤儿关爱服务网络。加大贫困残疾人康复工程、特殊教育、技能培训、托养服务实施力度，全面实施困难残疾人生活补贴和重度残疾人护理补贴制度。对因自然灾害等突发因素返贫致贫人员，采取"因事施策"的办法救助脱贫。

5. 精细选址，有效推动易地扶贫搬迁

易地扶贫搬迁是决战脱贫攻坚和保护生态环境的双赢之策，为实现"搬得出、稳得住、能致富"目标，湘西把改善搬迁群众生产生活条件作为推进工作突破口，精细规划。一是坚持"四区"选址。湘西始终坚持各安置点选址紧靠交通较为便利、基础设施和公共服务设施较为完善、后续扶持发展具有条件的城区、镇区、工业园区、乡村旅游区，以便于同步谋划后续扶持发展工作，为搬迁群众创造更好的就业创业机会，实

现可持续发展；二是坚持标准化配套。湘西坚持以"五通、五化、七有一落实"①为标准，配套各安置区基础设施和公共服务配套建设，打造交通便利、环境优美、配套完善、宜居宜业的幸福小区；三是全面建立后续帮扶机制。在就业保障方面，对有意愿外出务工人员，有序组织劳务输出，促进实现外出稳定就业，对不方便外出和年龄较大的人员，主要通过建立扶贫车间，开辟公益性岗位，帮助他们实现家门口就业；四是坚持暖心服务，提升治理水平。湘西在新社区全面建成了老年之家、青少年活动中心、图书阅览室等公共服务设施，丰富搬迁群众文化生活。此外，湘西还在所有集中安置区建起了便民服务中心，全面推行便民服务，不断提升群众获得感、安全感、幸福感和满意度。

（四）脱贫攻坚关键环节、难点问题的破解与创新做法

1. 因地制宜，选准适宜的特色产业

发展产业脱贫是促进精准脱贫的基础性工程，湘西扬长避短，因地制宜，发展特色产业，形成了乡村游、餐饮、苗绣、山泉水、特色种植、苗绣加工等"旅游＋"产业体系。围绕州委、州政府发展生产脱贫工程的工作要求，坚持"短平快"与"中长期"相结合、新特优相搭配，实施"一县一业、一乡一特、一村一品、一户一策"措施，科学谋划，帮助贫困户发展长短结合的时鲜水果、花卉苗木、优质稻米等特色种植产业和土鸡、麻鸭、白鹅、稻花鱼等养殖产业，大力发展茶叶、油茶、柑橘、猕猴桃、中药材（杜仲、百合）、烟叶、蔬菜和特色养殖（黑猪、黄牛）8大特色产业，充分发挥产业脱贫的"造血"功能。同时，把特色农产品品牌建设作为开拓农产品生产、加快现代农业发展、促进精准脱贫的一项重要举措，打造"古丈毛尖""保

---

①　"五通"即通水、通电、通公路、通有线电视、通网络；"五化"即硬化、绿化、美化、亮化、净化；"七有一落实"即有网格化服务管理、有综合便民服务中心、有卫生室、有义务教育阶段学校、有文化活动场所、有就业服务站、有环卫设施，落实好10户以上集中安置点物业管理工作。

靖黄金茶""湘西椪柑"等绿色产品，还通过网红直播销售等方式，全力增加农户收入。

2.扶贫先扶志，激发人口内生发展动力

湘西贫困户因信息来源渠道窄，外出学习机会少，加之部分人对学习重视不足，导致知识老化，思想僵化，小农意识根深蒂固，缺乏进取，存在严重"等要靠"思想；湘西医疗基础设施和公共服务落后，贫困户奋斗动力严重不足，导致湘西贫困人口内生发展动力不足，主动脱贫意识薄弱。坚持扶贫先扶志、治贫先治根，为此，湘西先在十八洞村积极探索"村民思想道德星级化管理"模式、举办道德讲堂、组织系列文化活动。利用产业扶贫项目资金的引导，组织贫困户参与项目实施，提升贫困户脱贫攻坚的主动性、积极性、创造性，同时通过宣讲相关政策，向贫困群众传授一些实用性强的技术。另外，宣传、文化等部门积极开展送文化、送科技等下乡活动，丰富群众精神生活，提升群众自主脱贫能力。

3.聚焦特殊人群，保障基本民生

湘西通过实施社会保障兜底工程，全面加强对农村特困人员、孤儿、重度残疾人、困难残疾人等特殊群体的救助帮扶工作。针对留守儿童与残疾儿童，建立了留守儿童台账和电子档案，建设"留守儿童之家""爱心屋"，搭设亲情沟通桥梁。建设特殊教育学校，落实特殊教育生均公用经费政策，采取"特殊教育学校＋普通中小学随班就读"措施提高残疾儿童入学率。为解决湘西监护缺失的贫困孤儿和困境儿童的生活、教育、医疗等问题，筹建了州慈爱园，为州内孤儿和困境儿童提供生活照料、心理辅导、中高等教育、素质拓展、社会实践、就业指导等服务。针对贫困残疾人，对家庭或者本人为最低生活保障对象的持证残疾人和残疾等级为一、二级的重度残疾人，分别按每人每月 50 元的最低标准给予生活补贴或护理补贴。

4.抗击疫情，聚力巩固提升脱贫成果

2020 年初，面对突如其来的新冠肺炎疫情，湘西认真落实中央一号文

件和湖南省决战脱贫攻坚暨防控新冠肺炎阻击战动员大会精神，及时出台州委一号文件《关于巩固提升脱贫成效夺取脱贫攻坚战全面胜利的实施意见》，明确了扶贫重点和落实举措。湘西组织所有驻村扶贫工作队员全部下村，一手组织群众做好疫情防控，一手发动群众抓紧发展生产。号召群众克服疫情冲击影响，引导鼓励群众抢抓农时大力发展脱贫当家产业，并利用线上线下平台，加大消费扶贫力度，帮助群众解决大宗农产品因疫情影响卖不出去的难题，力求在常态化疫情防控中推动脱贫攻坚取得更大成效。

五、湘西州脱贫攻坚的主要成效

（一）提升湘西州社会综合实力

通过近八年的精准脱贫攻坚战，湘西的经济状况呈现出良好的发展态势，农村居民生产生活各方面得到了显著改善，同时也进入了经济增速和群众增收最快、减贫人口最多、农村面貌和生态环境变化最大的时期。主要体现在以下几个方面。

1. 整体经济实力增强

如表4-2所示，从2013年到2019年，湘西的生产总值从418.9亿元增加到705.7亿元，增幅68.47%；人均生产总值从16171元增加到26691元，增幅65.05%。六年间，经济总量实现四次百亿元突破，百亿增量时间最短仅1年。

表4-2　湘西州2013—2019年生产总值及人均生产总值

年份	生产总值（亿元）	增幅（%）	人均生产总值（元）	增幅（%）
2013年	418.9	4.0	16171	4.6
2014年	457.0	8.3	17508	7.5
2015年	512.0	9.2	19488	8.4

续表

年份	生产总值（亿元）	增幅（%）	人均生产总值（元）	增幅（%）
2016 年	530.9	6.9	20145	6.6
2017 年	582.6	7.6	22094	7.5
2018 年	605.1	6.0	22885	5.7
2019 年	705.7	7.2	26691	7.2

资料来源：湘西州国民经济和社会发展统计公报。

2. 产业体系显著完善

在精准脱贫政策的引领下，湘西依托特色资源优势，抢抓产业发展的有利机遇，突出旅游景区、工业集中区、农业园区、商贸物流区"四区"建设。并形成柑橘、猕猴桃、茶叶、烟叶、蔬菜、油茶、中药材（含百合）和以湘西黄牛、湘西黑猪为主的养殖等八大特色产业，工业经济快速发展，形成了以锰锌为主的矿产品加工业、以白酒为主的食品加工业、以中药材加工为主的生物制药业、以民族工艺品为主的旅游商品加工业四大产业集群。

3. 社会民生保障水平持续改善

如表 4-3 所示，自精准脱贫工作开展以来，湘西农村居民人均可支配收入保持持续增长，从 2013 年的 5260 元增长到 2019 年的 10046 元，增幅高达 91%，城乡居民收入差距也由 3.13∶1 降至 2.66∶1。2013 年以来，农村住户收入结构中，工资性收入占比逐年上升并高于经营净收入。如表 4-4 所示，6 年间湘西的农村居民人均消费性支出从 4280 元增长到 10667 元，增幅接近 150%，城乡消费支出差距也由 2.23∶1 降至 1.68∶1。

表 4-3　湘西州 2013—2019 年人均可支配收入情况统计表

年份	农村居民人均可支配收入（元）	增幅（%）	城镇居民人均可支配收入（元）	增幅（%）	城乡居民收入差距
2013 年	5260	12.40	16466	8.40	3.13∶1

续表

年份	农村居民人均可支配收入（元）	增幅（%）	城镇居民人均可支配收入（元）	增幅（%）	城乡居民收入差距
2014 年	5891	12.00	17898	8.70	3.04∶1
2015 年	6648	12.85	19267	7.65	2.90∶1
2016 年	7413	11.51	20813	8.12	2.81∶1
2017 年	8273	11.60	22728	9.11	2.75∶1
2018 年	9183	11.00	24728	8.80	2.69∶1
2019 年	10046	9.40	26756	8.20	2.66∶1

资料来源：湘西州国民经济和社会发展统计公报。

表 4-4　湘西州 2013—2019 年人均消费性支出情况统计表

年份	农村居民人均消费性支出（元）	增幅（%）	城镇居民人均消费性支出（元）	增幅（%）	城乡消费支出差距
2013 年	4280	26.1	9526	-9.6	2.23∶1
2014 年	5530	29.2	11163	17.2	2.02∶1
2015 年	6267	13.3	11579	3.7	1.85∶1
2016 年	7092	13.2	12580	8.6	1.77∶1
2017 年	7494	5.7	13054	3.8	1.74∶1
2018 年	10058	34.2	16991	30.2	1.69∶1
2019 年	10667	6.1	17936	5.6	1.68∶1

资料来源：湘西州国民经济和社会发展统计公报。

4. 城乡基础设施显著改善

2019 年，湘西固定资产投资 443.7 亿元，近 10 年来年均增长 19.4%。城镇、交通、水利、电力、通信等建设成效明显，基础设施大为改善。城镇化率达 46.5%，建成了具有民族特色、山区特征、时代特点的新型城镇体系。交通建设突飞猛进，实现了县县通高速、乡乡通水泥路、村村道路硬化。能源建设不断加强，基本形成了以 220 千伏系统为骨干、110 千伏系统覆盖全州的电网体系。信息网络建设日新月异，实现了 4G 信号全覆盖。

5. 生态环境改善明显

大力实施退耕还林、石漠化综合治理等"绿色湘西"工程，矿区复垦复绿，垃圾就地分类、资源化利用和处理，开展农村人居环境整治，美丽湘西建设扎实推进，森林覆盖率达 70.24%，居全国、全省前列。大气污染防治成效明显，二氧化氮、二氧化硫平均浓度逐年下降，空气质量平均优良天数比例达 93.7%。2019 年，规模工业综合能源消耗下降 19.6%，其中六大高耗能行业综合能源消费量下降 16.7%，每万元规模工业增加值能耗由 2013 年的 0.87 吨标准煤下降至 2019 年的 0.71 吨标准煤，下降 18.4%。

（二）产业发展水平显著提高

1. 特色农业产业实力显著增强

（1）特色产业规模不断壮大。"十三五"以来，湘西大力实施农业特色产业提质增效"845"计划，培育壮大柑橘、茶叶、烟叶、猕猴桃、蔬菜、油茶、中药材（杜仲、百合）和特色养殖（黑猪、黄牛）八大特色产业，并组织茶叶、柑橘、烟叶、生猪四个专班强力推进产业开发，特色产业总面积达 432 万亩。

（2）特色产业带贫效果明显。在直接帮扶、委托帮扶和合作帮扶模式的基础上，坚持以"合作社＋贫困户""龙头企业＋贫困户"为主，采取订单收购、生产服务、租赁聘用、资源托管、股份合作、共享联合方式因地因人制宜推进利益联结，湘西特色产业累计带动贫困户增收共计 34.45 万户（次），138.35 万人（含多种产业带动的重复贫困人口）。

（3）特色产业经营主体实力不断增强。截至 2019 年底，湘西农产品加工业企业达 938 家，营业收入 110 亿元。其中，省级以上龙头企业 33 家。龙山县恒龙中药成功在省股权交易实现挂牌。休闲农业完成经营收入近 12.8 亿元。新业态新主体蓬勃发展，巩固建设 24 个万亩园、316 个千亩园，培育发展农民合作社 6446 家，家庭农场 2289 家。建成了花垣县国家级农业科技园、永顺县国家现代农业产业园等一批有影响力的农业园区。

（4）特色产业品牌创建不断增多。截至 2020 年 10 月底，湘西"两品一标"产品有效总数达到 118 个，其中绿色食品 88 个，有机产品 17 个，保靖黄金茶、古丈毛尖、湘西黄牛等农产品地理标志 13 个，农产品地理标志登记总数位居湖南省第一。2019 年，正式发布了"湘西香伴"区域公用品牌。同年，承办了全国贫困地区"一村一品"暨农产品品牌对接活动。花垣县子腊贡米复合种养系统成功申报中国重要农业文化遗产。

2. 乡村旅游得到长足发展

（1）乡村旅游产业规模不断扩大。2016 年以来，随着"乡村旅游脱贫工程"的持续推进，湘西乡村旅游人次及旅游收入持续增长，产业发展水平不断提高。2016 年至 2019 年间，湘西乡村旅游接待游客人次年均增长超过 20%，旅游收入由 26.1 亿元增至 56.06 亿元，年均增长超过 29%，累计带动 10.2 万人脱贫。十八洞等 7 个村成功创建为国家 3A 级旅游景区，狮子山葡萄沟等 5 个村被评为五星级乡村旅游区（点）。打造了保靖吕洞山黄金茶海等一批观光农业园区，相继建成杜家坡帐篷酒店、红石林森林木屋、乌龙山大峡谷度假木屋等中高端民宿。

（2）乡村旅游带动脱贫能力显著增强。伴随着乡村旅游的快速发展，其在脱贫攻坚中的地位和作用日益增强，带动脱贫效果持续提升。截至 2019 年底，湘西乡村旅游累计带动 10.2 万人脱贫。2016 年以来，湘西以习近平总书记关于红色旅游的讲话精神为指引，通过挖掘红色旅游资源、建设红色旅游景区、编制红色旅游地图及打造红色教育基地等方式和手段，先后创建了永顺塔卧、龙山茨岩塘、花垣十八洞等全省乃至全国知名的红色旅游景区和品牌，推动红色旅游迅速发展，有效带动了革命老区群众脱贫致富。

（3）乡村旅游"景区带贫"能力不断提升。湘西加大景区内及周边村寨游客服务中心、停车场、旅游厕所等设施建设，成功打造出"村在景里、景在村中、村景交融"景村一体化发展模式，积极引导当地村民发展农家乐、民宿等业态，售卖原生态农产品、特色小吃、手工艺品等土特商品，乡村旅游"景区带村"模式的扶贫助贫能力与效果不断增强。先后打造了"十八洞""惹巴拉""山江苗寨"等乡村旅游知名品牌，评定了 68 个乡村旅游示范村，初步形成了凤凰古城、芙蓉镇等中高端民宿集聚区，创建了土司曲苑等 50 家星级乡村旅游区（点），乡村旅游已经成为湘西推进精准脱贫及实现乡村振兴的当家产业。

（4）乡村旅游有效促进三产融合发展。通过推进乡村旅游与非遗产品、手工艺品、观光农业、特色农副产品等产业融合发展，湘西乡村旅游业态不断丰富，带动脱贫效应持续增强。此外，还通过"公司（合作社）＋农户"模式，鼓励农村集体经济组织成立旅游合作社，依法以古村落、集体经营性建设用地使用权入股、联营等形式引进公司开发乡村旅游，实现了村寨变景点，村民变股民、变乡村旅游从业人员。例如，湘西山谷居民文化产业发展有限公司在吉首、凤凰、花垣、龙山成立了 4 家民族工艺合作社和 3 个苗绣基地，签约手工艺者 300 余名，间接带动手工艺者 1000 余人就业。永顺县西那村通过土地流转、资金入股等形式，成立生态旅游专业合作社，带动350 人脱贫。①

（5）非遗旅游资源带贫效果显著提升。湘西通过出台《湘西州非遗传承人工作室支持办法》《关于设立湘西州非遗扶贫就业工坊的通知》《关于开展文化旅游产业带动妇女就业奖补工作的通知》等政策文件，认真开展"让妈妈回家"计划。近年来，先后培育扶持了 10 个非遗扶贫就业工坊和 2 所研培院校，重点支持苗绣、土家织锦、蜡染、竹编等非遗项目发展。2019年，"让妈妈回家"计划直接吸引 500 余名妇女返乡就业，带动新增妇女就业 2670 余人。

---

① 彭宁：《创好品牌提升产业核心竞争力——我州探索走出可复制可推广精准扶贫好路子之八》，《湘西团结报》2019 年 3 月 20 日。

（三）有效改善贫困人口和贫困村面貌

1. 脱贫攻坚期间贫困人口生活条件显著改善

（1）贫困人口大幅减少，贫困发生率显著下降。精准脱贫攻坚工作全面展开以来，截至 2019 年，湘西实现贫困人口 158309 户 642067 人脱贫、1110 个贫困村出列、1 个省扶贫开发工作重点县率先脱贫摘帽，7 个国家级深度贫困县全部摘帽，2014—2019 年贫困人口累计减少 642067 人，贫困发生率由 26.94％下降至 0.65％。

表 4-5　湘西州 2014—2019 年减少贫困人口数量统计表

年份	贫困发生率（％）	贫困人口减少量（万）
2014 年	26.94	7.23
2016 年	16.94	10.94
2015 年	22.31	8.09
2017 年	10.55	14.51
2018 年	4.39	14.48
2019 年	0.65	8.95

资料来源：湘西州扶贫办。

（2）贫困人口"两不愁三保障"问题得到切实解决。在吃穿不愁方面，湘西以提升贫困人口收入水平，确保贫困人口吃饱穿暖作为脱贫攻坚的底线，贫困人口的吃穿不愁问题基本得到了解决。在农村安全饮水方面，近年来湘西大力推进农村饮水安全提升工程，2014—2019 年共投资 16.453 亿元，兴建农村供水工程 3049 处，累计解决湘西 236.6 万农村居民饮水安全保障问题，实现行政村和贫困人口安全饮水全覆盖，农村自来水普及率达到 83.73％。在基本住房有保障方面，"十三五"期间湘西累计完成农村危房改造 7.04 万户。2017 年以来，完成建档立卡贫困户等 4 类重点对象危房改造 4.5 万户，实现 4 类重点对象存量危房动态清零。在基本教育有保障方面，脱贫攻坚以来，湘西通过扎实开展"六个到位""三帮一"劝返复学和"送教上门"

行动,严格管理控辍保学,基本实现"应返尽返",义务教育巩固率稳步提升。2019 年,湘西小学年巩固率达 100%,较 2013 年 95.4% 提升 4.6 个百分点;湘西初中年巩固率达 99.98%,较 2013 年 94.2% 提升 5.8 个百分点。在基本医疗有保障方面,2016 年以来,湘西农村贫困人口城乡居民医保参保率达 100%,个人参保缴费财政补贴 50% 以上,州内各县市所有定点医疗机构"先诊疗后付费"和"一站式"结算工作全面开展。截至 2020 年 10 月底,湘西贫困人口等四类人群医疗费用实际报销比例平均达 85.9%,特困患者实现了全额报销,有效防止因病致贫和因病返贫。

(3)贫困人口生产能力增强,收入水平得到了显著提升。截至 2020 年 10 月底,湘西认定有发展能力和有产业发展意愿的贫困户 102048 户、边缘户 3502 户。近年来通过提供产业发展奖补资金、开展技术指导、实施委托帮扶和股份合作等方式,所有"双有"贫困户和边缘户均得到产业扶持。

(4)贫困人口就业技能明显提升,就业机会增多。湘西积极利用山东济南对口扶持湘西和省内 6 县对口扶持湘西 6 县对劳务需求量较大的有利条件,先后组织 68 场次企业用工招聘会,实现了贫困劳动力的有组织输出和有序转移就业。截至 2020 年 10 月,湘西累计转移农村劳动力就业 86 万人,劳务总收入近 300 亿元,其中贫困劳动力 25 万人,劳务收入 68.6 亿元,带动 12.4 万户贫困家庭脱贫;此外,湘西还因地制宜打造扶贫车间,累计建成规模厂房式"扶贫车间"211 家、合作社和家庭作坊式"扶贫平台"2000 多个,共带动就业 5 万多人,其中贫困劳动力 2 万余人。尤其值得称道的是,湘西挖掘民族文化特色,支持巾帼创业,创办"巾帼创业扶贫车间"110 个,共吸纳就业 2.5 万多人,其中家庭妇女 1.9 万人、建档立卡劳动力 1.1 万人。湘西还推动湖南省"乡村创业领雁培养计划"落户湘西,成功举办了"农产电商""农旅融合训练营""民艺文创训练营"等 3 期训练营,培养乡村创业领雁人才 90 名,搭建了乡村创业者资源互助平台。截至 2019 年底,湘西建成创新创业带动就业重点乡镇 10 个,共培育了示范企业和示范合作社 163

家、创业示范户和种植养殖大户 1917 户，带动 1.3 万名贫困劳动力、就业困难人员实现就近就地就业。在贫困劳动力培训和职业培训方面，2016—2019 年累计培训贫困劳动力 1.76 万人，带动 20363 名建档立卡贫困人口实现稳定就业，实施职业培训 19.02 万人；围绕湘西支柱产业和劳务输出企业需要开展职业技能培训，逐渐形成了"湘西家政""湘西绣娘""湘西育婴师"等劳务品牌；湘西先后举办文创产业妇女培训班 146 期，培训农村妇女 1.26 万人，签约 8200 多人，其中建档立卡劳动力 5360 人。

表 4-6　湘西州 2016—2019 年转移就业脱贫情况

年份	新增农村劳动力转移就业人数	农村贫困劳动力培训人数	"两后生"培训人数	扶贫车间（累计）
2016 年	15010		2099	
2017 年	12627	5019	1530	5
2018 年	10464	5656	1352	33
2019 年	7368	6925	1388	211
合计	45469	17589	6369	

资料来源：湘西州人社局。

（5）特殊困难群体社会保障水平进一步提升。一是城乡低保标准和救助水平稳步提升。截至 2019 年底，湘西共保障农村低保 156484 人，湘西农村低保标准由 2014 年的 1980 元提升至 2019 年的 3927 元，增幅 98%，农村低保月人均救助水平由 2014 年的 106 元提升至 2019 年的 206 元，增幅 94%，2014 年以来累计发放农村低保金 21.8 亿元。二是特困供养人员保障水平不断提高。目前，湘西保障农村特困人员共计 1.28 万人，2014 年以来，基本生活费标准从每人每年 2640 元增长到 2019 年的 4800 元，增幅为 82%，累计发放资金 3.1 亿元。特困人员照料护理工作进一步加强，定期走访探视制度和工作台账日益健全完善，相关监护人的责任得到有效监督与落实。三是临时救助工作日趋规范。通过全面落实"分级审批""先行救助"等临时救助规定，临时救助备用金制度初步建立完善，救助标准不断提高，救助时效性显著增强。据统计，2014年以来湘西累计临时救助8.2万人次，累计发放临时救助资金1.6亿元。四是残疾人"两项补贴"政策全面落实，做到了应补尽补。困难残疾人生活标准由2016年的每人每月50元提升至2019年的每人每月100元。2020年，重度残疾人护理补贴标准也由2016年的每人每月50元提升至每人每月100元。2016年以来，湘西累计发放困难残疾人生活补贴143.6万余人次，累计发放重度残疾人护理补贴139万余人次，累计发放补贴资金近2亿元。五是关爱服务政策全面落实，实现应帮尽帮。目前，湘西的儿童福利机构实现全覆盖，除吉首市为州市共建外，其余七县均设立儿童福利机构。孤儿基本生活费不断提标，分散供养和集中供养孤儿基本生活费标准从2016年的600元/人/月和1000元/人/月提高到2019年的950元/人/月和1350元/人/月，增幅分别达58.3%和35%。湘西率先在全省启动事实无人抚养儿童救助工作，按照每人每月800元标准补差发放救助金；认真开展农村留守儿童"合力监护、相伴成长"关爱保护专项行动，建成留守儿童之家1726个，覆盖91.9%的建制村。2016年以来，利用春节、"六·一"、暑假等重要时间节点，开展留守儿童和困境儿童关爱活动50余次，结对帮扶4236余对，捐赠款物价值104万元。六是加强社会组织扶贫助力。截至2019年，湘西超过600家社会组织积极参与到精准扶贫中来，开展扶贫项目409个，制定扶贫工作计划382个，投入资金814万余元，投入人员2904人次，受益贫困人口共计5323户19421人。2016年来累计筹募资金2992.1万元，筹募物资价值790万元。

2.脱贫攻坚期间贫困村基础设施条件显著改善

（1）贫困村基础设施条件得到显著改善。截至2019年底，湘西建成农村公路通畅工程2310公里，提质改造完成1003公里，危桥改造634座，安保工程5769公里，实现了县县通二级路、乡乡通沥青水泥路、村村道路硬化的三大目标。此外，还实施25户/100人以上的自然村通水泥（沥青）路建设工程，完成建设任务2156公里，实现了全州自然村"组组通"；持续推进农村网络完善工程和"宽带乡村"工程，电信、移动、联通三大运营商累计建成4G基站9808个，全州行政村4G覆盖率达100%，行政村宽带覆盖率达100%，有效破除了贫困村的信息屏障。湘西秉持让农村"既美丽又留住乡愁"的原则，持续推进300个特色村寨保护整治开发。到2019年底，湘西累计创建美丽乡村精品村103个，示范村300个，永顺县司城村、场坪村入选第二届中国美丽乡村百佳范例。

（2）贫困村扶贫产业组织化程度得到提高。截至2020年10月底，湘西1110个贫困村通过注册成立农民专业合作社、组建村集体经济联合社和合作引进优质产业扶贫合作社等方式，实现所有贫困村全部成立合作社或实现合作社覆盖。此外，湘西还广泛建立贫困户产业发展指导员制度，精准指导贫困户发展脱贫产业。2019年底州有产业发展条件的1701个行政村全部建立贫困户产业发展指导员制度，共选聘2465名产业扶贫指导员。

（3）贫困村公共服务和社会治理水平得到有效提高。湘西大力开展扶贫村环境综合整治工作，按照城乡同建同治工作要求，加大贫困村生活垃圾处理、污水治理、改厕和村庄绿化美化力度，贫困村生活污水、畜禽养殖污染和生活垃圾处理率均达90%以上。同时，5年累计完成500个（每年完成100个）秀美生态村庄建设。近年来，湘西先后投入10705万元，建成了县级网格化指挥中心、乡镇（街道）网格化分指挥中心、村（社区）网格工作站；根据自身特点，在农村社会治理中，开创性地使用"网格化管理"。

表4-7　湘西州2016—2020年农村公共服务投入情况

年份	合计（万元）	公共服务保障工程（万元）			
		农村社会服务	农村人居环境整治	农村站场建设	农村社会治理
2016年	25620	10437	8630	3154	3399
2017年	35113	19011	10098	3439	2566

续表

年份	合计（万元）	公共服务保障工程（万元）			
		农村社会服务	农村人居环境整治	农村站场建设	农村社会治理
2018 年	38431	10302	24883	1324	1921
2019 年	48454	15948	30513	382	1610
2020 年	33011	10636	20101	1065	1209
总计	180628	66333	94225	9364	10705

资料来源：湘西州扶贫办。

（4）易地扶贫搬迁安置成效显著。一是易地搬迁工作全面完成，建档立卡搬迁户全部搬入新居。湘西共建成集中安置点 161 个，集中安置 15639 户63917 人。同时，实现拆旧率 100%，复垦面积 3591 亩。二是配套设施日趋完善。在基础设施建设方面，到 2019 年底，已建成道路 95.7 千米、配套管网 222 千米、污水处理设施 90 个、垃圾处理设施 181 个，基本实现了集中安置点基础设施全覆盖；在公共服务设施方面，到 2019 年底，已建成幼儿园 48 个、小学 48 所、初中 45 所、医疗卫生 77 个、社区服务设施 88 个、综合活动室 69 个、文化广场 68 个。同时，还建立了 132 个社区管理机构，53 个基层党组织，不断加强集中搬迁安置点的社区服务和管理。三是强化搬迁后续支持服务。湘西制定实施了"五个一"增收计划（有劳动能力的搬迁家庭有一人以上稳定就业，掌握一门以上脱贫发展技能，发展一项以上脱贫增收产业，有条件的集中安置点每户安排一块菜地，无劳动能力的搬迁家庭享有一套完整的社会保障兜底措施），每户落实好 2 种以上主要帮扶措施，精细化开展后续扶持。在就业扶持方面，累计帮助就近就业 12090 人，开发公益岗位就业 1820 人，县外务工就业 19657 人，接受劳动技能培训13542 人。

（四）有效提升和锻炼了干部队伍

1.选派优质帮扶力量驻村工作

认真贯彻落实习近平总书记关于"因村派人要精准"的重要指示，各县市严格按照"以村建队"的要求，在安排驻点村时，省、州、县工作队重点帮扶深度贫困村、脱贫难度大的贫困村倾斜。按照贫困村不少于 3 人、贫困人口 100 人以上的非贫困村不少于 2 人、贫困人口 100 人以下的非贫困村不少于 1 人的组队要求，目前，湘西共派驻 1742 支工作队，队员 5316 人。其中中直工作队 1 支 3 人，省直工作队 61 支 232 人，州直工作队 152 支 492 人，县市派驻工作队 1528 支 4589 人，实现对有贫困人口的行政村（社区）驻村帮扶全覆盖。按照"每名建档立卡户都有一名帮扶责任人，每名帮扶责任人结对不超过 5 户"的要求，目前湘西共有 5.96 万名党员干部结对帮扶 16.5 万户建档立卡户，实现了结对帮扶全覆盖。

2.尽锐出战，不断提升驻村干部质量

按照"尽锐出战"要求，把"最能打仗的人"派往脱贫攻坚第一线。驻村第一书记从年龄不超过 50 岁、热爱农村工作、熟悉农村工作的科级以上党员干部或副处级以上及副处级后备党员干部中选派，驻村扶贫干部从政治素质高、工作作风实、综合能力强、身体健康具备履职条件的干部中选派，优先选派优秀年轻干部和后备干部。湘西各级驻村工作队第一书记平均年龄 42 岁，大专以上学历占 90%，形成了一支以优秀中青年为主体，"老中青"梯次配备的脱贫攻坚"尖刀排"队伍。

3.加强深度贫困地区驻村干部工作能力

按照省、州、县工作队重点帮扶深度贫困村、脱贫难度大的贫困村或贫困人口 100 人以上、贫困程度较深、脱贫难度较大的非贫困村的选村布点方式，湘西 268 个深度贫困村中，省直工作队结对帮扶 55 个，州直工作队结对帮扶 45 个，县市直工作队结对帮扶 168 个，湘西共选派 268 名驻村第一书记，962 名驻村工作队员在深度贫困村开展驻村扶贫工作。

4. 提升年轻干部驻村工作素养

为打赢精准脱贫攻坚战，进一步充实驻村扶贫工作力量，结合加强年轻干部队伍建设，湘西将共计 1776 名年轻干部下派到 800 个贫困村开展为期 2 年的驻村锻炼。锻炼干部的主要工作职责为协助村（居）"两委"工作，宣传落实扶贫政策，完成脱贫攻坚任务和加强基层组织建设。2020 年 3 月，湘西继续下派 369 名新招录用机关事业单位工作人员开展驻村锻炼，进一步夯实基层工作力量。

（五）提升乡村治理能力，夯实党的执政基础

1. "党建引领、互助五兴"提升农村党组织的组织力

"党建引领、互助五兴"，搭建了农村党支部联系党员、党员联系群众的"桥梁"和"纽带"，推动湘西 1567 个农村党支部、4500 多个党小组、5 万余名农村党员与农村群众有机衔接，及时把党的主张、党的声音、党的政策落实到千家万户，突出了村党支部的领导核心作用，织密扎牢了农村基层组织体系，基层党组织的战斗堡垒作用得到充分发挥。

2. 充分激发党员参与基层治理的主体意识

"党建引领、互助五兴"农村基层治理模式，将治理融于服务之中，通过基层党建"核心引领"、基层组织"政治引领"、基层党员"先锋引领"，有效破解了农村长期以来大都依靠行政资源来推动基层治理的单一手段，充分激发了党员群众参与基层治理的主体意识，形成了自治、法治、德治于一体的格局，实现了由管理到治理的质变。

3. 有效调动群众积极性，显著增强群众内生动力

"党建引领、互助五兴"每一个具体目标都与农村群众生活生产息息相关，都与群众对美好生活的向往紧密相连。通过互帮互助、互学互教、互管互治，有效地破除了贫困群众的"等靠要"思想，增强了脱贫致富的内生动

力和本领。湘西5万多名农村党员领办创办致富项目2300多个，带动20余万农村群众在家门口创业就业。基层群众参与村级事务热情更高，矛盾纠纷同比显著下降，推进村级公益事业建设更加有力。

4.紧贴群众促"五兴"，极大提高群众满意度

"党建引领、互助五兴"顺应基层需求，畅通了民意渠道，推动矛盾纠纷化解在源头，突发事件响应在第一时间，服务群众事项落实到户到人。通过党员带领群众积极参与乡村发展、建设和治理，营造了文明和谐、健康向上的社会氛围，形成了热心公益、尊老爱幼、互帮互助、邻里和谐、诚实守信的淳朴民风和文明乡风，实现"小事不出组、大事不出村"，群众对村"两委"的满意率普遍提高。

5.服务中心大局，有效助推脱贫攻坚和乡村振兴

"党建引领、互助五兴"使党的农村工作政策通过互助小组这个载体更好地落实到家家户户，进一步压实了基层党组织和党员的责任，促使党员与群众结成共同体，特别是对困难户、贫困户、兜底户等实现互帮互助全覆盖，达到了互相进步、相互促进的目的，有力地助推了脱贫攻坚和乡村振兴。截至2019年底，湘西累计脱贫64.21万人，贫困发生率由31.93%下降至0.65%，农民年人均可支配收入由4229元增加到10046元。

（六）为乡村振兴打下了良好基础

1.注重巩固拓展脱贫攻坚成果，有效防控返贫致贫风险

坚决落实习近平总书记"四个不摘"的重要指示精神，坚持一手抓脱贫、一手抓巩固，统筹做好已脱贫村和预脱贫村的各项工作，高度重视防范化解"五个风险"，着力巩固提升脱贫质量。

（1）强化扶贫对象动态管理。继续深入开展结对帮扶"六看六查"，全覆盖搞好脱贫质量"回头看"，深入排查各类隐患和不足，加强动态监测，对返贫人口和新发生贫困人口及时纳入帮扶，做到不漏一户一人。完善大数据平台，归集各类基础信息，高度关注"边缘户"和"脱贫监测户"，依据监测预警信息，逐一实施精准帮扶，确保稳定脱贫不返贫。

（2）提高帮扶政策持续性。坚持"攻坚期内脱贫不脱政策"，做到扶贫优惠政策不变、结对帮扶力度不减、收入监测工作不断。加大老弱病残等特困人口的帮扶力度，加强"一老一小"的救助帮扶，做到应保尽保、应帮尽帮。对完全丧失和部分丧失劳动能力的贫困对象，采取入股分红、土地流转、委托帮扶等方式增加他们的收入。落实好教育、医疗、住房保障政策，抓好安全饮水巩固提升工程，加强易地扶贫搬迁后续帮扶。

2. 加大产业发展力度，为实现产业兴旺奠定基础

通过"长短结合"的产业发展规划，推进脱贫当家产业升级，做实兴产业、增就业、置家业"三业"增收文章，实现持续增收、稳定脱贫。大力推进农业特色产业扩面提质，重点发展茶叶、油茶、烟叶和生猪等产业。继续实施好乡村旅游脱贫工程，村民变股民变旅游从业者。坚持对外输出与就近转移"两条腿"走路，因人制宜引导群众发展小养殖、小庭院、小作坊、小买卖"四小经济"，养成勤劳致富的好习惯，多途径增加"短平快"式的经济收入。

3. 深化乡风文明建设，为乡村振兴奠定群众基础

统筹抓好贫困村与非贫困村的基础设施和公共服务建设，深入推进以旱厕改造为重点的农村人居环境治理，全面改善群众生产生活条件。着力化解涉贫信访突出问题，用心用力用情帮助群众解决实际困难。深化乡村文明创建，大力推进移风易俗，树立新时代文明新风。全面落实好"党建引领、互助五兴"农村基层治理模式，探索拓宽农村集体经济发展路径，提高村支"两委"服务群众的能力，建设永不走的扶贫工作队。更加注重扶志扶智，讲好湘西脱贫故事，引导广大群众艰苦奋斗创造更加美好生活。

4. 优化乡村治理模式，为乡村振兴的社会治理积累经验

积极推行"四不两直"方式，规范督查考核，切实减轻基层负担，让脱贫攻坚一线干部把更多时间和精力用在精准扶贫上。深入开展扶贫领域突出问题专项治理，加强扶贫项目和扶贫资金使用的监管，严查群众身边的腐败问题。积极推广运用"湘西e路通""湘西为民"村级微信群等便民服务平台，进一步提高了群众的获得感、幸福感和满意度。

5.优化乡村环境，为乡村振兴的生态宜居提供条件

通过统筹抓好贫困村与非贫困村、贫困户与非贫困户的产业发展、就业创业、基础设施和公共服务建设等各项工作，加快推动基本公共服务由基本均衡向优质均衡转变。大力推进以旱厕改造为重点的农村人居环境治理，优化贫困群众生产生活条件，提高贫困群众生活品质。

6.积极探索脱贫攻坚与乡村振兴有机衔接体制机制

积极推进脱贫攻坚与乡村振兴有机衔接。立足当前，着眼长远，正确处理好脱贫攻坚特惠性和乡村振兴普惠性的关系，做好观念、政策、规划、投入、制度五个方面的有效衔接，努力走出一条脱贫与振兴互促共进的好路子。

六、湘西州巩固拓展脱贫成果的做法

（一）稳定脱贫面临的问题和挑战

1.经济发展速度和质量有提升的空间

（1）经济发展速度仍有待提高。虽然在脱贫攻坚的过程中，湘西已经在经济发展层面取得了较大的进步，但是湘西的经济发展速度与湖南省其他城市相比仍处于中等偏下。湘西的GDP年化增长速度比湖南省年化GDP增长速度低0.88%，且2010—2019年期间湘西人均GDP占湖南省同期人均GDP的比重逐年下降，从48.68%下降到了43.46%，说明湘西人均GDP增速相对滞后于湖南省平均水平，经济发展速度仍未达到平均水平，与相对富裕、GDP 增长迅速的地区经济差距有拉大的趋势。

（2）产业发展有待提质升级。从历史经济发展情况来看，湘西的经济与产业基础薄弱。湘西深度贫困县和深度贫困村的数量均占湖南省的一半以上，深度贫困导致湘西经济规模有限、人均收入偏低。2019 年，湘西的三大产业中，第一产业占比超过全国平均水平 6.3 个百分点，第二产业占比低于全国平均水平 10.9 个百分点，这说明湘西的第一产业对经济发展十分重要，而工业化没有得到充分发展，现阶段一二三产业的融合还在发展过程当中，农村地区产业的可持续发展能力还有待进一步提高。

2.重点人群的返贫问题仍值得关注

截至 2020 年 11 月，湘西有 1.55 万未脱贫人口、6015 户边缘户、15.7 万农村低保人口和 10.1 万持证残疾人，这些人群可能面临着劳动能力不足、难以参与产业和外出务工的问题，也可能面临着内生动力不足、无法提高收入的问题。此外，当遭遇外在冲击的时候，这几类人群的抗风险能力较差，容易面临返贫的风险，重点人群的脱贫稳定性应予以特别关注。

3.资金的整合和使用效率有待提高

根据湘西州财政局数据，1986—2019 年，湘西累计筹集并投入财政专项扶贫资金 113.91 亿元，整合各类财政涉农资金 132.58 亿元；但在资金利用方面，截至 2020 年 11 月，东西部扶贫协作资金使用率仅完成全年的 74.1%，其中凤凰县只完成 50.5%，为有效地推进脱贫攻坚事业的发展，应有效地利用每项扶贫资金，资金使用进度有待提高。

4.疫情等外部因素可能对收入造成冲击

疫情等意外事件的发生使各地的生产经营活动受到了一定的冲击，农副产品在传统市场的销售渠道受到影响，部分贫困户也不能外出打工获得收入，可能会对贫困户的收入造成负向的影响，对稳定脱贫造成一定的挑战，所以应及时采取措施缓解类似新冠疫情的外部因素带来的冲击，确保脱贫成果的稳定性和可持续性。

（二）巩固拓展脱贫成果和对接乡村振兴战略

湘西把握新发展阶段，贯彻新发展理念，构建新发展格局，激发脱贫地区脱贫人口内生动力，推进治理体系治理能力的现代化，提出远景目标，采取了一系列措施巩固脱贫攻坚成果、与乡村振兴战略有效衔接。

1. 巩固拓展脱贫成果的做法

（1）推动农业特色产业发展，确保贫困户增收。发展农业特色产业一直是湘西巩固脱贫成果、推进乡村振兴的重要措施。立足当地的资源环境特点，不仅要牢牢守住粮食安全底线，还要在此基础上走特色精细农业发展之路，大力发展农业特色产业，突出抓好茶叶、油茶、烟叶、猕猴桃、柑橘等特色产业扩大产业规模、提高产品质量，不断延伸产业链条，推进农产品加工的发展，推动农旅结合和一二三产业融合发展，发展的目标是到"十四五"末湘西高标准建设特色产业基地 500 万亩，实现总产值 500 亿元，远期目标达到 1000 亿元。茶叶面积到 2021 年底要达到 90 万亩左右，到 2022 年实现100 万亩左右；油茶面积到 2022 年要达到 150 万亩左右；烟叶面积要稳定在20 万亩以上；柑橘产业重点放在品质改革，脐橙面积要扩大到 30 万亩以上，到 2022 年以脐橙为主的柑橘种植面积达到 50 万亩以上。2021 年中央一号文件指出，要构建现代乡村产业体系，依托乡村特色优势资源，打造农业全产业链。在发展农业特色产业中，要紧抓农业供给侧结构性改革的主线，以建立紧密型利益联结机制为关键，以产业增效、农民增收为目标，瞄准标准化、规模化、精细化、品牌化、融合化发展方向，突出园区带动、新型农业经营主体带动、景区景点带动、科技创新带动，不断提高产业发展的质量和效益。

（2）关注重点人群，防止返贫风险。定期开展脱贫质量"回头看"，重点关注返贫风险高的重点人群，突出加强对未脱贫户、不稳定脱贫户、边缘户、疫情影响户、受灾户这五类群体的动态监测和精准帮扶，对老弱病残特殊贫困人口实行社会保障兜底，对收入不稳定和边缘户通过发展产业、稳定就业、辅助添置家业等措施予以帮扶，对特种养殖户及时兑现退养补偿政策、引导转换产业进行发展转型，严防边缘户致贫、不稳定户返贫现象的发生。与此同时，应根据发现的问题及时做好各类问题整改，及时处置扶贫领域信访问题，及时查漏补缺，避免影响脱贫成果稳定性。

（3）各级部门提高重视，不断提升整合资金使用效率。2016 年，湘西州财政局下发《湘西自治州财政局关于认真贯彻落实支持推进统筹整合使用财政涉农资金相关工作的通知》，强化财政部门搞好财政涉农资金统筹整合、努力服务精准脱贫工作，2019 年，湘西整合财政涉农资金 32.07 亿元，实现全面整合、拨付到位，有效保障了脱贫攻坚有序推进、取得实效。湘西州委攻坚办、湘西州协作办加强调度推进，继续推进涉农资金整合，让扶贫资金发挥更大成效，通过梳理、总结、宣传扶贫协作中形成的典型经验和涌现出的先进典型，使济南湘西两地扶贫协作资金用在关键领域，切实推动产业发展，推进脱贫进程。

（4）及时采取措施，应对突发事件。以克服新冠肺炎疫情影响为例，在就业扶贫方面，做好稳岗就业数据统计和核实工作，确保贫困劳动力外出务工总数超过去年，除坚持对外输出以外，鼓励贫困户就近就业，采取各种措施稳定贫困劳动力就业。在产业扶贫方面，对受灾贫困群众做好临时救助，帮助灾后重建和收入恢复，一是做好消费扶贫"三专一平台"建设运营工作，二是做好禁食退捕转产转业工作，三是做好后疫情时期恢复重建工作。各项政策有力引导鼓励群众抢抓农时大力发展脱贫当家产业。由于措施采取得当，即使在疫情影响下，前三季度农村居民人均可支配收入增长率仍达到10.5%，有利于保障脱贫攻坚的稳定性。

2. 对接乡村振兴战略的措施

（1）产业振兴。一是依据地方资源禀赋，选择可能进行长期发展的优势特色产业。充分利用湘西丰富的生态资源、民俗文化资源等优势，以精准脱贫统揽经济发展全局，制定了产业脱贫工程，充分利用精准扶贫带来的政策与资金优势，实现产业发展从生存型向市场型的转化。实施"一县一业、一乡一特、一村一品、一户一策"措施带动贫困户发展茶叶、油茶、柑橘、猕猴桃等八大特色产业，并充分利用当地的自然风光和民俗特色开展旅游产业，走出一条具有湘西特色的产业扶贫之路。

二是注重新型经营主体的培育，提供新型发展动力。为使新型经营主体起到带动作用、推动产业发展，湘西不断引领龙头企业和合作社发展，并进行合作社的规范化清查，推动合作社的健康稳定发展，使其有效发挥带动生产的作用。在新型经营主体的带动下，一二三产业融合发展不断推进，为乡村振兴奠定良好的基础，共建设融合示范区 16 个、田园综合体 9 个、万亩精品园 24 个、千亩标准园 316 个。

三是延长产业链条，建设现代农业园区。为满足现代化农业的发展，实现一二三产业的融合发展，湘西将产业链条延伸至农副产品加工，主要开展烟叶加工、粮油加工、茶叶加工等。2014 年，湘西按照"先创建后奖补"的原则，拉开现代农业园区创建工作序幕，通过产业帮扶、园区就业带动贫困人口约 17 万人。

四是创新营销渠道，优化物流配置，顺应信息时代需求。2015 年 4 月，州政府印发《关于加快电子商务发展的实施意见》，在湘西实施电子商务营销农产品。州商务局实施电子商务人才培训"百千万"计划。联手淘宝网、京东商城和苏宁易购三大网络平台，依托盘古电商集团，运营"特色中国·湘西馆"，借助国内主流电商平台畅通产品交易链条，逐步建立电子商务应用服务体系。2019 年，完成电商交易额 66.57 亿元，同比增长 66.4%，互联网服务辐射 127 万农村人口，其中建档立卡贫困户 31 万人，1.7 万贫困人口直接或间接享受到电商扶贫红利。

五是注重农业服务体系建设，为产业发展提供可持续的服务。对农户进行技能培训，使其具备更丰厚的农业生产知识，为农业高质量发展奠基。至

2019年，湘西共举办各类农业技术培训班2540期次，发放技术资料29.16万份，培训农民17.87万人次。为农户提供农业技术服务，推动农业产业更好更快发展。湘西不断进行良种培育、生产技术的探索，并对贫困户进行农机扶贫，提高生产效率。2020年，湘西农业机械原值8.7亿元，保有量达25.7万台，总动力187万千瓦，现有现代农机专业合作社77家，其中国家级农机示范社1家，省级农机示范合作社3家，带动贫困户入社500户。

（2）人才振兴。一是大力发展教育，保证人才供给。不断发展学前教育、义务教育阶段开展控辍保学和素质教育、发展高中和职业教育等措施保证了湘西的适龄学生及时接受教育，为湘西未来发展供给人才。学前教育改革不断推行、招生规模不断扩大。2009年实施首批免费学前教育师范生招生工作；2013年实施学前教育资助制度；2016年实施对建档立卡贫困家庭子女实行学前至高中阶段15年免费教育，同时对建档立卡贫困家庭及城乡低保户子女分学段发放生活补贴；2019年实现公办乡镇中心园全覆盖目标，学前教育公用经费拨款制度开始建立，每生每年拨款500元。义务教育不断提升，高中教育不断推进，职业教育及时到位。2019年，湘西招录定向培养公费农技特岗生195人，共有8476名建档立卡贫困户子女在州内职业学校接受免费学历教育。各职业学校共开展短期职业技能培训200余期、培训34189人次，其中为建档立卡户富余劳动力免费开展乡村游讲解员、电商、巾帼巧手脱贫等职业技能培训，培训学员5698人次。为进行人才储备，湘西继续推进义务教育、高中教育、职业教育，保障适龄学生接受教育，提高学生的文化素质。

二是建设教师队伍，持续助力教育。对教师队伍进行多种形式的培训。如学历培训、骨干教师培训、中小学成长行动计划等等。对师资进行定向培养，促进当地教师队伍优化。2006—2019年，湘西实施公费师范生培养项目，共完成农村高中、中职、初中、小学、幼儿园、特殊教育教师公费定向培养计划5182人，其中，省级项目计划1930人，州本级项目计划3252人。

为湘西农村幼儿园、小学、初中、高中、特殊教育、中职学校提供了稳定的优质教师资源。

三是加强人才交流和培养，为乡村振兴建立人才保障。依据中组部《关于进一步加强和完善东西部扶贫协作干部人才选派管理工作的通知》《关于聚焦深度贫困地区打好精准脱贫攻坚战加强东西部扶贫协作挂职干部人才选派管理工作的通知》的文件精神，利用东西部扶贫协作优势，加强与山东济南以及湖南省辖七市的人才交流，建立人才流通机制、引入优秀人员挂职，同时举办培训会议培养领导和管理人才，如开展乡村旅游带头人培训班、湘西州规划管理人员（济南）培训班等多期培训，培训各级干部、专业人才等1.2万余人次。

（3）文化振兴。一是在教育中融合民族特色文化的推广。继续大力扶持具有民族特色的专业，建设特色精品专业，如继续发展2013年创办的湘西职院的民族食品、州文艺职校的民族舞蹈、吉首市职业中专学校的苗绣银饰等，不断发展其他具有民族特色的专业。继续鼓励校企一体合作办学模式，发展类似吉首市职业中专依托本校省级特色专业服装设计与工艺专业成立的湘西西兰民族工艺品有限公司这一类有助于发展民族文化的企业。加强具有民族特色的职业培训，如湘西职业学院的乡镇规划、农村工匠、农业技术特色技能培训等。

二是在发展旅游产业过程中弘扬民族文化。公共文化服务体系建设为文化振兴打下良好的设施基础，公共文化活动为文化振兴提供传播途径。建设类似永顺县芙蓉镇至龙山县里耶镇土家族文化走廊、花垣县团结镇至凤凰县城苗族文化走廊的文化旅游走廊，将土家、苗家乡镇串联在一起，为民族文化传播提供系统化设施。促进传统节日和旅游派生节日相互交织，相互融合，形成独具特色的公共文化活动体系。不断发展乡村旅游建设、促进文化传播，将民俗文化发扬光大，在乡村旅游发展过程中实现民族文化为乡村振兴助力。

　　（4）生态振兴。一是通过生态修复和环境治理助力可持续发展。湘西对采矿许可证到期并需延续办证的矿山，按规范、标准进行矿山地质环境保护与恢复治理分期验收，对采矿许可证到期不再延续办证的矿山，按规范、标准进行矿山地质环境保护与恢复治理闭坑验收。湘西州自然资源和规划局组织花垣县、永顺县、保靖县三个县，编制《花垣县麻栗场镇 2020 年全域土地综合整治试点建议书》《永顺县毛坝乡毛坝村、澧源村、乾坤村、东山村 2020 年全域土地综合整治试点建议书》《保靖县迁陵镇那铁村 2020 年全域土地综合整治试点建议书》，计划开展土地综合整治试点，预期在尊重原始生活习惯的情况下，立足乡村生态系统整体性，按照农村经济发展规律和村庄演变趋势，进行全域规划、整体设计、综合治理，对闲置、利用低效、生态退化及环境破坏的区域实施国土空间综合治理，从而优化生产、生活、生态空间格局，发展经济与保护文化两不误，提升乡村生活水平，建设生态宜居的美丽乡村，助推乡村全面振兴。湘西进行小流域综合治理后有效地提高了防洪标准，对农田和人民起到了保护作用，有利于减小农业发展面临的风险，用良好的生态为经济发展保驾护航。

　　二是通过退耕还林和生态保护补偿制度打好生态振兴基础。2000 年 8 月，湘西正式开始实施大面积退耕还林工程。2000—2020 年，湘西退耕还林共造林 202.45 万亩，退耕还林工程生态效益物质量和生态效益价值量位居湖南省 14 个市州之首。结合天然林保护工程、长防林工程、中央财政补贴森林抚育工程等项目，使森林覆盖率大幅提高，并通过人工造林和封山育林等措施进行石漠化治理。

　　三是通过生态护林员制度有效保护森林资源。2016—2020 年，湘西共安排生态转岗护林员 36188 名，其中中央财政转移支付生态转岗护林员 17859 名，生态护林员制度使森林资源管理更加有序，乱采滥拾、乱砍滥伐、乱捕滥猎、违法占用林地等现象明显减少，森林资源的有效保护为生态振兴奠定基础。

四是通过林业产业使生态振兴具有经济效益。林下经济、林中药材、森林旅游、林中科研等产业的发展过程中，形成国家级和省级林产品生产企业71家，其中国家级农民林业专业合作社8家，省级林下经济示范基地23家，省级农民林业专业合作社22家，州林业产业规模企业18家。林业产业的发展不仅具有经济效益，而且带来了生态效益，有助于生态振兴的实现。

（5）组织振兴。一是通过"党建引领、互助五兴"为基层治理打好基础。2017年以来，湘西开始试点"学习互助兴思想、生产互助兴产业、乡风互助兴文明、邻里互助兴和谐、绿色互助兴家园"的"党建引领、互助五兴"基层治理模式，充分发挥了党员的带头作用。"党建引领、互助五兴"在湘西逐步推行，有效地解决了农村的基层治理问题。2020年7月，湘西"党建引领、互助五兴"农村基层治理模式被评为第五届全国基层党建创新最佳案例，为乡村振兴打好组织基础。

二是加强农村党员队伍建设，为组织振兴储备力量。湘西一直十分重视党员队伍建设，农村党员作为脱贫攻坚的重要力量，是脱贫攻坚和未来乡村振兴队伍中不可缺少的组成部分。1994年，湘西开始消除未发展党员的空白村。2020年，建立常态化培养机制，建立入党积极分子信息库和村级后备干部人才库，确保贫困村每2年、非贫困村每3年至少能发展1名党员，每个村动态储备2名以上后备干部，起到带动贫困户脱贫、带动村民致富的作用。

三是整顿村级党组织，为组织振兴整合队伍。从1994年开始确定后进党组织，调整党支部书记、充实党委，湘西州委农村建整扶贫工作领导小组每年进行驻村调查，摸清村级党组织成员的思想与能力，将教育与整顿相结合，使支部的战斗力和凝聚力得到提高，2020年，把软弱涣散党组织整顿作为铲除黑恶势力滋生土壤和巩固主题教育成果的重要抓手，持续开展软弱涣散基层党组织整顿，并继续开展走访调研，通过调研摸排问题，湘西累计排查整顿软弱涣散村（社区）党组织46个，对黑势力、信访矛盾多等问题突出的重点村，动态纳入督办，及时派出工作组开展整顿，切实提高人民群众对村级党组织的满意度，使基层党组织为脱贫攻坚和乡村振兴贡献力量。

七、湘西州脱贫攻坚的启示和建议

湘西的典型案例为解决区域性整体贫困、推动乡村治理体系现代化、2020年后巩固脱贫成果、相对贫困治理、脱贫攻坚与乡村振兴有机衔接等提供了有效的思路，应对其脱贫攻坚的经验启示进行总结，并形成可借鉴、可推广的扶贫思路，为下一步脱贫攻坚事业和乡村振兴的实现贡献力量。

（一）经验启示

1.党建引领是脱贫攻坚的方向引导

（1）党建引领可以保证脱贫攻坚的正确方向。党建引领在湘西州委、州政府政策制定过程中起到引领方向的作用，只有先明确目标，才能通过适当的政策设计指引脱贫攻坚工作进行，只有方向正确，才能使脱贫攻坚工作将力量用在最关键的地方，发挥更大的作用。

（2）党建引领可以落实脱贫攻坚的责任。湘西充分发挥党建引领在脱贫攻坚中的主导作用，把脱贫攻坚纳入绩效考核，对减贫指标等进行全程动态考核监管，实行责任倒查机制，严肃追责问责，将脱贫攻坚的责任明确到岗、明确到人，对脱贫攻坚工作指标及时监控、动态追踪，提高各级负责人对脱贫攻坚工作的重视程度，从而更有力地推动脱贫攻坚工作的进行。

（3）党建引领可以筑牢基层组织的根基。湘西通过推进党支部"五化"建设和软弱涣散党组织整顿工作、选优配强村（居）"两委"班子、从入党积极分子和能人中培养后备力量、科学配备"第一书记"和"扶贫工作队"、全面轮训基层干部等进一步筑牢了基层党组织的根基。只有在党建引领下科学合理地配备基层组织，才能筑牢基层组织根基，更好地发挥基层组织的作用。

（4）党建引领可以创新基层治理模式。湘西州委、州政府在党建引领下根据当地的实际发展情况，对基层治理模式进行创新，创立了互助"五兴"的基层治理模式，有力地推动了脱贫攻坚工作的展开。坚持党建引领，有助于更好地了解当地的发展现状，创新更合适自身的基层治理模式，为脱贫攻坚工作助力。

2.把握精准是脱贫攻坚的工作原则

（1）精准识别扶贫对象。按照"七步法"进行精准识别，只有精准识别对象，才能使后续帮扶措施精准到位，使脱贫攻坚工作更具成效。

（2）精准激发内生动力。坚持将典型引路与正向激励相结合，弘扬脱贫正能量，同时加强就业创业技能培训，推动"扶志""扶智"齐头并进，激发内生动力，有助于提升脱贫攻坚工作成效。

（3）精准发展扶贫产业。坚持将统筹布局与因地制宜相结合，产业的选择要和当地的自然条件相适应，要和农业发展的趋势相一致，也要根据不同贫困人群的特点做出相应的安排，只有精准选择真正与实际相吻合的产业，才能推动当地脱贫攻坚持续有效进行。

（4）精准完善基础设施。坚持"统一规划、保持原貌、节俭实用、协调美观"原则，大力实施十大基础设施与公共服务"微建设"工程，贫困村实现了"五通五有"。精准基础设施完善有利于改善农村居民生活条件、缩小城乡差距，使贫困村村民的出行更加方便、文化生活更加丰富，推动脱贫攻坚事业的进行。

（5）精准统筹攻坚力量。牢记总书记"五级书记抓扶贫"指示精神，坚持将组织引领与党员带动相结合，推行互助"五兴"基层治理模式，扎实推进农村党支部"五化"建设，加强农村党支部书记队伍建设，整顿软弱涣散村级党组织。重视基层党组织、村两委等基层组织建设有助于更好地了解贫困现状、把握政策制定方向、完成脱贫攻坚工作。

3.资金投入是脱贫攻坚的基本保障

（1）用好用活贫困地区一般性转移支付资金。坚持用好用活转移支付资金，优先保障贫困农村的基本公共产品供给水平。贫困地区提前规划、妥善分配，可以使一般性转移支付资金在脱贫攻坚过程中发挥最大的作用。

（2）积极争取专项扶贫资金。通过制定扶贫规划，加强项目储备，积极向上级部门争取支持各项目奖补资金和贫困生生活费补助政策等。贫困地区根据自身的发展规划和发展需求，积极争取专项扶贫资金，有助于保障脱贫攻坚项目的进行。

（3）统筹整合涉农资金。按照相关文件，赋予贫困县统筹整合使用财政涉农资金的自主权，落实"有关部门和地方不得限定资金在贫困县的具体用途"规定，激发基层脱贫工作主动性、创造性。同时积极引导各路资金投入到扶贫领域当中。紧跟政策文件的指示，积极整合涉农资金，利用贫困县对自身情况更为了解的优势，发挥地方自主权，可以使资金发挥更大的作用。

4.合力协同是脱贫攻坚的活力源泉

（1）东西部扶贫协作有利于贫困地区发展。山东省和湖南省、济南市和湘西州各级领导把扶贫协作作为重要政治任务，进一步健全扶贫协作推进机制，形成精准对接、多层互动、协同发力的工作格局。东西部扶贫协作有助于实现"先富带动后富"，完善的对接机制有助于多层次扶贫协作的完成，人才、资金、产业等方面的合作有助于为贫困地区带来经济发展的活力，推动脱贫攻坚工作的开展。

（2）定点扶贫机制有利于开展扶贫工作。首先是做好结对帮扶工作，其次是把党组织建在扶贫一线，深化延伸党组织的有形覆盖和有效覆盖，在农村网格、农民专业合作社、农村产业链、产业园区全面建立党组织，为脱贫攻坚提供坚强组织保障。定点扶贫机制有利于各个级别、各类组织得到精准的帮扶，在帮扶过程中具有及时性、针对性的特点，可以发挥基层党组织的作用，推动脱贫攻坚工作开展，稳固脱贫攻坚成果。

（3）省辖七市对口帮扶是脱贫攻坚的巨大助力。八七扶贫攻坚以来，湖南省委、省政府高度重视对口帮扶工作，确定长沙、湘潭、株洲、岳阳、衡阳、常德、郴州七市和省直相关部门、高校对口帮扶湘西，并出台了系列政策措施。通过加大帮扶资金投入、加强援建项目建设、推进干部挂职交流、完善对口扶持机制等持续加大帮扶力度，对湘西加快发展、加快脱贫起到了重要作用。

5.志智双扶是脱贫攻坚的思想基础

（1）必须增强贫困群众立足自身脱贫的决心信心。认真总结宣传花垣十八洞村等一批脱贫典型和经验，同时探索推广"分红收入积分制""自主脱贫激励制"等模式，增强贫困群众自主脱贫意识。广泛宣传自强不息、自力更生的脱贫致富思想，激励贫困群众努力创造幸福生活，有助于群众积极参与脱贫攻坚事业，为脱贫攻坚提供强大的推动力。

（2）必须积极引导贫困群众发展产业和就业，不断提高贫困群众脱贫能力。湘西全面落实产业扶贫和就业扶贫政策，夯实稳定脱贫根基，保障稳定脱贫质量。同时更加突出产业扶贫，推动贫困群众持续增收稳定脱贫。贫困户脱贫过程中，脱贫能力的获得需要借助就业和产业。贫困户积极就业、参与产业，不仅能提高当前收入，还能获得可持续的收入来源，完善的体制机制有助于就业和产业更好地发挥扶贫带贫作用。

（3）推进移风易俗，引导贫困群众形成健康文明新风尚。深入开展城乡同建同治、农村人居环境综合整治，大力推进美丽乡村建设。注重留住乡愁与实用美观相结合，注重风土人情与文化特色相结合，积极实施"六到户"工程和"五改"工程，大力推进民族民俗特色村寨建设，积极引导贫困群众形成健康文明新风尚，激发贫困户的内生动力，进一步推动和巩固脱贫攻坚事业。

6.工程建设是脱贫攻坚的有力抓手

（1）必须不断拓展贫困群众持续增收的途径。通过实施"十项工程"扎实做好"三业"文章，进一步稳定了收入来源。通过发展特色产业，加强劳务输出，强化精准培训，搞好劳务输出对接等，多措并举让贫困群众脱贫更扎实。因地因人定制帮扶政策措施，做到扶贫产业工程化、项目化，有助于不断拓展贫困群众增收的途径，使贫困地区经济发展与时代接轨，巩固脱贫攻坚工作成果。

（2）必须有力保障民生的底线。通过实施"十项工程"，实现了从"小切口"入手解决民生大问题，着力提高了群众满意度。通过控辍保学，加快推进农村小微设施建设，完善基础设施和公共服务设施等方式不断提高群众生活品质和满意度。将民生事业工程化，有助于更细致地满足贫困群众的需求，兜住民生保障的底线，使脱贫攻坚事业真正提升贫困群众的获得感。

（二）政策建议

1. 坚持党建引领的正确方向

在脱贫攻坚工作过程中，应坚持党建引领，制定有针对性的脱贫攻坚政策措施，政策文件应涉及脱贫攻坚的各个维度。同时落实责任，牢记"五级书记抓扶贫"指示精神，加强党委农村工作领导小组和工作机构建设，带动各级领导干部精力下沉到一线，将脱贫攻坚责任不断落实，将脱贫攻坚纳入党建评议标准、纳入基层组织绩效考核，利用大数据技术对减贫指标进行动态化管理。坚持党建引领基层组织建设，及时整顿没有起到作用的党组织，选取有责任心、有能力的村两委，从入党积极分子中选拔后备力量，培养优秀的基层干部，筑牢基层党组织的根基，形成现代乡村治理体系。提倡和践行"党建引领、互助五兴"新模式，使党组织和群众联系更紧密，为乡村振兴提供政治组织保障。

2.坚持精准扶贫的总体原则

绝对贫困已经得到了初步解决，未来需要解决相对贫困问题。[①] 要切实做好巩固拓展脱贫攻坚成果同乡村振兴有效衔接各项工作，让脱贫基础更加稳固、成效更可持续。在划定贫困人群的过程中，应坚持公平公正与群众满意相结合，精准识别。在解决区域性整体贫困、巩固脱贫攻坚成果过程中，政策的选择是十分重要的。[②] 为坚持精准施策，因地制宜发展产业扶贫，发展小养殖、小庭院、小作坊、小买卖"四小经济"，还应发挥园区、龙头企业、合作社的作用，推动一二三产业融合发展，对脱贫地区产业进行长期培育和支持，带动农户增收。在就业扶贫方面，应根据劳动力自身特点，提供职业技能培训，促进劳务输出，推动本地工业集中区、扶贫产业园和"扶贫车间"发展。对于没有劳动能力的人群，应实现精准识别并进行社会保障兜底扶贫。另外在后续进行基础设施建设的过程中应考虑当地的生态环境、历史文化传统。根据当地的产业发展需求建设基础设施，如加快网络信息基础设施建设等。

3.坚持统筹整合的资金使用

建立多元的财政资金来源，用好中央的一般转移性支付，优先保障基本公共产品供给水平，积极争取专项扶贫资金，为农业产业发展提供资金保障，积极引导资本流入，为实现现代农业基础设施建设提供资金支持。同时统筹整合涉农资金，使各项资金得到统筹分配，满足项目需求，发挥基层脱贫工作创造性，使资金使用效率得到提升。

4.坚持各方合力的互助模式

为继续深入推动东西部扶贫协作，首先是要制定人才交流组织保障措

---

① 叶兴庆、殷浩栋：《从消除绝对贫困到缓解相对贫困：中国减贫历程与 2020 年后的减贫战略》，《改革》2019 年第 12 期。

② 汪晨、万广华、吴万宗：《中国减贫战略转型及其面临的挑战》，《中国工业经济》2020 年第 1 期。

施，扩大人才交流，让人才流入相对贫困地区。其次是制定资金援助管理条例，提高东西协作资金使用效率。最后是扩展产业合作渠道，应开展东西部技术合作，产销对接及劳务合作。同时完善定点扶贫机制，推进结对帮扶工作，充分发挥各方力量，发挥政府的监督管理作用，党组织作用，龙头企业作用，带动贫困人口就业，发挥社会力量，辅助参与助力。[1]

5.坚持内生动力的激发推动

要加强新时代农村精神文明建设，通过主题教育等活动向贫困户宣扬自力更生、艰苦奋斗的精神，并建立利益联结机制，推动贫困群众依靠自身力量脱贫。推广举办"最美脱贫攻坚群众典型"评选等系列活动，推动"志智双扶"，推进乡风建设形成奋发向上的新风尚。

6.坚持因地制宜的工程建设

应根据本地资源禀赋，结合相关政策，因地制宜合理制定脱贫致富和乡村振兴的规划。细化规划内容，拓展贫困群众持续增收途径。根据资源特点选择产业，并不断拓展扶贫产业链条，建设区域产业品牌。通过就业培训、劳务输出补贴、扶贫车间等形式促进劳务输出和就近就业，通过返乡创业支持政策促进贫困户创业。在易地扶贫搬迁后要考虑相应的产业配套及措施跟进，确保后续脱贫攻坚成果的巩固和乡村振兴战略的实施。

---

[1]　周恩宇：《定点扶贫的历史溯源与实践困境——贵州的个案分析》，《西南民族大学学报（人文社科版）》2017年第3期。

附　录

典型案例

案例一　宁德市屏南县：均衡共享，遏制贫困代际传递

屏南县是闽东典型的山区农业县，也是福建省级扶贫开发重点县，随着近年来城镇化进程的不断推进，农村欠发达地区的教育难题不断涌现，农村教育弱化的矛盾日趋严重，县域内偏远农村的部分小学由于学生人数的锐减而不断归并、自然闲置，造成学生无法在本村上学，只能到就近的学校上学的状况。屏南县立足县情，把握精准扶贫的实质，从资金筹集、平台运作、综合联动、师资扶贫等各层面强化对困难学生、困难家庭、困难学校的精准扶贫，取得了较好成效。2016 年，屏南县顺利通过义务教育基本均衡省级评估与国家认定。

一、综合联动，搭建精准扶贫运作平台

屏南县教育局与县直有关部门协商合作，建立综合联动的精准扶贫机制和运作平台。由县扶贫办、关工委、民政局、残联、妇联等部门精准提供扶贫困难学生和困难家庭名单，教育局逐人比对审核，学校复核，确定精准扶贫对象，并由县教育局建档立卡跟踪服务，精准对准全日制在校困难学生群体，落实教育多元扶持与资助政策。一是由政府统筹对建档立卡的困难幼

儿（含孤儿、残疾儿童、烈士子女、优抚子女），给予每生每年 2000 元政府助学金扶持。二是对义务教育公立寄宿制学校建档立卡的困难半寄宿（仅在学校吃午餐）学生，给予每生每年 1000 元午餐补贴；对全日制困难寄宿生，给予每生每年小学 1000 元、初中 1250 元生活补助。三是精准扶持高中困难学生，对建档立卡的高中困难学生，给予每生每年 3000 元补助，并承担困难学生的学杂费。四是免除中职学校全日制在校生学杂费，并对建档立卡的困难中职学生，给予每生每年 2000 元困难助学金标准资助。五是对建档立卡的考上大学的困难学生，无须提供相关证明就可申请本、专科每生每年 8000 元、研究生每生每年 12000 元的助学贷款，由政府给予贴息，并提供该类学生每生每年 4000 元困难助学金标准资助。六是建立应急救助机制，确保因病、残、灾发生事件导致困难的学生及时得到扶持救助。

二、多方筹资，均衡共享社会财富资源

教育精准扶贫面广、量大，不仅涉及对困难家庭、困难学生的扶持，更重要的是农村欠发达地区的教育扶贫需要大量的扶贫资金。屏南县多渠道众筹教育精准扶贫资金，吸收引进香港嘉里集团郭氏基金会、福建省黄仲咸教育基金会、厦门企业家"爱心助学"项目，成立屏南县育才教育发展基金会、浩德奖教助学金等 18 个众筹平台。仅 2016 年，就筹措并发放精准扶贫助学资金 330 多万元，精准扶贫各类困难学生 2735 人，发放生源地信用助学贷款 782.24 万元，受助学生 1210 人。

三、师资联动，均衡共享优质教育资源

全面实施师资联动扶贫，让困难学生，尤其是农村偏远地区的学生均衡共享优质教育资源。采取强手牵弱手，构建城乡教师轮岗支教扶贫机制，缩

小城乡教育资源差距，精准扶持教育自身的"贫困"，均衡共享优质教育资源。一是推行片区教育共享成长计划，将各类学校划片归集，以屏南一中、华侨中学、实验小学、光华小学等优秀学校为龙头开展全县4个片区教育教研交流与互助活动。二是以华侨中学为龙头，开展初中学校青蓝结对共成长计划，让华侨中学的骨干教师与农村中学的青年教师结对帮扶，不断提升农村初中的师资水平。三是开展送教下乡，共享优质教育资源，选派城区优秀教师定期下乡送教，引领农村教师的成长。四是实施"大手牵小手"帮扶工程，制定并用好国家、省、市关于全面改善贫困地区义务教育薄弱校办学条件系列政策，主动对接做好厦门海沧区、福州马尾区、宁德蕉城区与屏南县的对口帮扶工作，充分利用省市先进地区优质教育资源，辐射引领薄弱校改造升级，全面改善薄弱学校基本办学条件，整体提升屏南办学水平和教育质量。

四、完善设施，推进教育扶贫措施的落实

认真对接用好国家、省、市扶贫开发重点县的项目和资金扶贫政策，完善各校教学设施设备，全县农村中心小学以上学校实现了"校校通""班班通"工程建设。全县31个教学点实现了"教学点教学教育资源全覆盖"，实现全县教育手段现代化目标，达到了省级标准，城乡教育教学设施的差距进一步缩小，对县内优秀教师资源的共享铺设了一条常态化、信息化的精准扶贫通道，推进了均衡共享教育扶贫措施的落实。

五、"善课堂"平台，助力精准扶贫

"善课堂"由"中国好人"胡廷枫创立，是屏南县目前唯一一个以教育扶贫为工作理念的综合服务平台，主要针对农村留守儿童、贫困户子女和残

疾儿童等重点群体，开展形式多样的教育扶贫活动。"善课堂"致力于打造学生在校外的"第二课堂"，目前包含"四点钟"学校、"异国同梦"英语教学和"周末我们在一起"亲子互动等品牌项目，由屏南在校名师、高校外教、社会实践队员和青年志愿者组成师资团队，免费为留守儿童、贫困户子女、农民工子女，开展课外辅导、英语口语教学和生动活泼的趣味活动。

教育是阻断贫困代际传递的治本之策。屏南县立足县情，围绕"扶贫先扶智，治贫先治愚"的思路，从资金筹集、平台运作、综合联动、师资扶贫等各层面强化对困难学生、困难家庭、困难学校的精准扶贫。这既是对困难学生、困难群体、困难家庭的精准扶贫，更是对教育自身的精准扶贫，不仅让困难学生有读书的条件、有读好书的信心，更让农村欠发达地区的学生共享优质教育资源，是一次实践性的精准扶贫探索。

案例二　宁德市寿宁县下党乡：脱贫之梦

　　下党乡曾经是一个"无公路、无自来水、无电灯照明、无财政收入、无政府办公场所"的"五无乡"。直到 1989 年，乡里才凭着 72 万元的政策资金解决了部分用电问题。曾多年担任村委会主任的王菊弟说，下党之穷，穷在"不通"——路不通、货不通、思想不通。村民虽有强烈发展愿望，但"等靠要"思想严重。直到后来，脱贫攻坚战打响了，扶贫工作队进驻了下党乡。在共产党员的带头引领之下，先后成立了茶叶生产技术党小组、农家乐和民宿服务党小组等组织，采取专家授课、远程教育、创业带头人培训等方式提高村干部和党员的带头致富能力。

　　王明秀是下党乡众多的返乡青年之一，他曾这样回忆道："6 年前，我还是一名资深的'外漂一族'。然而，一次偶然的回家探亲契机，让我看到了一个'陌生'的村子：道路变宽变干净了，在外面赚大钱的人回来做事了，政府给返乡创业人员的优惠政策来了……那一刻，作为土生土长的下党人，我下定决心要回到老家创业，放弃'城市梦'，拥抱'乡村梦'。"

　　然而创业没有那么简单，刚回到村里，王明秀也摸不着要做什么，直到村党支部第一书记曾守福叫他去参加全国致富带头人培训后，他才有了创业助农思路。怎么助农？在下党乡，最多的就是茶叶，但是全乡没有一家规模茶厂。即使茶叶有质量有产量，也卖不了好价格，无法增收。于是，他们把目光放在了茶叶上，萌生了要打造茶叶独特品牌的想法。后来，王明秀与村干部商量后，决定用"公司＋合作社＋农户"模式来做。然而，新模式一启动，很快就遇到难点。他们打算把村里所有茶农都纳入进来，通过统一的管理、采摘、收购"一条龙"运作方式，一方面，实现稳定收益；另一方面，让有劳动能力的贫困户只需要在地里种植茶叶就有收入。但是，这样的模式对农户来说太过新颖，一开始便遇阻。王明秀和村干部们没有退缩，他们知道农户们的思想相对闭塞，还没有树立起产业脱贫的信心和意识。第一年，他们不辞辛劳，一家一户地去问村民意愿，最终吸收了 29 户建档立卡贫困户和 30 户茶农加入了合作社。由于他们按比市场贵一些的价格收购社员的茶青，经过一年尝试，这 59 户都受益了。第二年，全村剩下的 50 多户纷纷入社。那一年，茶园种植规模达到 600 亩。此后，王明秀和合作社的伙伴们推出中国首个可视化扶贫定制茶园项目，吸引了很多企业来租茶园。

　　6 年来，他们通过打造"下乡的味道"这一品牌，使每亩茶园的收入从 2000 多元增加到 6000 多元，社员收入翻倍，村集体年增收 10 万元以上，带动入社的 31 户贫困户全部脱了贫。让王秀明最难忘的是下党村的王道全，他原来是个酒精中毒的特困户，身体和精神都不好，干不了农活，和 80 多岁母亲一起生活，一年到头就靠每月的低保费过活。如今，他到茶厂上班，王秀明等人安排他干些轻松的杂活，每年固定给他 2.6 万元工资。经过这几年的帮扶，他像换了一个人一样，酒不喝了，精神面貌好了，脸上有笑容了，住的房子也重新装修了。

案例三　宁德市屏南县漈下村：
文旅融合促扶贫

漈下村位于屏南县西南部，有着近六百年的开基历史，是中国第四批历史文化名村，下辖 2 个自然村，368 户 1700 多人。2015 年以来，漈下村积极探索古村落"文创＋旅游"促扶贫新模式，使古村原有的一些常态资源，如空余的房间、地道的厨艺、人文景观、农副产品等，逐渐成了"香馍馍"，被开发成民宿、农家菜肴、特色演艺等，用于满足每年数以万计前来学画、观光的体验者，推动乡村旅游良性发展。

一、依托古村落，打响"旅游牌"

漈下村四面环山、两溪夹流，村里水道九曲环绕，整个村落建筑风格以典型的闽东北乡土风格为基调，同时又融合徽派建筑和江南水乡临水而居的情调，拥有云路门、侯门岭、迎仙桥等三十六景。全村上下崇尚武风，甘氏先祖们自小皆练习武艺，其拳法既有明清时期传统武术套路的风格，又自有其特点，板凳、锄头、狼筅、木棍都可以成为武器。甘氏第九代出了一位清代戍台名将甘国宝，更为这方山水增添了风采。近年来，漈下村把扶贫开发同历史文化名村建设、乡村旅游相结合，对古村落进行保护和开发，加大了基础设施建设和环境卫生的整治力度，文创产业不断推进，乡间客栈、写生基地、时尚咖啡屋、酒吧、茶座、餐饮、特色小吃、传统工艺等产业在村里陆续开花，漈下村正逐步发展成为以休闲度假为特色的乡土文化生态旅游村。

二、引进"文创"团队，开展公益教学

2015年4月，引进林正碌艺术教育团队到漈下村开展"人人都是艺术家"公益艺术教学活动，为古村带来了新生机。他们不仅让没有任何绘画基础的村民学会画画，还在微信平台将其中的优秀作品挂牌销售，并通过自媒体，使艺术生产者、推广者与消费者三方交流，把画卖到世界各地，增加收入。成千上万来自海内外的"好奇者"慕名前来观光体验，他们往往一画好几天，甚至数月。甘玉彤是漈下村第一批学画的孩子，一年来，她在功课之余一直坚持画画。至今，她不仅靠卖画补贴了家用，还积攒了近万元准备上大学的费用。在她的带动下，她的亲人和邻居们也陆续开始拿起画笔，与艺术结缘。古村现有多家农民画室和农民画廊，初步展现出文创产业及其带动效应。随着漈下艺术教育声誉日隆，村里的发展前景越来越好，外出谋生的村民开始回乡创业，短短一年时间，村里的民宿、餐饮店、小卖部陆续开张。长年在上海经商的甘丽湖夫妇返乡投资60多万元，利用废弃的老宅，打造了17间有独立洗浴设施的"自在花时"客栈。村民甘小文将家中闲置的房间改造成民宿，以每间40元的价格租给画友、观光客及志愿者。

三、外联内引，复兴村小

文创与旅游热的兴起，使得漈下小学也受到各级领导、媒体、社会爱心人士的广泛关注。利用拨款和捐赠，漈下小学建起了公厕、平整了操场、安

装了篮球架、整修了围墙，还复办了四五年级，开设了音乐教室和图书馆。毕业于兰州大学的程冲成为第一个来到漈下小学支教的志愿者，给村小带来了新鲜血液。针对漈下小学缺少音乐、体育、美术等专业师资的现状，通过社会招募，5名来自全国各地的志愿者也来到漈下支教。如今，不仅留下的孩子不用出去了，还有村里的小孩回流。

一些地处偏远的乡村，开发程度较低，保留了大量原始风貌的建筑。在全域旅游时代，相对完整的古村落、古民居正凸显出新的文化价值。漈下村探索古村落"文创＋旅游"促扶贫新模式，通过引进文化艺术人才，充分发挥"互联网＋"优势，挖掘传统村落的文化内涵，深入推进文化创意产业和旅游相关产业融合发展，既促进传统村落的保护开发，又推进文旅结合精准扶贫，为广大古村文化旅游发展提供了较好借鉴。

案例四 赣州市全南县中坑村：蔬菜联产联销基地助力产业扶贫

全南县中寨乡毗邻县城所在地城厢镇，当地农民素有种植蔬菜的传统。为把这项传统产业做成富民产业，中寨乡按照全县产业扶贫工作始终坚持以"三度"（提高产业扶贫覆盖度、提高贫困户参与度、提高贫困户受益度）为中心，成立了美寨蔬菜联产联销合作社，引进江禾田园公司发展联产联销种植蔬菜，通过"公司＋合作社＋农户"的模式，建立利益联结机制，让更多的农户参与到蔬菜产业发展中来，并从中实现增收脱贫。中坑村蔬菜联产联销基地便是其中的"领头羊"。

2017年，在中坑村，通过与农业龙头企业江禾田园公司合作，新建蔬菜基地300多亩，全部建设为标准化新型温室大棚，引进先进的现代化的温室连体大棚管理技术和经验，采取地埋管节水灌溉，以山里无污染的山泉水为灌溉水源，实现了蔬菜生产无公害原生态化。同时，新建蔬菜仓库、冻库400多平方米。2018年，基地种植韭菜150亩，还有150多亩种植了辣椒、菜心、紫菜心、羽衣甘蓝等高山蔬菜品种，带动了中寨乡中坑、罗坊等村的贫困户脱贫致富。

基地在经营过程中，主要通过"五统一分"模式，引导贫困户主动参与到蔬菜种植中来，实现了增收脱贫。同时，还通过流转土地得田租、基地务工得报酬、带动种植得收益等模式带动周边农户和贫困户发展蔬菜种植。

"五统一分"得收益。通过"统一流转、统一规划、统一平整、统一育苗、统一销售，分户管理和收益"模式，由基地统一流转土地、平整建设大棚、购种育苗、联系销售，并从基地中划出一些大棚给贫困户认领，作为帮扶贫困户脱贫的扶贫种植区，由贫困户进行日常管理，种植的蔬菜由基地统一收购，收益归贫困户所有。以 1 亩韭菜为例，一年可收割 8000 斤左右，按市场价一年可得 12000 元以上，扣除成本后可增收 8000 元左右。

土地流转得租金。基地流转土地 300 多亩，涉及农户有 81 户，其中贫困户有 10 户。基地按每亩 300 斤稻谷以上一年国家收购保护价计算租金，2017 年折算成现金约为每亩 405 元，通过土地流转户均可增加收益 1300 多元。

基地务工得薪酬。基地以罗坊村、中坑村贫困户为主要对象，采取相对灵活、宽松的管理模式，充分吸纳因赡养老人、照顾子女等原因不能离家外出务工的劳动力进入基地务工，每人每天可获得 60—120 元不等工资收入。目前有 18 户贫困户经常在基地务工，每月至少可增收 900 元；基地用工多时每天达到 60 多人，为当地农户带来了稳定的务工收入。

一个好的模式，利益联结机制是核心内容。与贫困户建立紧密的利益联结机制，能带动广大的贫困户的内生动力，使其广泛参与到产业发展中来，提升了产业的益贫带贫能力。

案例五 赣州市上犹县：推动精神和物质"双脱贫"

近年来，上犹县将扶贫同扶智扶志紧密结合起来，着力培育贫困群众勤劳奋进的观念，激发贫困群众发展生产、脱贫致富的主动性。上犹县通过开展"乡间夜话"、乡风文明整治、赣南新妇女运动等活动，搭建适合贫困人口就业的各类平台，增加贫困群众收益，转变了农民思想，打击了歪风陋习，塑造了文明乡风，进一步激发了贫困群众脱贫致富内生动力，实现精神和物质"双脱贫"。

一、"乡间夜话"，打开心中"千千结"

结合农民"早出晚归"的生活习惯，上犹县通过积极探索和深入开展"乡间夜话"活动，打通了服务群众"最后一公里"。每周四、周五晚上，采取拉家常模式进行"乡间夜话"，干部群众"同照一盏灯、同围一张桌、同坐一张凳、同谈一席话"，通过采取座谈会、阳光故事会、环境卫生评比会、孝老敬亲评选会、有奖问答、电影放映等灵活多样、贴近生活的形式，与群众"零距离"接触、"面对面交流"。全县县级干部带头开展"乡间夜话"活动1200多场次，各级干部组织"乡间夜话"活动实现了全县141个村（居）、

2452个村民小组全覆盖，先后收集意见建议近6000多条，一大批历史遗留问题和影响群众生产生活的节点难点得到有效破解。

二、道德"红黑榜"，树立文明"新示范"

俗话说："喊破嗓子，不如树个样子"。在上犹广大乡村，"清洁家庭""好媳妇""好婆婆""孝敬老人"等道德"红黑榜"每两个月开展一次评比，每次评比结果在全村通报，起到了较好的示范带动效用。通过树立典型，营造出了比学赶超氛围；通过身边人身边事示范带动、感化激励，提振脱贫致富的精气神。在着力宣传农村孝老爱亲典型的同时，强化不孝老爱亲现象的曝光。全县已表彰了197户"孝老爱亲家庭"，通报曝光了37户"不孝老爱亲家庭"，严厉打击和整治了不良风气。围绕"五净一规范"（院内净、卧室净、厨房净、厕所净、个人卫生净和房前屋内物品摆放规范）的要求，积极开展"文明卫生家庭"评选活动，设立"环境卫生红黑榜"。广大农村家庭由原来的"脏、乱、差"正逐渐向"洁、净、美"转变，家家户户面貌焕然一新。

三、服务平台，铺就发展"新路子"

上犹县立足资源优势，结合贫困户的特点，努力创设各类服务平台，创造各种发展条件，激发贫困群众的内生动力。科学制定产业奖补到户政策，鼓励贫困群众自主发展产业，通过自身努力实现脱贫。

梅水乡联合社区就业扶贫车间由上犹县光电产业园直接负责货源、销售和技术指导，主要解决一些身残志坚、行动不便的低能弱能人员的就业问题，工资略高于正常水平，增强弱势群众的脱贫信心。该车间自开工以来，深受贫困群众的好评，全县有类似的就业扶贫车间88家。引进深圳残友公司"去扶贫"手机APP平台，帮助贫困户销售农特产品，在8个行政村开展试点，开展农产品义购 1922 次、亲情体验 8 次，252 户贫困户实现增收 2118.3 元。目前，该模式正在全县大面积推广。

上犹县设立了"八员三工一干"（地质灾害安全员、河道水库管理员、乡风文明监督员、社会治安维稳员、生态环境监察员、山林防火护林员、农村气象信息员、食品安全监督员、卫生监督保洁工、乡村道路养护工、乡村中小学清洁工、农村就业扶贫专干）生态扶贫就业专岗，给予每人每月 200—1200 元不等的误工补贴，解决了 5465 名低能弱能贫困人口收入来源问题。

全面进入小康社会，不光是物质上的脱贫，还要在精神上脱贫。精神脱贫就包含了"乡风文明""村容整洁"的内容，这也进一步推动了脱贫攻坚成效和乡村振兴的有效衔接。

案例六　赣州市赣县区江口镇河埠村："三驾马车"促进村集体经济发展

赣州市赣县区江口镇河埠村的耕地大部分为沙坝土，且集中连片，适宜种植甜叶菊。为实现 2018 年前整村脱贫目标，村党支部决定把甜叶菊作为主导产业来培育，通过召开户主会、党员会迅速统一思想，创办产业合作社。产业合作社实行股份制，村集体积极向上级争取项目资金 90 万元进行基础设施和育苗大棚建设，并以资金和前期管理入股；贫困户以扶贫贷款资金入股，每户贫困户入股资金 3—5 万元，5000 元为一股；村民以流转土地入股，每亩为一股。合作社所产生的利润，40% 作为合作社发展基金，20% 作为河埠村集体经济收益，20% 用于贫困户、村民分红，20% 作为合作社绩效管理基金。

河埠村地处江边，古树成群，被江口镇纳入"都是客"旅游规划。2016 年，村支部成功引进赣州客商投入 600 万元合作打造 150 亩小麻洲拓展训练基地，2017 年基地又投入 200 万元与镇村两级合作打造 200 亩四季花海农业体验项目。项目由业主自主经营，河埠村将项目区内配套基建的投入资金作为股份参股乡村旅游项目获取收益，实现了农村生产生活环境改善和村集体增收的"双促进"。

江口镇在实施精准脱贫易地搬迁项目、建设贫困户集中住宅区时，以

"零地价"给承建商代建，并且协议确定一楼店面归镇政府所有。江口镇党委按照贫困村2间、非贫困村1间的原则，把店面分配给村级无偿使用，店面收益归各村村集体所有。河埠村分配到2间共140平方米的店面，村党支部把店面交由本村的产业合作社创办实体店，专门经营无公害蔬菜，建立电商平台，实行农产品网上销售，仅此一项村集体经济年收入就增加4.8万元。

创办产业合作社、参股乡村旅游项目、开办实体店这"三驾马车"，促进了村集体经济的发展和增收，推动了贫困群众和村集体经济的"双脱贫"。

案例七　赣州市于都县：奋进的郭月华

　　1960 年出生的郭月华是赣州市于都县梓山镇岗脑村村民，全家六口人，是 2014 年建档立卡贫困户。丈夫患慢性阻塞肺病，儿子护林员（公益岗位），儿媳患心脏病并于 2008 年做搭桥手术，两个孙子上学。为了生计，郭月华夫妻租种亲戚、邻居的耕地，起早贪黑仍入不敷出。

　　2016 年，郭月华把自己耕种的土地全部流转给蔬菜基地种蔬菜，她通过帮扶干部在蔬菜基地找了份工作，在大棚里做小工，每年在大棚蔬菜基地务工收入就达 2 万余元。郭月华勤劳好学，经常积极主动参加县、镇、村组织的农业技术培训班，在蔬菜基地务工的同时也经常向基地的技术员请教学习技术。在蔬菜基地务工的 3 年时间里，郭月华不仅增加了家庭收入而且还学到了蔬菜种植技术。

　　2019 年 5 月，习近平总书记到于都考察富硒蔬菜基地时，郭月华有机会和总书记握了手。自从和总书记握了手、听了总书记的话后，郭月华受到了鼓励和启发。2019 年底，郭月华与家人商量决定自己承包蔬菜基地的 2 个大棚，种植富硒丝瓜 26 亩。她自己组织生产管理，长期雇用七八名贫困劳动力务工，还手把手指导工人种植富硒丝瓜，带动贫困劳动力年增收万元，成为村里的致富带头人。郭月华种植的大棚富硒丝瓜已经多次摘果计五六万斤并销往全国各地，预计全年可增收十余万元。郭月华说："和总书记握了手，到现在一直都还很激动，感觉像做梦一样。现在的生活就真的像总书记说的，芝麻开花节节高！"

如今，郭月华家的生活发生了翻天覆地的变化，真正实现由贫困向致富的华丽嬗变。周边村民也在她的带领下纷纷加入发展蔬菜产业。郭月华说："自己的脱贫致富，还要感谢党和国家的好政策，自己富裕了还不行，要大家富裕了才是真的富裕。"

"好日子是干出来的。"立志加苦干，才能脱贫致富；自己富了还要带动大家致富，才是新时代的奋进新农民。

案例八　福州市·定西市：有福之林结硕果 生态扶贫得双赢

福州、定西两地在开展东西部扶贫协作中，认真践行习近平总书记生态文明建设思想和习近平总书记关于扶贫工作的重要论述精神，按照"以水土流失治理的成效，促进百姓富、生态美，使更多贫困群众从中受益"的思路，积极探索生态资源转化为发展资源的生态扶贫新模式，努力实现增绿与增收、生态与生计的有机统一。

一、定西所需，福州所能，倾力做好绿色扶贫文章

坚持把绿色发展理念贯穿脱贫攻坚全过程，发扬"马上就办、真抓实干"优良作风，高质量建设，高效率推进，努力打造东西部协作生态扶贫亮点工程。

一是坚持高位推动。福州市每年召开市委常委会会议、领导小组会、专题协调会等，研究部署东西部生态扶贫工作重点、措施。专门成立生态扶贫工作领导小组，加强对东西部生态扶贫协作的组织领导、统筹规划、推进实施。2017 年以来，党政主要领导 7 次率团赴定西实地考察调研，两地轮流召开联席会议、推进会 20 次，推动生态扶贫协作各项任务精准落实、快速

落地。

二是注重规划引领。2018 年 3 月，福州、定西两市共同组织编制《福州·定西东西部协作生态扶贫规划（2018—2020 年）》，明确生态林建设布局、规模、模式，并从种苗、造林、管护、发展林下经济等环节与扶贫工作紧密结合，确定"3 个 1 + 1 个 3 带 1"的目标任务，即到 2020 年实现生态林建设 1 万亩、菌草种植 1 万亩、生态林果种植 1 万亩、中蜂养殖 3 万群，带动 1 万户贫困户户均增收 1.2 万元以上。

三是强化资金保障。2017—2020 年，福州市累计投资 6955.2 万元，用于定西市相关县区建设生态林。同时，严格按照东西部协作扶贫项目资金管理办法规范资金使用，在项目验收时严把标尺，达到建设标准后方可申请拨付资金，确保资金安全到付。

二、因地制宜，科学治理，精心培育黄土地上有福之林

福定两地复制推广习近平总书记在福建工作期间亲自倡导和开创的水土流失治理"长汀经验"，结合实际、精准发力、综合施策，至目前已建设生态林 20039.3 亩（其中安定区 10641 亩，通渭县 3738.3 亩，陇西县 1000 亩，临洮县 3530 亩，渭源县 1130 亩）。当地人亲切地称之为"福州林""有福之林"。

一是引入专业力量。以当年参与长汀水土流失治理的专家团队为班底，成立水土流失综合治理试验项目工作协调组、专家技术组等，运用先进理念、先进技术，从项目选址、设计、论证、施工、管护等，对生态林建设进行全过程指导。依托福建农林大学的优势资源，结合"双招双引、对标福州"千人培训计划，举办项目建设技术培训班，聘请福州市专家和工程技术人员主讲，提高施工人员技术技能。2018 年以来，已培训施工人员、技术人员 210 余人次，为工程建设质量提供技术保障。

二是创新治理模式。针对定西当地土地贫瘠、干旱缺水的难题，开展技术性创新，成功嫁接福州造林中的机械化挖穴、精细化施肥追肥等先进技术，挖大坑、施大肥、植大苗、浇大水，配套建设高位水池、滴灌工程，在生态林（一期）项目建设中，仅用一个多月完成1020亩20多万株苗木的种植任务。科学选择云杉、油松、山毛桃、山杏等乡土适生树种，适当引进五角枫、火炬树等彩化树种，早酥梨、山楂、枣树等果树，以及香花槐、刺槐等蜜源植物，提高造林成活率和造林质量。目前，生态林树木种植成活率高达98%，取得了1年抵3年的造林效果。如当地种植的树木一年能长20厘米，而生态林选种的云杉半年平均生长约65厘米。

三是实施精细管理。按照打造"作风一流、管理一流、标准一流、质量一流、安全一流、效果一流"的"六个一工程"总体要求，严把"整地、种苗、栽植、监理、督查、责任落实"六个关口，实行项目法人制、招投标制、工序验收制等，确保造林管理规范化、精细化。造林后，实行养护抚育三年工作机制，把生态环境的管护责任落实到山头地块，加强巡山护林、森林防火、中华鼢鼠危害防治和抚育管理等工作，确保造一片、活一片、成林一片、成景一片，昔日的荒山秃岭变得满目青翠。

三、荒山添绿，循环生金，开拓生态兴业富民新路

坚持把生态与扶贫、植树造林与产业带动相结合，既让荒山变身绿水青山，又让绿水青山成为脱贫致富的金山银山。

一是着力带贫减贫。把生态扶贫与贫困户利益联结起来，在万亩生态林建设中，带动贫困户参与退耕还林、植树务工、营林管护等，吸纳贫困户890多人参加造林，发放劳务工资274万元，户均年增收3078元；专设生态管护员岗位，将符合条件的贫困户转化为生态护林员，户均年增收7000元；优先把204户贫困户退耕地纳入生态林试验项目，户均获得补偿款7843元；

优先采购贫困户培育的苗木，受益贫困户 35 户，户均年增收 2.22 万元。

二是发展林下经济。发挥森林生态系统的多功能效益，结合生态林建设，规划专门区域，采取"种＋养＋加"模式，打造林果、林草、林药、林蜂、林旅等林下经济，努力拓展群众致富门路。如利用漳县、岷县等五县蜜源植物的资源优势，采取"乡镇（村）＋合作社＋基地＋贫困户""合作社＋贫困户"等模式，适度向其他县区推广"甜蜜产业"，2018—2020 年扶持 6446 户贫困户发展中蜂养殖 3.2 万群，着力推动"甜蜜产业"做大规模、做优品质、做强品牌。规划建设生态林果基地面积 10050 亩，种植苹果、枸杞、大果沙棘、花椒等，惠及 1460 户贫困户，2018—2020 年户均年增收 1900 元，2021 年后果品产量将逐年攀升，形成更加稳定的经济效益。

三是提高综合效益。通过植物有效配置与种植试验，培育具有地方特色的森林群落结构，增加土壤植被覆盖，提高森林覆盖率，丰富生物多样性和森林景观；造林绿化所形成的新生森林植被有效增加陆地生态系统的碳积累，形成碳汇，为构建区域生态安全屏障提供坚实保障。通过采用乔灌混交、针阔混交、阔阔混交、草灌混交等不同混交造林模式，有效治理水土流失面积 1 万多亩。据测算，已建成生态林项目每年将产生生态效益 4252 万元，区域涵养水源、保育土壤、固碳释氧、净化空气等方面的生态服务功能极大增强。通过优化生态环境，吸引了一批围绕生态建设和特色生态产业项目，岷县永辉药蜜加工厂、超大集团智慧农场等 50 多家企业已落地定西，到位投资 6 亿多元。同时，建成集"生态、观光、旅游、休闲、示范、科研"于一体的万亩森林公园，成为周边市民休闲健身的好去处、生态文明建设的教育基地，正加快打造成为旅游扶贫的好项目，吸引更多群众参与和分享生态成果。

案例九　定西市陇西县：引入群众评价机制，激励干部担当作为

定西市陇西县创新组织考察方式，在干部考察时，考察组在考察对象单位全面考察的基础上，还延伸到考察对象联系贫困户家中了解情况，通过召开座谈会、实地走访、电话了解等方式，听取考察对象帮扶贫困户意见，重点了解考察对象扶贫业绩、帮扶成效、工作作风和贫困户满意度。同时，征求村党组织、驻村帮扶工作队和乡镇党委意见，对其履行帮扶工作责任人职责、按规定落实到村帮扶等方面进行全面了解掌握。在讨论任用上，坚持"三个一律不"原则（即对没有延伸到贫困户考察了解情况的一律不上会，对贫困户反映一般的一律取消考察资格，对贫困户满意度不高的一律不提拔），让贫困户在干部提拔使用中有话语权，进一步推动干部全身心投入到脱贫攻坚扶贫一线发挥作用。

一、树立"风向标"，延展听取和征求贫困户意见范围

坚持所有干部都有帮扶贫困户、所有干部提拔使用贫困户说了算，在干部选任中不仅全面考察干部政治修养、理想信念、履职能力、工作作风，还延展听取和征求贫困户意见，通过入户面谈、实地走访，查看贫困户生活面

貌的改善和发展变化，了解掌握帮扶措施落实，听取贫困户对帮扶成效和工作满意度的评价。对外出务工、无法走访的通过电话问询，全覆盖了解。并通过召开驻村干部、帮扶工作队队员、第一书记座谈会，延伸征求乡镇党委和村党组织书记、驻村帮扶工作队队长的意见，进一步印证帮扶措施的精准度和帮扶成效的真实性。坚持"三个不能代替"，即听取和征求贫困户意见不能以乡村干部意见代替贫困户意见，不能以个人感觉代替贫困户评价，不能以个别贫困户意见代替大多数贫困户意见，防止评价不准确、有偏差。

二、规范"度量衡"，科学精准评判干部开展帮扶实效

立足于评有所依、考有所据，在不断探索总结中，制定出台了《陇西县干部选拔任用听取和征求贫困户意见实施办法（试行）》，进一步规范听取和征求贫困户意见的程序、实施对象和范围、主要内容、主要方式等，坚持立规矩、定标尺，把听取和征求贫困户意见贯穿干部选拔任用全过程，精准评判，全方位、多维度了解帮扶干部履行工作职责、培育富民产业、各类惠农政策落实、工作作风和加强基层党建、服从乡镇党委管理、遵守八项规定以及各类项目引进实施、年度帮扶任务落实等方面的成效和意见建议，根据量化分值形式，按"好""较好""一般""差"进行综合评价，扩大群众在干部选任中的知情权、参与权、监督权和话语权，有效推动了脱贫攻坚任务的落实。

三、激活"反应堆"，扩大脱贫攻坚实绩结果运用效应

把听取和征求贫困户意见结果作为干部选拔任用和干部教育培训、评优选先、选派挂职和提醒函询的重要依据，对脱贫攻坚业绩突出、贫困户评价

高的帮扶干部优先提拔使用，并结合每年全县县管领导班子和领导干部定期考核，对帮扶成效测评研判、跟踪回访，持续扩大听取和征求贫困户意见在干部工作中的效应，提升了贫困群众对帮扶干部的满意度，发挥了考核评价的"指挥棒"和"导航仪"作用。

案例十 定西市临洮县："四种模式"破解农村群众住房难题

农村危房改造是一项保障民生的重要工作，也是脱贫的刚性指标。2020年来，临洮县针对农村危房存量大、建房成本高的问题，积极探索推行集中供养安置、易地扶贫搬迁、C级加固维修、政府兜底建房四种危房改造模式，累计改造危房2.9万户，实现了所有农户安全住房目标，被住建部作为危房改造模板在全国推广。

一、集中供养安置模式

针对农村五保户、孤寡老人等特殊困难群体，通过两种方式解决他们的住房和生活问题。对生活在偏远山区、居住分散的特殊困难群体，通过建设敬老院进行"政府兜底、零负担"集中安置、统一供养，敬老院由县民政局统一管理，配有专业的保育人员和完善的保障设施，已建成敬老院12所，集中供养406人。对生活基本能自理、居住较为集中的特殊困难群体，为解决一个人建房安置成本高、房屋资产后续利用的问题，采取在村集体土地上建设"幸福大院"进行集中安置，入住群众继续享受低保、五保等社会保障政策，实行集中居住、分户生活、互助养老，已建成"幸福大院"8个，安置特困群众 39 人。

二、易地扶贫搬迁模式

对耕地少、土地依赖性不强、愿意搬迁的农户，采取"易地扶贫搬迁贷款＋棚户区改造项目＋易地搬迁项目"方式，搬迁到城区、镇区和园区附近进行安置。按照"配套设施同步到位、公共建设同步推进、服务能力同步提升"的目标，累计建成易地扶贫搬迁集中安置点及插花安置点 37 个，搬迁危房户 3090 户 1.3 万人，并配套完善了安置区道路、绿化、公厕等公共基础设施和服务设施，彻底改善了居住条件。结合城市棚户区改造，采取进城购房安置的模式，累计搬迁安置农村危房户 2422 户 1.04 万人。为了实现搬迁群众的后续发展，我们针对"十三五"期间城区购房安置建档立卡搬迁群众自身发展能力弱、城区就业压力大的实际，提出了在便民服务市场分配摊位自主经营"扶持一批"，提供商铺从事商业活动"增收一批"，提供公益岗位"就业一批"，按照"政府统筹管理、城投公司建设运营、建档立卡贫困户分红"的方式通过市场收益"分红一批"的"四个一批"增收方式，解决搬迁群众的就业和增收问题，确保搬迁群众"搬得出、稳得住"。

三、C 级加固维修模式

针对因资金不足不愿改、改不了的贫困农户，探索创新提出了"加固维修农村 C 级危房"的思路，主要对农村 C 级危房中的土木结构房屋采用配筋砂浆带加固，砖木结构房屋采用钢结构加固方式进行加固维修，该模式具有施工技术难度小、工序简便易行、工程造价成本低、建设工期短的优势和特点，近年来已累计完成加固改造 1536 户，有效解决了 C 级危房拆除重建成本高、群众改造不积极的问题，同时对加固后的房屋按统一标准进行风貌改造，同步改善了居住环境。2016年3月31日，汪洋同志深入太石镇三益村调研指导精准扶贫工作时，对临洮县农村危房加固工作给予了充分肯定。

四、政府兜底建房模式

针对失能家庭、无安全住房、无自筹资金、不愿意搬迁的特困农户，坚持精准施策、集中攻坚，重点通过差异化补助和县级自筹的办法，采用政府兜底拆除重建模式进行安置。近年来，临洮县按照农户成员人数，分别制定了补助标准，其中D级危房拆除重建户均4万元或3万元、C级危房加固维修户均2万元标准给予补助资金，由政府兜底完成6514户特困人员的危房改造，受益人口达2.61万人。

案例十一 定西市安定区：马铃薯全产业链扶贫模式助推脱贫攻坚

产业扶贫是稳定脱贫的根本之策。近年来，定西市安定区充分发挥全国最佳适种区的地域优势，把马铃薯产业作为助农增收、脱贫攻坚的区域性首位产业，全面推广"项目资金跟着贫困户走、贫困户跟着合作社走、合作社跟着龙头企业走、龙头企业跟着市场走"的"四跟进"产业扶贫模式，坚持"政府""市场"两手并用，保持产业定力，实施项目到户、资金到户、效益到户的产业到户措施，致力构建贫困户"产加销""贸工农"全产业链增收致富体系，特别是创新推广的"蓝天模式"，先后获得全省脱贫攻坚奖和全国脱贫攻坚创新奖，以马铃薯产业发展为核心的国家现代农业产业园创建通过认定。

一、抓良种建基地，稳定产业扶贫基础

坚持把基地建设作为马铃薯产业发展的"第一车间"，按照"全域规划、区域布局、流域发展"的思路，采取引主体、签订单、推良种、补资金等办法，打破村社和乡镇界限，整流域、整山系建立集中连片的种薯、鲜薯、加工薯标准化订单种植基地。

一是推广良种增产量。培育壮大定西马铃薯研究所、爱兰薯业等种薯企

269

业 15 家，形成 5 亿粒的优质脱毒种薯繁育能力，分别占定西市的 62%、全省的 50% 和全国的 29%，特别是定西马铃薯研究所离地栽培、雾培生产等脱毒种薯生产技术国内领先，生产的"莱柯土豆"微型薯销售遍及中国马铃薯主产区，出口到中东及东南亚国家。大力实施"微型薯补贴入户"和"户均一亩种子田"工程，每年组织开展"访千家万户、问产业需求"调查摸底活动，安排专项扶贫资金 2000 万元左右，对有种植需求的贫困户按照"户均 1000 斤、扶持 5 亩薯"的标准全额补贴调种，带动户均种植马铃薯 10 亩以上；每年筹措资金 1000 万元，按照微型薯每粒补贴 0.1 元，农户和新型经营主体自筹 0.25 元的标准，对有种植需求的非建档立卡户和新型经营主体投放微型薯，确保种植环节脱毒种薯"全覆盖"。

二是主体参与扩规模。引导区内合作社与蓝天淀粉、鼎盛科技、巨鹏食品、薯香园等龙头企业对接，采取土地流转、合作经营、签订订单、托管服务等方式，与农户建立紧密利益合作关系，建成标准化种植基地，带动近 10 万农户从事马铃薯生产，对集中连片在 1000 亩以上的核心示范基地，按照每亩 60 元的标准进行补贴。

三是技术集成增效益。坚持"良种良法配套、农机农艺结合"，全面加强基地新品种、新技术、新机械应用，组装集成和示范推广"脱毒良种＋黑膜覆盖＋配方施肥＋农机耕作＋病虫防控"的高产高效种植技术，做到种植品种、种植密度、配方施肥、机械耕作、病虫害防控"五统一"。组织农业技术人员包乡镇、包主体、包基地、包农户，为主体和农户全程提供耕种、施肥、管理、收获等专业技术服务，打通关键生产技术推广应用的"最后一公里"，有效确保马铃薯稳产增产。

二、抓主体重引领，做强产业扶贫龙头

坚持把培育壮大新型经营主体作为提高贫困群众组织化程度的重要支

撑，采取整顿、规范、联合、提升等办法，不断激发马铃薯产业发展主体活力，增强带动贫困群众脱贫致富的能力。

一是壮大龙头企业。注重马铃薯加工在"全环节升级""全链条升值"方面的龙头引领作用，培育发展蓝天淀粉、薯香园科技、薯峰淀粉、鼎盛农科等加工企业10家，建成精淀粉生产线10条40万吨、变性淀粉生产线9条7.6万吨、全粉生产线1条2万吨，主食化产品生产能力9.2万吨，形成了上下游配套、产业链完整的加工产业集群。

二是规范合作组织。培育发展涵盖种薯、种植、加工、营销各环节的马铃薯专业合作组织，实现专业合作社"全覆盖"。建立培育认定、分级规范、动态监测、政策扶持机制，结合全省专业合作社"规范提升年"行动，筹措资金对运行规范、带动性强的合作社给予重点扶持。全面推行村"两委"成员进入新型经营主体，新型经营主体负责人进入村"两委"班子，以基层党组织作用发挥促进新型经营主体蓬勃发展，以新型经营主体有效带动促进贫困群众精准脱贫为主要内容的"双进双促"模式。

三是完善带贫机制。充分发挥农民专业合作社组织农民、服务生产、对接市场方面的纽带作用，常态化、分层次、分行业开展经营管理、适用技术、标准化生产等培训，大力推广"龙头企业＋联合社＋合作社＋基地＋贫困户"的"蓝天模式"，通过企业主导、联合社引领、合作社组织、农户生产的方式，把马铃薯产业上下游合作经营组织、种植大户、广大农户联合起来，推行价高时随行就市、价低时保底价收购的订单种植，按照每斤不低于0.45元的价格与3万农户签订订单收购协议，每年订单种植马铃薯面积12万亩以上，构建企业供种、合作生产、订单收购、价格托底、稳定增收的利益联结机制，既保障加工企业原料供应，又保障农户能够获得稳定的产业收益。

三、抓品牌促营销，提升产业扶贫效益

坚持把产销对接作为提升产业效益的重要手段，通过修贮藏库、对接市场、品牌营销等方式，不断健全完善马铃薯销售流通体系。

一是提升贮藏能力。注重发挥仓储设施在产业发展中的"中转站"功能，先后整合资金 3600 万元，采取独立经营、内外联合、建大平台等模式，扶持马铃薯龙头企业和专业合作组织建设大型恒温库和田间地头贮藏库，形成了 80 万吨的马铃薯贮藏能力，有效发挥了"淡吞旺吐"、均衡供应、调控市场、产业增效、农民增收的作用。

二是对接终端市场。发挥国家级定西马铃薯批发市场的平台作用和区马铃薯经销协会的纽带作用，构建以国家级定西马铃薯批发市场为龙头、集中产区乡镇专业市场为主体、专业村和种植大户收购网点为补充的三级市场购销网络，与北京新发地、上海江桥、广州江南等大型终端市场建立稳定营销关系。充分运用"互联网＋"销售新模式，建立京东特色馆、淘宝特产馆、"羚羊鲜生"等电商平台，应用推广 B2C 等"智慧农贸"模式，积极推进农产品共同配送中心建设，促进电商营销和直供直销等模式共同发展。

三是突出品牌营销。以绿色化、优质化、特色化、品牌化为方向，充分发挥"定西马铃薯"中国驰名商标的品牌优势，加大地域品牌和地理标志产品培育，"定西马铃薯脱毒种薯"被认定为国家地理标志保护产品，先后注册了"新大坪""爱兰""凯凯""幸泽"等 10 多个知名商标，安定区成功获批全国马铃薯产业知名品牌创建示范区，有效提升了相关产品的品牌影响力和市场认可度。"仓前仓后配套、线上线下融合、农超农校对接"的营销体系，使"定西马铃薯"及相关产品稳定占领全国各大产区和终端市场，远销东南亚、阿联酋等国家和地区，蓝天淀粉、薯香园科技等龙头企业已成为康师傅、徐福记、上好佳、好利友等知名企业稳定的原料供应商。

四、抓融资推保险，强化产业扶贫保障

坚持把金融支持作为产业扶贫的重要保障，通过开展银企对接、评级授信、信用担保、农业保险等方式，用足用活金融产品对产业扶贫的重要保障作用。

一是强化"融政企"合作。抢抓被省政府确定为特色产业贷款再担保业务试点县（区）的机遇，区财政筹措 2000 万元风险补偿金，与甘肃金控定西融资担保公司对接，定期对有需求的龙头企业和专业合作社进行审核推荐，积极争取特色产业贷款支持。2018 年以来，累计为 42 家种薯、营销、加工企业和专业合作社争取特色产业贷款 5.1 亿元；区财政筹资 500 万元，与龙头企业共同设立风险补偿金，引导金融机构创新推出"惠企贷""惠农贷""农担贷"等金融产品，为马铃薯企业、经营主体和农户落实贷款资金 3.6 亿元。

二是创新"供应链"金融。按照"抱团式"发展、"产业链"授信、"联保式"服务的原则，依托甘肃蓝天淀粉公司完善的产业链条和良好的企业信誉，以企业组建的福景堂马铃薯联合社为纽带，引导商业银行围绕种植、回收、加工、销售各环节进行评级授信，建立蓝天供应链信用担保及评级授信体系；同时以蓝天公司存货作为抵押，以联合社保证金和合作社、种植户马铃薯销售应收账款作为质押，建立了"农户贷款合作社保，合作社贷款联合社保，联合社贷款企业保"的联保金融服务模式，累计向合作社、农户等发放贷款 8.4 亿元，有效破解了产业链上各经营主体和种植农户的融资难题。

三是推行"全覆盖"保险。针对安定十年九旱，以及雹灾、霜冻等自然灾害频发的实际，把保险作为稳定产业效益和农户收入预期的重要保障，全面落实全省农业保险"增品扩面、提标降费"政策，坚持贫困户、经营主体、经营设施"全覆盖"的原则，致力构建马铃薯良种繁育和基地建设风险稳控保障体系。

案例十二 定西市岷县：开启"网店＋合作社＋贫困户"电商扶贫新模式

近年来，定西市岷县抢抓"互联网＋"机遇，依托国家电子商务进农村综合示范县项目的实施，将电子商务作为一种新型的网络交易方式有效拓宽销售途径，降低交易成本，增加了贫困户的经济收入，逐步探索出了"网店＋合作社＋贫困户"的电商扶贫新模式。贫困户足不出户就可与山外世界联通，实现了信息共享，农产品外销全国各地，带动了本地特色中医药和农产品产业蓬勃发展。全县培育出"岷府人家""琪祥阁""聚和泰""甘农哥"4家天猫店；"小吴滋补""当归人家""岷县芪里香地道农产品"等392家淘宝店；"微岷外卖"等587家微店；"梦馨网络科技"等69家电子商务企业。根据"甘肃易览大数据"公布的县域网商指数，2018年岷县网商指数位居甘肃全省第一。

一、强化"三项保障"，稳步推进电商扶贫

一是组织保障。岷县成立了由县委、县政府主要领导任组长，分管领导任副组长，县商务、发改等部门负责人为成员的岷县电子商务进农村工作领导小组，定期研究部署全县电子商务及电商扶贫工作。

二是政策保障。岷县先后出台了《关于进一步加快电子商务产业发展的意见》《关于进一步加快电子商务与现代物流产业融合发展的意见》《关于网络及电子商务工程支持精准扶贫实施方案》等一系列政策性文件，保障和助推电子商务产业发展。

三是资金保障。2015 年开始，岷县陆续争取到国家及省级电子商务专项扶持资金 2157 万元，其中 2000 万元为国家电子商务进农村综合示范县项目建设资金，157 万元为省级电商扶贫试点专项资金。岷县重点扶持全县电子商务三级公共服务体系建设、电商人才培训、物流配送等；将占地 8 亩、建筑面积 3000 多平方米的原交警大队办公大楼无偿划拨，用于岷县电子商务县级公共服务中心建设；岷县龙头电商企业甘肃祺祥阁药业有限责任公司出让土地 15.54 亩，用于建设电子商务产业园，实现了线上线下深度融合发展；配套县电信公司 200 万元用于宽带网络进村工程建设。有力、有序、有效地促进了全县电商扶贫工作的顺利开展。

二、搭建"三个体系"，服务贫困群众就业创业

一是搭建县乡村三级公共服务体系，提升服务能力。岷县建成电子商务县级公共服务中心，一楼设农村电商服务工作区，分为服务接待、特色商品展示、O2O 体验、客户服务、产品研发、品牌建设、美工服务、农产品溯源等功能区；二楼、三楼设孵化区、众创空间、会议室、实训室；六楼设培训中心，配备 10 名专业人员作为公共服务团队，覆盖培训、孵化、展示、洽谈、实训、美工、摄影等服务功能，为全县农村企业或个人网商提供网站、天猫店、京东店等第三方平台的托管运营服务。岷县还建成了 18 个乡级服务站，配套了电脑、电视、办公桌椅、货架、打印机等设备，为乡镇辖区内电商企业及从业者提供培训、指导服务，解决了村到县级公共服务中心距离远、时间长的问题，极大方便了广大创业者。建成的 306 个村级服务点

全部配备了电脑、办公桌椅、货架、真空包装机、热敏打印机、封口机、电子秤等设备，通过培训及培育孵化，鼓励和引导本村未就业大学生和返乡青年、贫困户负责村级服务点运营，积极推广"一村一店"模式，实现"一网多用、一店多用"，提供代买代卖、代收发货、农产品收集、操作指导、充值缴费等电商便民服务。

二是搭建三级物流配送体系，打通服务群众"最后一公里"。按照岷县实际，依托县邮政公司基层网点多的优势，多次组织物流快递企业召开座谈会，研究制定了"1＋N"的工作模式，通过政府购买服务，由邮政公司承担全县物流配送到村业务，与其他民营快递配合，签订合作协议，实现资源共享，共同降低资费，搭建三级物流配送体系，解决服务群众"最后一公里"问题。通过协商约定，县城到村的快递包裹均能实现2天到达。顺丰、圆通等16家品牌快递企业，积极对接全县电商企业，通过提供上门取货、协助打包封装、专人承接跟进等方式，实现了与电商企业的深度配合。

三是搭建培训体系，增强贫困户创业就业能力。充分整合组织部、团委、妇联、商务、扶贫、人社等部门培训资源，实施"万名电商培养计划"，开展"电商扶贫培训进乡镇"活动，为贫困村培训电商应用人才和合格的信息员，确保每户贫困户家中都有人参加电商实用技术培训，做到贫困群众对于电子商务学懂、会用。通过培训，有力地提升了贫困户通过电子商务创业增收的意识和能力。不断完善县级公共服务中心培育孵化功能，鼓励引导贫困户进驻中心，为其提供集产品包装设计、代加工、仓储、分拣、配送于一体的免费服务。鼓励电商龙头企业、小微企业、电商服务企业优先录用符合条件的贫困群众务工就业。

三、创新"三种模式"，助力精准脱贫

一是扶持贫困群众开办网店。充分发挥行业典型的带动作用，对有意

愿、有能力开办网店的贫困群众，让其入驻村级电子商务服务点，实行电商创业"五个一"扶持工程，帮助贫困家庭"通上一条宽带、配置一台电脑、开办一个网店、打造一村一品、增加一份收入"。

二是组建电商扶贫专业合作社。通过政策引导，实现中药材专业合作社线上线下深度融合发展，吸纳贫困户入社，逐步实现种植、加工、电商平台销售、贫困户分红的一体化运营模式。

三是帮助贫困户成为网货供应商。探索"网店＋合作社＋贫困户"网货供应方式，拓展销售渠道。贫困村群众通过参加合作社，得到合作社的标准化生产技术、农资资助，所产的农产品由合作社以高于市场价格收购，各村级电商服务点及电商通过合作社这一统一供货平台，将当归等中药材及土蜂蜜、土鸡蛋等农产品进行网上销售，带动贫困群众实现增收。

四、开展"结对帮扶"，强化扶贫成效

为了进一步增强乡村两级服务站点运营水平及带动贫困户脱贫增收能力，岷县印发了《关于开展全县电子商务助推精准扶贫"联帮带"活动实施方案》。该实施方案围绕《甘肃省县乡村三级电子商务服务中心站点建设标准》要求，按照"四有"（有场地、有运营人员、有网店、有服务台账）建设标准，通过开展"四联（电商企业联系乡镇、乡站联系村点、村点联系贫困户、合作社联系贫困户）""四帮（帮扶乡村两级服务站点运营、帮群众代购、帮群众代销、帮群众开店）""四带（带动乡村两级服务站点运营、带动就业创业、带动群众增收、带动产业发展）"活动，促使农村网购网销快速发展，农村物流配送能力、农产品商品化率、乡村两级服务站点运营水平、贫困户收入大幅提高，实现"村村有电商、户户有网购"的目标。"联帮带"活动为全县电子商务乡村两级服务站点运营水平提高及电商扶贫工作顺利推进奠定了良好的基础。

案例十三　湘西州凤凰县麻冲乡竹山村：
积极发展乡村旅游产业

竹山村位于湘西州凤凰县麻冲乡东部，距乡政府9公里。全村共有4个村民小组，共294户1191人，分居4个自然寨，分别为竹山、大坨、栗木、岩洞。竹山村面积2.377平方公里（其中耕地面积830.95亩、林地面积2361.5亩），是一个纯苗族聚居的移民村和贫困村。竹山村以传统种植业为主，主要耕种的农作物为水稻、玉米，主要经济作物为烤烟、"懒汉梨"，外出创业为村民的主要经济来源。2019年12月31日，竹山村被国家民委命名为第三批"中国少数民族特色村寨"。

竹山村山多田少，交通不便，基础设施落后，群众观念"守旧"，曾是凤凰县脱贫攻坚"最难啃的硬骨头"之一。该村四周全是石头山，房屋用石块垒砌而成，非常坚固，形成了一道独特的苗寨风貌。精准扶贫开展后，该村编制了《竹山村美丽乡村精准扶贫规划》，利用自然资源优势，引进产业公司加大古苗寨修缮保护力度、投资建设旅游产业设施、挖掘民俗传统文化，积极发展乡村旅游产业，同时大力打造猕猴桃、油茶、雪梨等农业产业园，着力构建农旅融合发展格局，为全村村民快步增收和精准脱贫打下了坚实基础。2017年，竹山村人均纯收入仅3200元，发展旅游产业后，2019年全村实现人均纯收入1.26万元。2018年以来，竹山村先后被评为湘西州乡村旅游示范村、湖南省乡村旅游重点村、湖南省文化和旅游扶贫示范村、中国少数民族特色村，2020 年被选为全国乡村春晚分会场。

一、坚持以文化人、以旅兴村融合发展

竹山村充分发挥意识形态工作的思想引领作用，深入挖掘苗族传统文化。重修村规民约，成立文艺志愿队，开展新时代文明实践活动，举办"文明卫生家庭""孝亲敬老""最美乡村教师"等评选表彰活动，举行"送戏曲进万村、送书画进万家""乡村春晚"等重大活动，组织"厨艺大赛""大端午文化节""感恩文化节"等村民喜闻乐见的群众活动，丰富村民精神文化活动。同时，因地制宜发展乡村旅游，推出"爱在竹山"村落剧及"竹山花开"情景剧，打造"竹山乡居"民宿群等引爆市场的"网红打卡"核心景点，创新推出了一批高体验感的旅游项目，将文化融入旅游，为乡村旅游提供了丰富的内涵。

二、完善利益联结，带领村民增收脱贫

为带领村民增收脱贫，竹山村一是扩大村集体经济，通过发展乡村旅游等方式，实现村集体经济每年增收 40 万元左右。二是多渠道拓宽村民增收渠道，对于弱劳动能力者，委托凤凰旅游投资开发建设有限公司进行帮扶，贫困户每人每年保底分红 160 元，全村每户每年 300 元；对于已将古寨出租给旅投公司打造景点的，每户每年还可以获得 3000 元租金。截至 2020 年10 月，竹山村旅游合作社提供就业岗位 200 余个，竹山村本村就业人数 70余人，其中贫困户 21 人，每人年工资收入可达 2.4 万元。在发展旅游的同时，竹山村还通过挖掘编织草鞋、纺纱、织布等苗族非遗文化元素，鼓励出售文创产品，带动贫困户增加生产性收入。

三、完善基础设施，引入旅游市场主体

为了发展乡村旅游，竹山村一是大力推进公路、供水、通信等基础设施建设，脱贫攻坚以来，新建占地面积1000多平方米的村部文化广场综合体，改造水井5座，修建产业机耕道7公里，完成移动4G覆盖全村，安装太阳能路灯138盏，凤凰千工坪镇至贵州云长坪镇旅游公路（千云公路）于2019年10月份实现通车。二是主动引进市场主体，于2019年6月成功引进了凤凰旅游投资开发建设有限公司，通过立足资源优势，紧密对接市场，着眼产品传承与推新，积极培育文化演艺、文化体验等新业态，使竹山村迅速成为远近闻名的旅游村和"网红"村。

竹山村发展乡村旅游扶贫带来以下三点经验启示：

第一，建引领、建强班子是山区脱贫奔小康的组织保障。竹山村牢牢抓住党建这个"牛鼻子"，围绕脱贫抓党建、抓好党建助脱贫，将党的政治优势、组织优势和群众工作优势转化为脱贫攻坚的优势，以党建引领脱贫奔小康，不断取得新进展。竹山村逐步整顿班子队伍，落实"三会一课"制度，推行农村"互助五兴"基层治理模式，建立党群服务中心和党员微信群，营造浓厚党建氛围，打造出了一支真抓实干、作风过硬、敢于担当的脱贫奔小康的中坚力量。

第二，对接市场、专业运作是山区脱贫奔小康的机制保障。引入市场主体，实行市场运作，让专业的人干专业的事，是竹山村成功的关键因素。在湖南省文旅厅积极牵线搭桥下，成立竹山村旅游合作社，成功引进旅游投资公司，实现了与市场的有机嫁接。凤凰旅游投资开发建设有限公司先后投入3200万元，通过专业的策划、设计、营销，采用现代企业管理和市场运作模式，成功开发了一系列特色休闲度假产品，完善了"吃、住、行、游、购、娱"旅游六要素，较好地实现了村内资源变资产、产品变商品、农民变工人。

　　第三，整合资源、凝心聚力是山区脱贫奔小康的力量根源。竹山村将后盾帮扶单位的引领力、地方政府的执行力、村民群众的向心力"三力"有机结合、科学整合，凝聚起求发展、促脱贫的磅礴力量。湖南省文旅厅瞄准打造文旅扶贫新样板，充分发挥行业优势，高起点、高标准编制了文化旅游产业规划。同时，凤凰县委、县政府和麻冲乡党委、乡政府，以及湖南省文旅厅驻村工作队、村支两委广泛动员村民群众，蹄疾步稳推进村民培训，并以千云公路通车为契机，聚集各方力量，为竹山村旅游发展提供了坚实的保障。

案例十四　湘西州花垣县：大力发展茶叶产业扶贫

湘西州花垣县坚定"矿业转农业、黑色变绿色、老板带老乡、农民变社员"的发展方针，不断探索产业转型发展模式，开创出有机茶叶产业发展的路径，明确茶叶产业发展的方向，增强龙头企业的带动能力，解决产销脱节等问题，推动农民持续增收、稳定脱贫。

一、解决主体确定的问题

花垣县积极支持县内工矿企业"退二进一"，从"挖金属矿"转向"挖绿色生态农业矿"，坚持龙头企业带动、村级合作社发展村集体产业、能人大户参与等产业发展模式，鼓励新型经营主体带动农户参与产业发展。花垣五龙公司注册"十八洞黄金茶"，并通过"保底收益＋股份合作"帮扶模式，带动贫困群众 1208 户。公司还欲将种植规模继续扩大，使茶叶产业成为当地群众增收的当家产业。

二、解决如何给予政策支持的问题

花垣县通过增加补贴、优惠贷款、制定任务等方式精准施策。花垣县将茶叶、茶苗、地膜、肥料、定植费等补贴提高；创新茶园培管模式，推行"茶叶贷"，政府全额贴息，解决资金问题；一天一调度，一天一排位，一天一点评，把五个文明绩效考核、乡镇脱贫攻坚奖同茶叶定植完成任务挂钩。

三、解决销售渠道的问题

花垣县出台"消费助力茶产业"政策，精准对接市场需求，重点打造"十八洞"品牌绿色食品茶和高端有机茶，并借助湖南优质特色农产品产销对接会等平台大力宣传推介，获得市场认可。

目前，花垣县茶叶定植面积已达 6.5 万亩，形成规模化茶园 200 亩以上50 个、500 亩以上 30 个、千亩以上 10 个、万亩以上 1 个，带动茶农 1 万多户。花垣县形成了龙头企业增效、集体经济壮大、农民收入增加、产业发展振兴的多赢局面。

案例十五　湘西州凤凰县廖家桥镇菖蒲塘村：果园飘香迎小康

湘西州凤凰县廖家桥镇菖蒲塘村距凤凰县城7公里，是一个以土家族为主的少数民族聚居村，也是廖家桥镇水果种植面积最大的行政村。20世纪八九十年代，菖蒲塘村是一个典型的干旱村和贫困村，人均耕地面积不到半亩，村民们仅靠种植水稻、玉米维持生计，"有女莫嫁菖蒲塘，家里只有烂箩筐"曾是它贫穷的写照。

2013年11月3日，习近平总书记来到菖蒲塘村视察，作出了"依靠科技，开拓市场，做大做优水果产业，加快脱贫致富步伐"的重要指示，为菖蒲塘村发展指明了方向，极大鼓舞了全村脱贫致富的信心。菖蒲塘村牢记总书记的嘱托，在推进精准扶贫的具体实践中，以水果产业发展为重点，以村企联建、大户带动、结对互助、保障兜底等为主要举措，进行探索实践。

一是选准产业谋发展。菖蒲塘村的党员村干部带头到外地学习先进技术、考察市场，因地制宜引进西瓜、蜜柚、椪柑、猕猴桃等新品种，并不断更新换代。菖蒲塘村果农在省、州、县农业部门的指导和支持下，通过改良技术，不断优化果品果质，建成猕猴桃、蜜柚等一批农业产业园，同时实施农旅一体化战略，大力发展农业休闲体验游和自然观光游。

　　二是村企联建增活力。菖蒲塘村与湖南省级龙头企业周生堂公司建立合作关系，直接对接周生堂蜂蜜柚子膏、果脯等生产需求，实行保底供给，壮大了村集体经济，安排了本村及周边劳动力就业。菖蒲塘村充分利用"互联网＋"模式，大力发展电子商务，成立菖蒲塘村电子商务中心，借助电商平台成功在网络上打造了菖蒲塘水果品牌。

　　三是产业组织挺尖刀。菖蒲塘村党委积极响应凤凰县委号召，率先把党组织建在产业链上，打破原有地域设置模式，新成立了水果产业、旅游产业、女子嫁接队、周生堂公司4个功能型支部，以及旅游服务、产业技术服务、柚子产业、猕猴桃产业4个产业党小组，创建"党小组＋党员＋贫困户"模式增产增效。

　　四是强弱结对共进步。菖蒲塘村党委实施"强支部带弱支部、强党员带弱党员"的双带机制，资源共享、技术互帮、难题共克；每名党员干部结对帮扶1户以上贫困户，无偿为贫困户提供果树苗、管培技术、产品销售帮助，实现了社员富、群众富、村庄富的"三富"目标。

　　五是技术输出促增收。菖蒲塘村果农在长期生产实践中总结探索出了成熟的农业生产技术，并充分运用所掌握的技术，找到了新的增收渠道。村里成立了"男子搭杆队"和"女子嫁接队"，"男子搭杆队"利用农闲时节，到本县甚至州内县市为猕猴桃新种植户搭杆拉线；"女子嫁接队"常年奔走在贵州、重庆、四川、陕西等地，对猕猴桃、苹果、柑橘等水果开展嫁接技术服务，年创收800多万元，成了脱贫致富路上的"金剪刀"。

　　菖蒲塘村通过探索实践，取得了巨大的脱贫成效。6年的时间里，农民人均可支配收入从6121元增加到23419元，90%的果农收入达3万元以上，实现了农业产业大发展。截至2019年底，全村共有109户357人通过产业互助实现脱贫，村集体经济收入达到了66.3万元，同比2013年的3万元，村集体经济在6年的时间里上涨22倍。菖蒲塘村还做好了基础设施建设，新建村部、农产品展示厅和游客服务中心，完成了 240 栋房屋的坡屋顶改造任务。

菖蒲塘村牢记习近平总书记的嘱托，探索出了一条脱贫致富的特色路子。

后　记

伟大工程必有伟大故事。在脱贫攻坚战决胜之年的岁末，原国务院扶贫办组织专家对典型地区的脱贫攻坚工作开展案例研究，既是对历史经验的总结、对未来发展的借鉴，也是对脱贫攻坚伟大工程千百万参与者的致敬。中国农业大学得以承担四市州（福建宁德市、江西赣州市、甘肃定西市、湖南湘西州）脱贫攻坚案例总结工作，深感荣幸。

在实地访谈和调研过程中，项目组深切感受到四市州脱贫攻坚任务之重、完成难度之大；感受到各级扶贫干部对脱贫攻坚工作之熟悉、业务之精湛、视野之开阔、谋划之长远、责任之强烈；感受到四市州脱贫攻坚前后的深刻变化。同时，项目组也无时无刻不感受到脱贫地区大地上焕发出的勃勃生机：农户脸上洋溢的微笑、养老院老人们安适的生活、扶贫车间忙碌的身影、致富带头人爽朗的笑声、易地搬迁干净整洁的新房，产业基地挂满枝头的硕果……所有的一切，都在叙述着四市州的脱贫成效，展现着脱贫户和广大群众对未来美好生活的追求。

由于脱贫攻坚工作点多面广，仅通过一个报告不可能将地方所做的所有工作都涵盖，且调研时间和报告撰写时间有限，仅通过两个月的时间难以将四市州几年甚至几十年的扶贫脱贫工作面面俱到地展示出来，本报告仅选取最典型、最有特色的部分呈现给大家。但是，窥一斑而见全豹，四市州的脱贫攻坚实践是全中国脱贫攻坚战的一个缩影。在中国共产党的坚强领导下，在全国人民共同努力奋斗下，中华民族的伟大复兴必将早日实现。

本书典型案例撰写是在各地方提供的大量文本资料分析基础上，结合项目组的实地调研，并参考相关新闻报道资料进行的。在整个撰写过程中，中国扶贫发展中心黄承伟主任多次参与了讨论，就案例的指导思想、研究思路和研究框架给予了指导。宁德市扶贫办、赣州市扶贫办、定西市扶贫办、湘西州扶贫办为案例的撰写提供了丰富的素材，为实地调研给予了大力支持，对案例报告的撰写提供了很好的修改意见。在此一并致谢。

本书的撰写是项目团队集体劳动的成果。林万龙教授是项目负责人。四个案例分别由四位老师牵头负责执笔撰写，其他项目团队成员参与。具体来说，宁德市案例由苏保忠教授负责，中国农业大学经济管理学院博士研究生王晶晶、硕士研究生姜璐婷和刘爽参与；赣州市案例由刘治钦副教授负责，首都经济贸易大学财政税务学院茹玉博士和中国农业大学经济管理学院博士研究生陈蔡春子参与；定西市案例由张莉琴教授和中国农业科学院农业经济与发展研究所孙翠清副研究员负责，中国农业大学经济管理学院博士研究生华中昱和冷熙媛参与；湘西州案例由李晓峰副教授负责，山东女子学院经济学院孙颖副教授和中国农业大学经济管理学院博士研究生张璐、杨雨欣及硕士研究生范子璇参与。总报告由苏保忠、林万龙执笔完成。

如同"脱贫不是终点，而是新起点"一样，该典型案例总结工作的完成也不是我们研究工作的结束。项目团队成员将带着从典型案例总结工作中吸收的正能量、学习的新知识、感悟的新理念，以更加饱满的热情投入到新的研究工作中去。

责任编辑：池　溢
装帧设计：胡欣欣
责任校对：刘　青

图书在版编目（CIP）数据

践行伟大　见证历史：宁德、赣州、定西、湘西四市州脱贫攻坚
　　案例研究报告／中国扶贫发展中心 组织编写；李晓峰 等 著 . —北京：
　　人民出版社，2023.4
（中国脱贫攻坚典型案例）
ISBN 978－7－01－025292－6

Ⅰ.①践⋯　Ⅱ.①中⋯②李⋯　Ⅲ.扶贫－案例－研究报告—宁德②扶贫－
　　案例－研究报告－赣州③扶贫－案例－研究报告－定西④扶贫－案例－
　　研究报告－湘西地区　Ⅳ.① F127

中国版本图书馆 CIP 数据核字（2022）第 221969 号

践行伟大　见证历史
JIANXING WEIDA JIANZHENG LISHI
——宁德、赣州、定西、湘西四市州脱贫攻坚案例研究报告

中国扶贫发展中心　组织编写
李晓峰 苏保忠 刘志钦 等　著

人民出版社 出版发行
（100706　北京市东城区隆福寺街 99 号）

北京九州迅驰传媒文化有限公司印刷　新华书店经销

2023 年 4 月第 1 版　2023 年 4 月北京第 1 次印刷
开本：710 毫米 × 1000 毫米 1/16　印张：19
字数：256 千字

ISBN 978－7－01－025292－6　定价：69.00 元

邮购地址 100706　北京市东城区隆福寺街 99 号
人民东方图书销售中心　电话（010）65250042　65289539